KB036800

고교학점제를 완성하는 진로 로드맵
교대·사범대계열

고교학점제를 완성하는 진로 로드맵
교대·사범대계열

펴낸날 2023년 2월 20일 1판 1쇄

지은이 정유희·안계정·신미경
펴낸이 김영선
편집주간 이교숙
책임교정 나지원
교정·교열 이라야
경영지원 최은정
디자인 박유진·현애정
마케팅 신용천

펴낸곳 (주)다빈치하우스-미디어숲
주소 경기도 고양시 일산서구 고양대로632번길 60, 207호
전화 (02) 323-7234
팩스 (02) 323-0253
홈페이지 www.mfbook.co.kr
이메일 dhhard@naver.com (원고투고)
출판등록번호 제 2-2767호

값 17,800원
ISBN 979-11-5874-179-2 (44370)

고교학점제를 완성하는 진로 로드맵

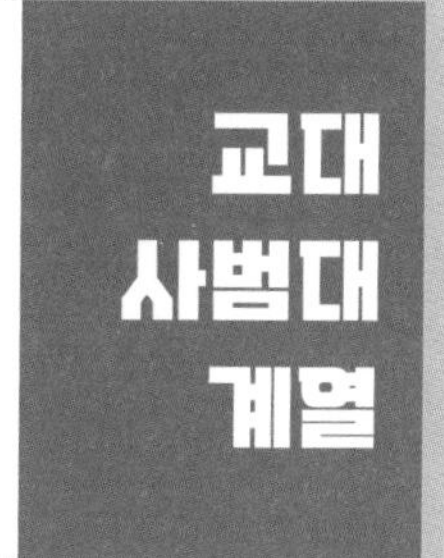

정유희 · 안계정
신미경 지음

미디어숲

추천사

고교학점제가 시작되면서 고등학교를 진학하기도 전에 많은 학생들이 진로에 대한 고민을 하고 있습니다. 하지만 어렴풋이 진로를 결정하더라도 고등학교 생활을 어떻게 해야 할지 막막한 경우가 많습니다. 지금 대학에서는 학과별, 계열별에 따라 적합한 교과 선택과 다양한 활동들을 한 학생들을 원하고 있습니다. 이렇게 선발된 학생들은 대학 생활이나 사회 생활에 적극성을 가지고 활동하고 있습니다. 그래서 이 도서는 아직 진로 설계가 명확하지 않은 학생, 다양한 심화 활동을 하고 싶은 학생들에게 추천합니다. 구체적인 진로 로드맵 구성과 다양한 세특 사례 및 탐구보고서 주제까지 이 책 한 권으로 충분한 길라잡이가 될 것입니다.

경상국립대 물리학과 정완상 교수

〈진로 로드맵 시리즈〉는 구체적인 정보를 제공하여 입시 전문가들과 학부모들이 찾아보는 필독서가 되었다. 이번 시리즈 또한 계열에 관한 최신 정보를 소개하며 학생부 로드맵을 통해 많은 세특 자료와 탐구보고서 주제를 제공하여 자신의 진로를 이룰 수 있도록 도움을 제공하는 지도서가 될 것이다. 이 분야를 지원하는 학생들과 학부모, 그리고 진로, 진학 컨설턴트들에게 꼭 추천할 만한 책이다.

서정대, 한국전문대학교육협의회 국제협력실장 조훈 교수

『고교학점제로 완성하는 진로 로드맵』 시리즈는 지금까지 진로·진학·탐구보고서까지 다양한 책을 집필한 저자들이 고교학점제 시행으로 변화된 진로 로드맵 구성을 선보이고 있다. 이 책은 각 학과별로 관심 있는 주제를 시작으로 진로 로드맵과 세특, 추천도서와 탐구주제까지 다양하게 구성되어 있어 학생들이 어떤 활동을 하면 좋을지 확인할 수 있다. 또한 심화 탐구 주제를 찾고 싶은 학생들을 위해 학과별 키워드와 논문, 최근 동향까지 파악할 수 있어 시사적인 내용을 공부하기에도 좋다. 따라서 중·고등 학생들은 꼭 읽어보고 진로활동을 설계하면 많은 도움이 될 것이다.

영산대학교 사회복지학 정찬효 겸임교수

고교학점제가 시작되면서 대입을 위해 학생들의 과목 선택이 더욱 중요해졌을 뿐만 아니라 과목에 따라서 어떤 심화 탐구활동을 하느냐가 중요하게 되었습니다. 하지만 학생이나 학부모가 접할 수 있는 정보가 부족한 것도 사실입니다. 이러한 시기에 선택과목, 추천 도서, 심화 탐구주제 등을 자세히 소개해 주는 이 책은 학생들이 대입을 준비하는 데 큰 도움이 될 것입니다.

영남고 진로교육부장 김두용 교사

믿고 보는 진로 로드맵 시리즈는 꼭 필요한 것들만 쏙쏙 모아둔 정보 맛집과도 같은 반가운 도서입니다. 이번 책은 다가올 고교학점제 대비뿐만 아니라 트렌디한 미래기술과 역량까지 반영이 되어 있어 학생들 지도에 많은 도움이 될 도서입니다. 특히, 합격한 학생들의 진로 로드맵과 세특 사례, 탐구보고서 주제까지 제공하여 학생들이 나만의 진로 로드맵을 작성하는 데 길라잡이가 될 것입니다.

거창고 진로교육부장 손평화 교사

많은 진로·진학·입시와 관련된 도서들이 출간되어 시중에 나와 있지만 『고교학점제로 완성하는 진로 로드맵』 시리즈의 경우는 다른 도서들과 다르게 최근 트렌드에 맞게 학생들이 원하는 부분 분야로 잘 구성되어 있다. 최근 변화되고 있는 사회적 경향과 시사적인 내용들까지 포함하고 있어 학생들이 자신의 진로에 맞는 시대적 흐름을 읽을 수 있다. 또한 현장에서 제일 힘든 부분이 심화 활동 지도인데 다양한 심화 탐구 주제가 있어 학생들이 조금만 응용한다면 심화 보고서까지 쓸 수 있을 것이다. 자신만의 진로 플랜이 필요한 학생들은 꼭 이 책을 읽고 진로의 방향에 맞는 다양한 활동을 하면서 진로 관련 스펙을 만들어 대학 합격의 기쁨을 누렸으면 한다.

고성고등학교 생명과학 정재훈 교사

학교 현장에서 다양한 진로를 가진 학생들을 만납니다. 적극적으로 자신의 진로 설계를 하는 학생도 있지만 진로를 결정 못해 어려워하는 학생도 있습니다. 이 책은 두 학생 모두에게 권하고 싶은 책입니다. 진로가 결정되어 있는 학생에게는 탐구보고서 주제를 찾기 위한 학과 키워드와 교과별로 정리되어 있는 탐구보고서 주제를 활용하면 좋을 것 같습니다. 아직 진로가 결정되어 있지 않은 학생들이 이 책을 읽으면서 어떤 학과들이 있는지, 어떤 연구들이 진행되는지 확인하고 자신에게 맞는 진로를 결정해도 좋을 것 같습니다. 이 책은 진로에 대한 고민으로 힘들어하는 학생, 학부모, 교사 등 모든 이들에게 나침반 역할을 하기에 추천합니다.

김해분성고등학교 진로교육부장 정명희 교사

『나는 탐구보고서로 대학 간다』 책으로 진로 로드맵 저자들과 인연이 시작되었습니다. 앞서 출간된 많은 진로진학 도서나 칼럼으로 이미 다양한 정보를 제공받아 현장에서 많은 도움을 받고 있습니다. 이번 『고교학점제로 완성하는 진로 로드맵』 시리즈 또한 진로 로드맵 설계부터 심화 탐구보고서 주제까지 다양하게 구성되어 있어 고교학점제를 준비하는 학생들에게 큰 도움이 될 것 같습니다. 이 시리즈는 진로에 고민이 있는 학생들, 심화 활동을 하고 싶은 학생들, 진로지도를 하고 계시는 선생님, 중·고등학생을 둔 학부모님들까지 모든 분께 도움이 되는 책이라고 생각합니다.

대전괴정고등학교 진로교육부장 이정아 교사

이 책은 어떤 성향의 학생이 그 계열에 적합한지를 알려주며 고등학교 기간 동안 자율활동, 동아리활동, 진로활동에서 무엇을 어떻게 해야 하는지 세부적으로 안내하고 있다. 또한 각 계열에서 읽으면 좋을 추천도서와 탐구주제를 제시하여 학생들이 탐구활동을 하는 데 안내자료로 활용할 수 있다. 이는 학생들이 어떻게 활용하느냐에 따라 황금알을 낳는 거위가 될 것이다. 또한 진로를 위해 무엇을 할지 모르는 학생들은 이 책에서 제시하는 대로 따라가다 보면 자신의 진로 로드맵을 세울 수 있게 되고 그것이 합격의 비결이 될 것이다.

전 가톨릭대학교 교육대학원 겸임교수, 전 서울 청원고등학교 배상기 교사

학생부종합전형에서 더욱 중요해진 학업 역량 기반의 진로 설계 로드맵은 현재 고교재학생들과 향후 2025년에 전면 도입되는 고교학점제 시행을 앞둔 시점에서 중등부 학부모님들에게도 매우 중요한 관심사로 보입니다. 특히 자소서 폐지와 학생부 기재 간소화로 학생부종합전형을 준비하는 학생들의 관심 학과별 비교과 창체활동과 이를 연계한 학년별 교과이수 및 풍부한 교과세특 예시들과 탐구주제 및 추천도서들은 대입 입시에 길잡이가 될 것이라고 확신합니다.

두각학원 입시전략연구소장 전용준

프롤로그

고교학점제, 어떤 과목을 선택하면 유리하고 무엇을 준비하면 좋을까?

우리나라는 현재 전 세계 최저 출산율을 기록하고 있다. 그로 인해 교사 신규 채용을 줄이고 있어 교대와 사범대의 인기가 줄어들었고, 교육부는 교대·사대를 없애고 로스쿨 방식의 교원전문대학원 설립을 추진하고 있다. 이 부총리는 2025년으로 예정된 고교학점제 도입과 고교학점제와 맞물린 성취평가제 도입, 수시모집 내실화 등을 언급하며 교사의 전문직화를 위해 교사들에 대한 연수를 강화할 뜻도 내비쳤다.

2021년 리서치앤마켓은 2018~2022년 미국 교육분야 인공지능 시장이 연평균 성장률 47.77%로 성장할 것으로 전망했다. 교육 분야 시장에서 글로벌 인공지능의 성장은 주로 실시간 학습자 진도 추적 및 분석 솔루션에 대한 수요 증가가 견인하고 있으며, 앞으로 기하급수적으로 증가할 것이라고 분석했다. 한편 우리나라 교육시장에도 코로나 사태로 인해 온라인 교육이 자리잡고, 교육격차를 줄이기 위한 방안으로 인공지능 교사를 활용하는 방법을 탐구하고 있다.

서울시교육청과 경기도교육청의 국제 바칼로레아(IB· International Baccalaureate)

프로그램 도입이 한국 교육의 변화를 가져오고 있다. IB 프로그램은 학생 개인의 역량을 키우는 데 중점을 두고 있어 주입식 교육과 암기식 교육을 대체하는 교육으로 주목받고 있다. 경기도교육청은 IB 본부와 IB 도입을 위한 의향서 체결을 마쳤고, 서울시교육청도 2023년 IB 시범학교를 도입해 코리아바칼로레아(KB)를 만들겠다는 의지를 피력했다. 서울과 경기에는 한국 초중등 학령인구의 57%가 몰려 있어 두 곳이 나란히 IB 교육에 나서서 타 시·도 교육청도 관심을 가지게 되었다. 현재 교육청이 IB 교육을 주도하는 곳은 대구와 제주에 그치고 있지만 서울, 경기 말고도 부산, 광주, 전남, 충남 교육청이 IB에 적극적인 관심을 갖고 있다.

이러한 변화를 인지하고, 그럼에도 불구하고 교사가 되고 싶은 학생들이 어떻게 준비해야 꿈을 이룰 수 있을지 합격한 선배들의 진로 로드맵과 세부능력, 특기사항을 이 책에 담았고, 어떤 탐구활동을 하면 좋을지도 소개하였다. 이를 참고하여 〈나만의 진로 로드맵〉을 작성하는 것이 성공의 지름길이다.

'2015 개정 고등학교 교육과정'은 자신의 진로와 흥미에 맞는 과목을 선택할 수 있도록 진로선택 과목과 전문교과 과목을 세분화하여 다양한 기회를 제공하고 있다. 그런데 성취기준이 명확하지 않아 심층적인 이해를 위한 새로운 교육과정이 필요하게 되었다.

이에 따라 이 책은 '2022 개정 교육과정'을 통해 교과 내용의 양과 난이도를 적정화하였으며, 하나의 지식을 깊이 탐구하고 심층적으로 이해할 수 있도록 구성했다. 또한 이번 시리즈는 학생들의 진로에 대한 폭넓은 이해를 돕고자 더욱 세부적이고 전문적인 내용과 학과별 사례가 필요하다는 요청에 따라 이를 깊이 있게 반영하여 집필했다.

『고교학점제 완성을 위한 진로 로드맵_교대·사범대계열』은 인문계뿐만 아니라 자연계 교육학과에 대한 다양한 정보를 제공한다. 특성화고에서 일할 수 있는 교육학과까지 소개하여 교사의 꿈을 이룰 수 있도록 구성했다. 특히, 인문계뿐만 아니라 자연계 학생들 모두 인공지능을 알고, 이를 활용할 수 있는 능력을 갖추는 것이 왜 중요한지 소개하였다. AI는 학생이 무엇을 모르는지 파악해 지식 격차를 고려한 학습자별 맞춤 학습 일정을 짜는 데 도움을 준다.

대학에서 특정 주제에 대해 일정 학점을 이수하면 작은 학위를 별도로 받을 수 있는 이른바 '마이크로·나노 디그리'가 도입된다. 같은 대학 내에서만 운영할 수 있던 학·석사 연계 과정을 다른 대학들끼리 연계해 운영할 수도 있게 된다. 소단위 학위과정을 이수한 사람에게 정식 학위가 나오는 것은 아니지만, 해당 과정을 이수했다는 것을 인증하는 '작은 학위' 증명서류를 발급받을 수 있다. 이번 시행령 개정으로 시간제 등록생 등 성인 학습자에게 소단위 학위과정을 제공해 대학의 평생교육 역할을 확대할 수 있고, 대학이 다른 대학이나 연구기관, 산업체 등과 소단위 학위과정을 연계 운영할 수도 있게 된다고 교육부는 설명했다. 이런 내용을 파악하고 IB 학교에서 2~3과목의 융합된 수업을 수강하면, 교사의 꿈을 이루는 데 도움이 될 것이다.

계열별 진로 로드맵은 "합격자 선배들의 진로 로드맵과 세특", "추천도서와 탐구 주제 찾기", "핵심 키워드로 알아보는 학과", "학과에서 수강하는 대표 과목", "계열별 선택과목" 등을 살펴보면서 '나만의 진로 로드맵'을 작성할 수 있도록 돕는다. 또한 고교학점제에서 어떤 과목을 수강하면 좋을지, 관련 계열의 최근 시사를 엿보면서 세부적인 계획을 세우고 실천할 수 있도록 구성했다.

- 공학·미디어계열 진로 로드맵

- 의대·약대·바이오계열 진로 로드맵
- 교대·사범대계열 진로 로드맵
- 경영·빅데이터계열 진로 로드맵

고교학점제를 완성하는 진로 로드맵 4가지 시리즈는 학생들이 선택한 진로를 구체화하고 심층탐구 주제를 찾을 수 있도록 다양한 정보를 제공하였다. 따라서 학생들이 각 계열별 진로를 결정하는 데 도움을 줄 것으로 기대한다. 이 책을 통해 많은 학생이 어려움 없이 자신이 원하는 꿈에 이를 수 있기를 바란다.

저자 **정유희, 안계정, 신미경**

차례

PART 2

인문 사범대 진로 로드맵

자연 사범대 진로 로드맵

교육 시사 분석을 통한 면접 대비

교대
진로 로드맵

어떤 성향이 이 계열에 잘 맞을까?

이 계열을 희망하는 학생들은 자신이 알고 있는 것을 쉽게 알려주는 것을 좋아한다. 또한 지역아동센터에서 꾸준히 봉사활동을 하면서 교사의 자질을 키우는 학생들이 많다. 다방면의 지식을 쌓는 것을 좋아하여 어떤 한 분야만을 특별히 좋아하는 것이 아니라서 전공을 선택하는 데 어려움을 가진 친구들이 많다. 그리고 꾸준히 노력하는 성향을 가진 학생들이 이 계열을 선택한다.

인공지능이 발달함에 따라 교사는 인공지능과 협업을 진행할 수 있다. 그리고 실감형 미디어 콘텐츠를 활용하여 학생들이 흥미를 가지고 수업에 참여할 수 있도록 유도하고 다양한 교육 자료를 활용하여 실질적 교육을 진행하고 있다. 따라서 교육대학에서 이러한 것을 활용할 수 있는 기술을 익히는 것을 추천한다. 관련 프로그램을 활용하여 고등학교 수행평가를 해보고 어떤 것을 개선하면 좋을지 탐구하면 좋을 것이다.

자연계열 학생들이 교대를 희망할 경우 과학, 실과(인공지능) 등 교과전담교사로서 활동할 수 있다. 과제연구, 화학실험 등의 과목을 이수하여 다양한 실험을 하면서 지식 습득의 중요성을 알고, 초등학생들에게 어떤 방식으로 수업을 하면 좋을지 지역아동센터 학생들을 대상으로 탐구해볼 수 있다. 실험 및 탐구활동을 하고 난 후 실패한 이유를 조사하여 추가적으로 탐구하거나 개선해야 할 점을 파악할 수 있다.

[초등교육학 진로 로드맵]

<table>
<tr><th>구분</th><th>중등</th><th>고등1</th><th>고등2</th><th>고등3</th></tr>
<tr><td rowspan="2">자율
활동</td><td></td><td colspan="3">학급 멘토링 활동</td></tr>
<tr><td></td><td colspan="3">반장, 학생회 등 다양한 임원활동</td></tr>
<tr><td rowspan="2">동아리
활동</td><td></td><td colspan="3">교육동아리</td></tr>
<tr><td></td><td colspan="3">시사토론동아리</td></tr>
<tr><td rowspan="2">진로
활동</td><td>코딩교육 및
스터디활동</td><td colspan="2">지역아동센터 멘토링활동,
초등교사와의 만남</td><td>진로심화탐구</td></tr>
<tr><td></td><td colspan="2">교육대학 캠프, 일일 교사활동</td><td></td></tr>
<tr><td>특기
활동</td><td>영재교육원 이수</td><td colspan="2">통합교육의 효과 탐구,
연극활동을 통한 작품의 이해도와
타인에 대한 포용력 탐구</td><td></td></tr>
</table>

초등교사를 희망하는 학생들은 일반적으로 일반계 고등학교에 입학하여 교과성적을 향상시키고, 교육동아리 활동을 통해 교사로서 자질을 키우는 활동을 많이 한다. 고교학점제 선도학교에 입학하면 다양한 교과목을 선택하여 교사가 되기 위해 필요한 교육학, 심리학 과목을 공부할 수 있다.

2025년 고교학점제가 시행되면 일반 및 진로선택과목은 A, B, C 성취도로 성적을 기입하기에 성적으로 학생을 평가하는 데 한계가 있다. 따라서 초등교육 진로를 희망하는 경우, 다양한 지식이 필요하기에 핵심 권장과목은 따로 없으며, 교육학, 심리학, 논리학, 철학 과목을 이수하면서 교사로서 역량을 키우면 좋다. 특히, 정보, 프로그래밍 등을 추가로 이수하여 학생들에게 최신 기술을 알려주기 위한 인공지능 관련 지식을 습득하는 것을 추천한다.

이렇게 다양한 활동을 성공적으로 하기 위해서는 진로 로드맵을 작성해야 한다. 특히, 시험기간 1달 동안은 성적을 챙기고, 그 기간 동아리활동은 실험보다는 진로독서 및 주제발표활동으로 대체하여 1주에 1명씩 돌아가면서 한다면 비교과 활동을 하는데 시간도 빼앗기지 않으면서 성적과 활동 두 마리 토끼를 잡을 수 있을 것이다. 그리고 시험 이후나 방학을 이용하여 장기적인 프로젝트를 진행하면 더욱 좋을 것이다.

진로 로드맵에는 자율활동, 동아리활동, 진로활동, 특기활동(개인별 세특, 독서 등)에 구체적으로 어떤 활동을 할 것인지 내용을 기록한다면 시간을 효율적으로 활용할 수 있으며, 진로에 맞는 일관된 활동을 할 수 있다. 그러면 비교과에 집중하다 교과성적이 떨어지는 실수를 하지 않을 것이다. 또한 과목 선택 시 진로와 연계하여 모든 과목을 선택하지 않아도 되며, 그 과목을 통해 배우고 성장하는 모습을 보이면 좋은 평가를 받을 수 있다.

선배들의
진로 로드맵 엿보기

인문 초등교육학 진로 로드맵

➔ 인문 초등교육학 합격자 선배들의 진로 로드맵과 세특

출산율이 감소하고 초등학생이 줄어들면서 초등교사의 모집인원도 줄어들어 교대의 인기가 떨어지고 합격자 성적도 떨어지고 있다. 반면 초등교사는 비교적 이른 시간에 퇴근하는데, 이러한 점을 이용해 자신만의 시간을 확보하고자 하는 학생들이 선호하기도 한다.

4차 산업혁명시대 인재를 양성하기 위해 학교는 학생 참여형 수업으로 교육과정을 구성하였다. 수업의 내실화를 위한 맞춤형 학습자료를 제작하여 양방향 수업이 진행될 수 있도록 하기 위해 실감형 콘텐츠와 학습 도구 등을 활용할 수 있다. 이를 제작하기 위해서는 초등학생을 직접 지도해보면서 효과적인 학습방법과 교육 자료를 탐구해야 한다.

코로나-19 이후 팬데믹 현상에 의해 전 세계적으로 개인과 비즈니스 영역에서 실감형 기술인 VR/AR 기술 이용이 폭발적으로 증가하고 있는 상황이다. 코로나-19 이후 세계 교육시장은 연평균 3.6%, 7조 8천억 달러 규모로 증가하고 있으며, 글로벌 에듀테크 시장은 16.3% 상향된 성장세로 2025년까지 4억 4천만

달러까지 증가할 것으로 예측된다. VR 진로직업 콘텐츠를 활용한 진로체험 수업의 효과를 살펴본 결과, VR 콘텐츠의 실재감과 상호작용성이 교육 효과에 유의미한 영향을 미치는 것으로 검증되었다.

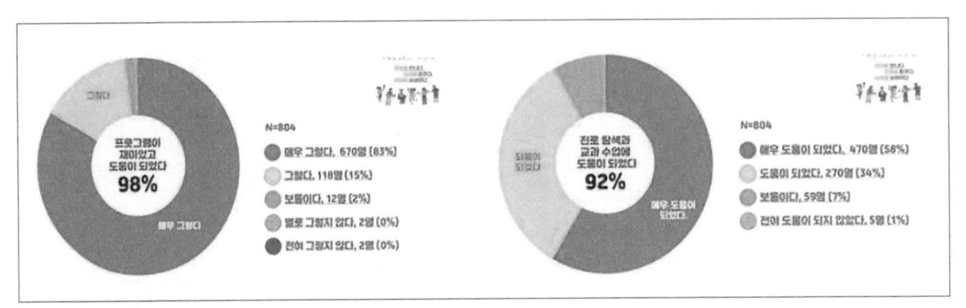

출처 : VR 교육과정과 타 교육과정 비교 결과(김기윤, 2021a)

VR 기술을 통한 교육과정은 강의실 교육보다 최대 4배 빠르게 교육이 가능하고, VR 학습자는 강의실 학습자보다 3.75배 더 감정적인 경험을 하며, 이러닝 교육학습자보다는 2.3배 감정 연결이 수행되어 더 오래 기억하게 되며 더 높은 성적을 받은 것으로 조사되었다.

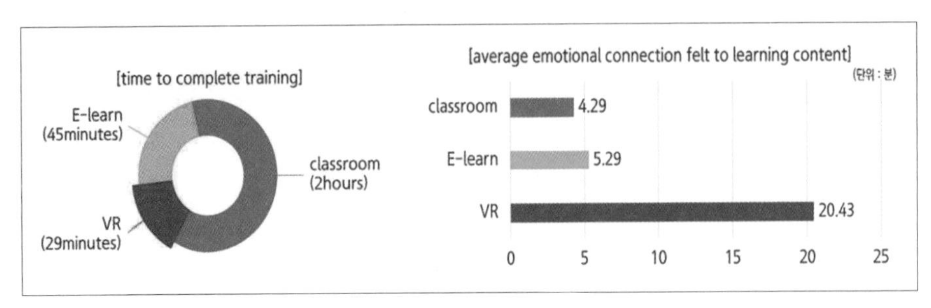

출처 : VR 교육과정과 타 교육과정 비교 결과(PwC, 2020)

학교	주제	체험역할	체험 화면
초등학교	자율주행 자동차	① 자율주행 데이터 분석가	
		② 스마트 도로 인프라 전문가	
		③ 커넥티드카 개발자	
	위성 & 로켓	① 재사용 로켓 전문가	
		② 자원탐사 위성 전문가	
		③ 위성데이터 통신 전문가	
	재난안전	① 지능형 재난현장 분석가	
		② 현장 감시 드론 전문가	
		③ 재난용 로봇 전문가	

출처 : 실감교육 콘텐츠 활용과 디자인(디자인·문화콘텐츠 산업 인적자원개발위원회)

[인문초등교육학 진로 로드맵]

구분	고등1	고등2	고등3
자율 활동	우리고장 역사 문화 탐방 체험 활동 후 역사 교육의 중요성을 홍보함.	다문화 아동들의 교육 실태에 대해 조사, 하종오 시인의 '원어'를 통해 이국땅에서 살아가는 다문화 가정의 어려움을 이해함.	1인 1역할 중 입시 정보 제공 활동을 통해 맞춤식 입시 전문가로 활동, 학교 임원으로 코로나 문제를 해결하기 위해 학년별 타종시간을 달리하는 것을 건의하여 실행시킴.
동아리 활동	또래상담부 활동을 통해 반별 칭찬릴레이 행사를 기획함.	'학교 수업 시 모둠활동이 어느 정도 도움이 되는가'를 탐구, '교육공무원의 청탁 금지법' 토론 및 교사 인터뷰를 진행함.	'사라진 교사를 찾습니다'를 읽고 SNS 비난글의 문제점 탐구, 교대 재학생의 인터뷰를 통해 교대 면접 질문을 정리함.
진로 활동	내 인생의 롤모델 활동을 통해 학생들과 마찰을 해결할 수 있는 연극을 기획함.	미래의 직업 세계 STEAM-선도학교 활동으로 이러닝 교수설계자를 체험, '마음을 읽는 교사' 프로젝트를 진행함.	'발달장애인의 삶'이라는 주제로 조사 후 발표, 미래의 학교 다큐멘터리를 감상하고 장애인 교육을 탐구함.
특기 활동	교내 독서토론 활동에 참여함.	'원어'를 통해 본 다문화 사회, 문화 변동과 한국사회의 문화적 다양성'을 주제로 심화 보고서를 작성함.	'어른이 되면'을 통해 본 발달장애인들의 삶을 탐구함.

[창의적 체험활동]

구분		창의적 체험활동상황
2학년	자율 활동	다문화 이해 교육을 듣고 우리나라 다문화 아동들의 교육 실태를 조사함. 다문화 아동들의 인터뷰 화면을 보고, 그 아동들이 일상생활 속에서 느끼는 문제점과 대책을 조사하여 제출함. 아동센터 봉사 시 고민을 잘 들어주는 형이라는 말을 듣게 되었다며 아동들과 있었던 경험을 다른 친구들과 나눔. 인문학 프레젠테이션 활동에서 **하종오 시인의 작품 '원어'를 통해 이국땅에서 살아가는 다문화 가정의 어려움을 이해**함. 다문화 친구들의 교육 환경을 조사하여 발표함. 인천 중학생 사건을 통해 다문화 학생들에 대한 배려와 관심이 필요하다는 내용도 어필함. STEAM 학술발표를 통해 현재 입시 제도의 문제점과 학생들이 바라는 입시제도에 대해 조사함.

2학년	동아리 활동	인문사회문제토론 활동에서 **'절대평가 도입은 필요한가?'**를 주제로 토론을 진행함. 절대평가에서 문제의 난이도 조절을 실패하면 어떤 문제가 생길지에 초점을 맞추어 진행함. **'학교 수업 시 모둠활동이 어느 정도 도움이 되는가?'**를 주제로 막연한 모둠활동보다는 2인 1조의 짝짓기 모둠이 효과적이라는 의견을 사례를 들어 발표함. 이후 교과 활동에서 그 사례를 적용하여 모둠을 짜서 진행한 내용과 학생들의 호응도를 보고서로 작성함. **'교육공무원의 청탁 금지법'**을 주제로 토론 시 생활과 윤리 교과에서 배운 내용을 바탕으로 청탁금지법에 대한 자신의 신념을 조리 있게 발표하고, 교사를 대상으로 유혹에 흔들려 본 적은 없는지 인터뷰를 통해 익명 영상을 만듦.
	진로 활동	미래의 직업 세계 STEAM-선도학교 활동으로 4차 산업혁명시대의 현 직업과 새롭게 생길 직업에 대한 강의를 듣고, 직접 영상으로 체험하는 시간을 가짐. 이러닝 교수설계자를 체험하며 교사라는 직업의 위태로움을 기사 스크랩을 통해 알게 되었고, 교사의 살길을 모색하기 위한 **'마음을 읽는 교사'** 프로젝트를 진행함. 학급별 또래 상담이나 친구들 사이의 갈등을 해결할 때 그 친구의 문제점을 찾아 타협점 찾기, 공감하기를 진행하였다고 함. 교육 지도안을 구성하는 활동에서 재미와 지식을 쌓을 수 있는 지도안을 제출함. 교과에 있는 실험을 변형하여 학생들이 생각할 수 있는 시간을 가질 수 있도록 여러 실험들을 구성하였고, 난이도 있는 실험들은 AR, VR으로 대체함. 직접 실험하지는 못하지만 AR, VR을 통해 다양한 경험을 할 수 있다고 기대효과를 어필함.
3학년	자율 활동	1인 1역할 중 입시 정보 제공을 맡아, 입시자료를 학생들과 게시판에 공유함. 일방적인 자료가 아니라 질문함을 만들어 궁금한 입시질문을 받아 그에 관련된 자료를 제공하는 맞춤식 입시 전문가로 활동함. 본인이 찾지 못하는 정보가 생기면 진로선생님을 찾아가 질문하는 모습을 종종 보이는 열정적인 학생임. 성매매 및 디지털 성범죄 예방교육 영상을 보고 몰래카메라로 인한 성범죄의 심각성을 인식하고 **연예인 몰카 사건에 대한 규제의 필요성**을 이야기함. 빈번히 일어나는 교실 내 영상 촬영의 문제점도 언급하면서 사생활 침해에 대한 법적인 문제를 조사하여 제출함. 명산 탐방 활동에서 무더운 날씨가 힘들 수도 있으나 지친 친구들과 정상까지 오르는 모습이 기특한 학생임. 하산 후 제출한 활동지에 훗날 힘든 학생에게 희망을 주는 교사가 되고 싶기에 포기하지 않고 친구들을 설득하여 정상에 올랐다고 함. 학교 임원으로서 코로나로 인한 급식실 대기줄 지도 시 배식과 좌석 배정에 어려움이 있어 학년별 타종 시간을 달리하는 것을 건의하여 실행됨.
	동아리 활동	동아리 부장으로서 토론주제와 과제를 부원들과 의논하여 결정하고, 다양한 교육 현안에 대해 고민하고 해결방법을 찾기 위해 노력함. **'사라진 교사를 찾습니다'**를 읽고, 교사가 근무시간 외 학부모 전화, 학생들의 SNS 비난글로 인해 정신적 피해를 입고 있다는 문제점을 인식함. 이에 스웨덴의 예비학교와 교과서를 이용하여 우리나라의 교육에 맞게 연구할 필요가 있다고 어필함. 교대 재학생의 인터뷰를 통해 교대 면접 질문을 정리함. 특히, 교사가 되기 전에 꼭 읽어야 하는 책**(교육학개론)**을 추천받아 읽고, 독후감을 제출함.

3학년	진로활동	인문학 프레젠테이션 활동에서 '장애아동'을 보면서 그들이 누릴 수 있는 혜택과 인권 보호에 관심을 가지게 되어 **'발달장애인의 삶'**을 주제로 선정하여 조사하고 발표함. 책과 인터넷을 통해 다양한 기사를 찾고 자료를 정리함. 보고서 작성 시 장애인들이 잘할 수 있는 것을 찾아주는 교육과 차별 없이 대할 수 있는 어울림 교육이 필요하다고 생각하여 그 부분을 강조함. 이후 미래의 학교 다큐멘터리를 감상하고 장애인 교육에 대한 자신의 생각을 글로 표현하여 제출함. 교대 모의면접에 참여하여 교육 이슈에 대한 지식 중 **'학생인권조례'**나 **'자사고 폐지'** 등 답변을 못한 부분을 정리하여 교육계열 친구들과 공유함. 소외계층에 대한 교육관이 좋다는 면접관의 칭찬을 받은 후 자신있게 면접을 준비하는 모습을 보임.

[교과 세특]

구분		세부내용 및 특기사항
1학년	국어	'나의 삶에 영향을 준 책읽기'활동에서 **'바보처럼 공부하고 천재처럼 꿈꿔라'**, **'선생님과 함께 읽는 수난이대'**를 선정하여 독서일지를 작성하고 자신의 생각을 정확히 발표함. 교내독서토론활동에 참가하여 **'돈의 인문학'**을 읽고 **'인간은 돈으로부터 자유로울 수 있는가'**를 주제로 토론에 참여함. 찬성 측 입론서에 '인간은 돈의 노예가 아니라 주인이며, 돈에 의한 문제점을 조절하고 극복해 나갈 수 있는 존재이다', '옥상 위의 민들레꽃 할머니의 투신자살처럼 돈이나 재산 유무는 사람의 행동과 심리를 변화시킬 수 없다.' 등으로 자신의 생각을 발표함.
2학년	문학	문학작품을 자신의 관점과 가치관에 따라 비판적으로 해석, 판단할 수 있음. 주옹설 단원에서는 공자의 사상을 연결지어 중용을 인정하지만, 경쟁사회에서는 아리스토텔레스가 말한 행복이 자신이 하고 싶은 일을 이룰 방법이라는 글을 씀. **'원어를 통해 본 다문화 사회, 문화 변동과 한국사회의 문화적 다양성'**을 주제로 심화 보고서를 작성함. 시적 대상이 처한 문제 상황을 의식적으로 파악하여 원인, 해결방안을 제시함. 보고서 작성 시 신문, 단행본, 논문 등을 활용하여 신뢰할 수 있는 정보를 선별하여 내용을 구성함.
	수학II	페럴만의 살아있는 수학 중 **'자전거 세일'**을 읽고, 짝 활동을 진행함. 자전거 세일은 **'서로가 서로를 죽이는 눈덩이'**의 피라미드 판매방식(생활 속 눈속임)을 설명하는 내용으로, 짝과 함께 피라미드 판매방식의 문제점을 확인하고, 대책으로 수익률의 구조를 재편성함. 멘토링 시간에 인기가 많은 학생임. 다양한 학습법을 적용하는 모습이 인상적이며, 구분구적법을 이용한 정적분의 개념을 설명할 때 x축 위아래의 여러 그래프를 그려 설명함. 또한 원뿔의 부피를 구하는 과정을 설명하기 위해 작은 원들을 쌓아서 증명하는 방법을 직접 시연함.

2 학 년	독서	'인과관계에 대한 서양인과 동양인의 관점 차이'에 관한 지문을 읽고 정리하여 발표함. 문장 단위로 구조를 분석하여 명확한 의미 파악이 가능했고, 어려운 내용임에도 불구하고 도식화하여 친구들의 이해를 도왔음. 해외시사 활동에서는 **'교사의 미래 전망'**이라는 기사를 선택하여 개발도상국에는 아직 전문교사가 부족하다는 것과 대조적으로 선진국에는 로봇 교사가 증가할 수도 있다는 내용을 통해 개발도상국 교사로 진출할 의향도 있다고 밝힘.
	사회 문제 탐구	청소년들의 부적절한 언어 사용이 학교폭력에 큰 영향을 미치고 있다는 우려를 나타내며 해결방안 모색을 위해 **'청소년 언어 사용 실태와 학교 폭력간의 상관관계'**를 과제 연구 주제로 선택함. 설문조사와 인터뷰를 통해 부적절한 언어가 습관과 유의미한 상관관계가 있고, 청소년 언어 순화와 언어폭력에 대한 수위를 나타낸 법령이 필요하다고 생각하여 처벌 수위를 구성하여 법령을 제작함.
3 학 년	확률과 통계	멘토링 활동에서 멘티가 순열 부분의 최단 경로의 수를 어려워하자 정사각형으로 구성된 학교 바닥에서 직접 몸을 움직여 재미있게 가르치는 모습을 보여줌. 멘티와 **'이야기로 아주 쉽게 배우는 확률과 통계'**를 같이 읽으며 재미를 붙이게 도와줌. 평균과 표준편차를 배우고 초등생 집단의 교과목 평균이 학습시간, 지능에 따라 얼마나 차이가 나는지에 관심을 가짐. 이후 **'초등생 성폭력 양상 및 특성'**을 읽고 올해 이슈가 된 초등생 문제에 대해 통계적 관점으로 조사함.
	심화 영어	Reading Log 시간에 **'Teacher cyber-bullied by students and parents'**라는 기사를 읽고 교사들이 비방글과 전화 등으로 힘들어함을 알리고 교사, 학생, 학부모가 동시에 가입한 밴드나 SNS 운영 지침을 발표함. 명산 탐방 행사와 체육행사 도중 자신이 느낀 점을 에세이로 작성하여 제출함.
	개인별 세특	인문학 프레젠테이션에 **'어른이 되어 본 발달장애인들의 삶'**을 주제로 참여함. 조선시대의 명통시, 조선시대 천문학자 '김영'의 사례를 제시해 통시적 관찰력을 드러낸 점이 인상적임. 영화 '300'에 나오는 악당을 장애를 가진 괴물로 묘사한 사실을 비판하며 장애인과 비장애인이 조화롭게 생활하기 위한 어울림 교육을 제안함. **'지역사회 발전방안'**을 주제로 OO교육 분야를 분석하는 글을 씀. 교육의 역사, 특색, 현황, 장단점을 구조화하여 마인드맵으로 제시함. 아직 혁신적인 새로운 교육프로그램이 부족하다고 느끼고, **'대한민국 교육 사용설명서'**를 읽고 보완할 방법을 제시함.

➔ 인문 초등교육학계열 추천도서와 탐구 주제 찾기

[초등교육학 추천도서]

[인문 초등교육학 탐구 주제 찾기]

과목	단원	탐구 주제
통합 사회	현대 사회에 새롭게 등장한 인권	다문화 학생들이 잘 적응하지 못하는 이유 탐구 조나단이 잘 적응한 이유 탐구
	시민 참여자들의 바람직한 역할	어린이 보호구역에서 장난을 치는 학생들을 올바르게 지도할 방법 탐구
	사회 불평등의 올바른 해결방안	우리 주변 불평등 사례와 그 해결방안 탐구
	문화적 차이를 바라보는 바람직한 태도	통합교육의 성공사례 탐구
	세계화 시대에 나타나는 문제와 그 해결방안	초등 영어교육의 문제점과 개선방법 탐구 독해만 가능한 영어교육의 문제점 해결방안 탐구
	지속 가능한 발전을 위한 우리의 노력	세계시민교육을 실천하기 힘든 이유 탐구
국어	삶의 길을 찾아가는 책 읽기	독서를 활용한 진로 지도 방법 탐구
	스마트폰 중독, 어떻게 해결할까?	미디어 리터러시 교육의 필요성 탐구
	우리말 바로 쓰기	급식체의 문제점과 이를 개선할 방법 탐구
	매체를 통해 보는 세상	실감형 콘텐츠를 활용한 교육효과 탐구
수학	도형의 방정식(도형의 이동)	테셀레이션을 활용한 작품 지도안 탐구
	함수(함수)	합성함수를 이용한 프랙탈 활용 지도안 탐구
	경우의 수(경우의 수와 순열)	주사위, 동전, 바둑돌을 활용한 실생활 속 문제 만들기 활동 탐구

➔ 핵심 키워드로 알아보는 인문 초등교육학

교육사, 교육과정, 학습자, 연대, 평가, 열린 학급, 발달, 통합교육, 아동문학, 교재, 편성, 실제, 모색, 수준, 검토, 상담, 자질

ⓐ DBpia에서 가장 많이 검색된 논문

㉠ 학교폭력의 발생원인과 대처방안, 한국법학회

㉡ 초등학생의 유튜브 경험 및 인식에 대한 탐색적 연구, 한국어린이미디어학회

㉢ 초·중등교육에서 인공지능 : 체계적 문헌고찰, 대한수학교육학회

㉣ 다문화가정 자녀의 학교생활에 관한 연구, 대구대 다문화사회정책연구소

㉤ SNS소통이 대인커뮤니케이션에 미치는 영향, 한국엔터테인먼트산업학회

ⓑ 시사를 활용한 탐구활동

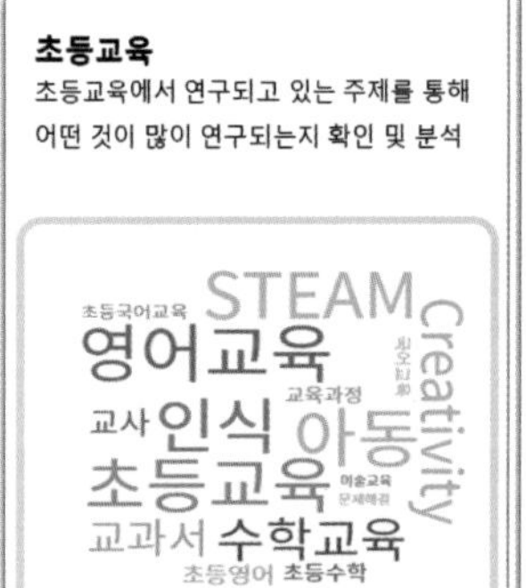

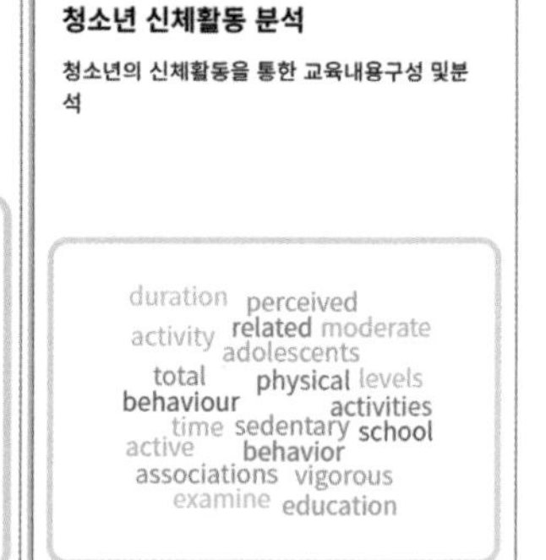

출처 : 사이언스on(KISTI)

 논문	현행 초등 도덕 교과서에 나타난 권위주의 교육의 잔재들(2022) 초등아동 대상의 공적 돌봄 서비스 제공이 사교육 참여 및 사교육비...(2022) 블렌디드 러닝 환경에 따른 초등교사의 교육과정 운영과 관련된 역할 변화(2022)

 특허	실감 콘텐츠가 적용된 인공지능 기반의 맞춤형 학습방법 및 시스템(2020) 비대면/대면 융합 조립 로봇 프로그램 교육시스템(2017) 수학 사고력 훈련 시스템 및 방법(2015)

- 기학습된 언어 모델을 활용한 서술형 수학문제풀이 모델 개발(2022)
- 교육관광을 위한 인터렉티브 체험형 AR/VR콘텐츠 플랫폼 개발(2020)
- 인터넷·게임 디톡스(Detox) 서비스디자인(2020)

- AI와 공존하려면 정보교육 확대해야(2021)
- 어린이과학관, 유아~초등4학년 '랜선 과학 홈스쿨링' 운영 (2021)
- 초현실·초몰입 기술이 교과서로 (2019)

출처 : 사이언스on(KISTI)

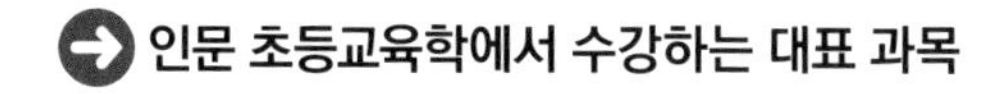

[교육대학에서 이수하는 교과]

구분	교과
교양필수	초등교육론, 아동문학, 아동발달과 교육, 초등체육교육 및 실기, 초등미술교육 및 실기, 학교폭력예방의 이론과 실제
전공필수 및 전공선택	초등교육의 역사, 교육연구법, 교육행정, 발달심리, 교육사상가 연구, 평생교육, 초등교육과 문화, 교육학 고전연구, 초등교과 교육론, 인지심리, 초등교육 의제문제, 학교교육과정 개발, 교육통계, 심성계발, 뇌와 교육 등

[인문 초등교육학과 진학에 도움이 되는 교과]

교과영역	교과(군)	공통과목	선택 과목	
			일반선택	진로선택
기초	국어	국어	화법과 작문, 독서, 문학, 언어와 매체	심화국어, 고전읽기
	수학	수학	수학Ⅰ, 수학Ⅱ, 확률과 통계	실용수학, 수학과제 탐구
	영어	영어	영어회화, 영어Ⅰ, 영어Ⅱ, 영어 독해와 작문	진로영어
	한국사	한국사		

탐구	사회	통합사회	사회문화, 생활과 윤리, 윤리와 사상, 동아시아사	사회문제탐구, 사회과제연구
	과학	통합과학, 과학탐구 실험		
생활 교양	기술·가정		기술·가정, 정보	정보과학, 창의경영, 인공지능 기초
	교양		교육학, 논리학, 심리학, 환경, 실용경제, 논술, 철학, 진로와 직업	

※ 별색 : 핵심 권장 과목, 밑줄 : 배우면 좋을 과목

자연 초등교육학 진로 로드맵

➔ 자연 초등교육학 합격자 선배들의 진로 로드맵과 세특

서울시내 초중고 학생 749명(평균나이 13살)을 대상으로 '인공지능과 미래교육'을 주제로 한 설문조사를 실시했다. 설문지는 '인공지능 선생님'을 '현재 학교에서 교사가 할 수 있는 모든 역할을 대체하도록 짜인 컴퓨터 프로그램'이라고 규정했다. 설문조사 결과, 조사 대상 중 40.2%(298명)가 "인공지능 선생님이 인간 선생님을 대신할 수 있다"고 응답했다. 특히, 초등학생은 333명 중 절반(50.2%)이 가능하다고 답변해, 어릴수록 긍정적인 반응이 더 높았다는 결과를 확인했다.

긍정적 답변을 한 학생 300명 중 47.7%는 "인공지능 선생님이 담임교사를 맡는 것도 가능하다"고 답했다. '과학'(70.7%), '수학'(69.7%), '영어'(63.7%) 등의 교과목에 대해서는 '가능하다'는 응답이 높았지만, '돌봄교사'(33.7%), '상담교사'(24.3%) 등에 대해서는 상대적으로 가능하다는 응답이 낮게 나왔다. 또한 인공지능 교사의 모습에 대해 성별은 상관없지만(70.5%) '인간과 똑같은 모습'(38.9%)을 했으면 좋겠다는 의견이 많았다.(출처 : 동국대 교육학과)

출처 : 초등생 절반 "인공지능 선생님 괜찮아요"(한겨레신문)

미디어 활용이 일상이 되어버린 요즘, 학생들의 미디어 역량을 높이기 위해서 미디어 리터러시 교육 콘텐츠가 개발되고 있다. 초등 5~6학년을 주요 대상으로 흥미도와 몰입도는 물론 역동적인 학습이 가능한 '거짓 정보와 마녀사냥 바로잡기', '브이로그 만들기' 등의 흥미로운 21개 주제를 가지고 미디어 지식탐구, 콘텐츠 검색, 콘텐츠 이해, 콘텐츠 생산, 콘텐츠 감상, 콘텐츠 비평, 책임있는 미디어 사용의 역량을 키울 수 있도록 구성하고 있다.

세부 역량	내용
미디어 지식 탐구	미디어의 형식과 내용 특성을 탐구하는 능력
미디어 콘텐츠 검색	적절한 정보를 찾고, 신뢰할 수 있는 정보를 선택할 수 있는 능력
미디어 콘텐츠 이해	미디어에 담긴 내용을 정확하게 이해하는 능력
미디어 콘텐츠 생산	의미 있는 정보나 문화 텍스트를 생산하고 그 과정을 이해하는 능력
미디어 콘텐츠 감상	미디어를 통한 심미적 감식안과 미디어 경험 수준을 향상시키는 능력
미디어 콘텐츠 비평	미디어가 전달하는 정보 및 사회 문화적 현상에 대한 비판적 분석 및 평가를 하는 능력
책임 있는 미디어 사용	저작권과 초상권 및 개인정보를 보호하여 안전하게 미디어를 이용할 수 있는 능력

출처 : 미디어 리터러시 7개 역량(교육부)

[자연 초등교육학 진로 로드맵]

구분	고등1	고등2	고등3
자율 활동	'하이파이브데이' 캠페인을 통해 인사하는 학교를 만듦, 또래상담자로서 일주일에 한 명 이상의 학생들과 상담 진행	인공지능이 미래에 미칠 영향을 알고 미래교육에 대해 조사, 초등학생이 좋아하는 게임을 수학과 접목시켜 직접 게임을 제작	OO지역의 교육 불평등 현상을 주제로 사회문제 보고서 작성, 지역도서관의 다양한 프로그램 홍보 계획을 제시
동아리 활동	모의수업 진행 시, 녹화를 하자는 의견을 내며 시선처리, 학생들과의 소통 중요성 인식	'수학도시'라는 수학창작물을 발표, 외심과 내심의 원리를 이용하여 내진설계의 위치 파악	피타고라스 정리를 이용한 퍼즐 맞추기, 정폭도형을 이용한 장난감 자동차 만들기

진로 활동	진로비전 캠프에서 교사의 비전과 로드맵 작성	‘조지하트의 72연필 만들기’, ‘테셀레이션을 활용한 시계 만들기’, ‘카탈란다면체와 IQ퍼즐램프 만들기’, ‘도미노 게임 속의 수학 원리 찾기’ 등의 부스 운영	교대에서 배우는 전공수업의 내용과 학과 커리큘럼에 대해 탐구, IT나 인공지능 교육의 부족함을 느끼고 관련 교육과정을 재구성하여 보고서로 작성
특기 활동	스포츠 속의 확률 및 ‘머피의 법칙, 피타고라스 기대승률, 죄수의 딜레마’를 탐구, 봉사활동 시 학생들과 함께 연구한 야구 확률의 개념 탐구	‘학생 수가 줄어들고 있어 교사라는 직업의 전망이 밝지만은 않다’는 사회현상 조사	‘중세의 교육과 유럽의 대학’을 주제로 발표수업에 참여, 물리적 현상의 사례로 자주 등장하는 오뚝이와 배의 안정성에 영향을 끼치는 무게중심 탐구

[창의적 체험활동]

구분		창의적 체험활동상황
2 학 년	자율 활동	작가와의 만남에 참여하여 인공지능이 미래에 미칠 영향에 대해 생각하는 계기가 되었었다고 함. 교육계에 관심을 가지며 **‘메타버스 수업, 미래 교육 방향을 찾다’**를 읽고 미래 교육에 대해 조사 후 발표함. 하나로 융합활동에서 초등학생이 좋아하는 게임을 수학과 접목시켜 직접 게임을 제작함. 게임 만들기에 앞서 게임이론의 정의, 특징, 요소에 대해 설명함. 기존에 알려진 ‘죄수의 딜레마’라는 게임에 다양한 조건을 더 추가하여 구현하는 모습이 인상적임. 이후 **‘n분의 1의 함정’**을 읽고 여러 가지 딜레마에 대해 학우들과 토론을 하며 자신의 역량을 쌓아감.
	동아리 활동	재난교육 이후 **‘수학도시’**라는 수학창작물을 발표함. 내진설계가 된 건물을 설계하는 것을 제안하여 외심과 내심의 원리를 이용하여 장치의 중심을 정확히 찾아내어 알맞게 배치함. 그 설계를 바탕으로 우드락, 수수깡, 박스를 이용하여 직접 건물 도형을 만들어 봄. 도시의 강에 흐르는 물을 스티로폼과 이쑤시개를 이용하여 분자로 표현하고, 물 분자의 중심각의 크기를 120도로 설계함.
	진로 활동	‘매쓰캠프’ 활동에서 초·중·고학생들이 모두 수학적 경험을 할 수 있는 부스를 운영함. ‘조지하트의 72연필 만들기’, ‘테셀레이션을 활용한 시계 만들기’, ‘카탈란다면체와 IQ퍼즐램프 만들기’, ‘도미노 게임 속의 수학 원리 찾기’ 등의 주제로 진행함. 재료들 중 직접 만들 수 있는 것들은 만들고, 파트별로 수학적 요소들을 설명하면서 부스를 잘 운영하는 모습을 보여줌. 특히, 수학을 좋아하는 초등학생과 도형과 수의 규칙을 찾아보는 활동을 통해 초등교사의 적합성을 한 번 더 느꼈다고 함.

3 학 년	자율 활동	지역 탐구를 기반으로 한 사회문제 보고서 작성 프로그램에 참여함. **OO지역의 교육 불평등 현상**을 주제로 정하고 조원들과 보고서를 작성함. 지역 주민과 학생들을 대상으로 실시한 설문조사 결과, 교육의 만족도가 낮았음을 알 수 있어 대안을 토론함. 선별적 복지와 보편적 복지의 사각지대를 키워드로 잡아 OO지역이 도농의 복합적인 성격을 가지고 있음을 알고, 이를 바탕으로 탐구함. 교육 기관 사이의 인구 차이, 예체능 계열 학생의 학습 결손 등의 근본적인 원인을 찾아내고 해결방안을 조원들과 토론함. 메타버스와 블렌디드 러닝을 활용한 온라인 콘텐츠 개발과 활용을 강조하고, 지역도서관을 이용한 여러 가지 학습 프로그램의 중요성을 기재함. 지역도서관의 다양한 프로그램 홍보 계획을 제시하고, 진행된다면 봉사를 하고 싶다는 본인의 의지를 밝힘. 보고서 내용이 짜임새 있고 설득력 있으며 미래사회에 따라 변화하는 교육 현상에 관심이 많음을 알 수 있었음.
	동아리 활동	청소년을 위한 수학파티에서 **피타고라스 정리를 이용한 퍼즐 맞추기**를 직접 구현하여 인기 있는 부스를 운영함. 수학적 연구를 위해 정폭도형의 정의를 교구를 이용해 최대한 쉽게 이해할 수 있도록 설명하며 관련 부스를 운영함. 초중고 학생들이 모두 흥미로워하는 주제인 '정폭도형을 이용한 장난감 자동차 만들기'라는 주제를 제안하였음. 정폭도형의 쓰임새와 이점, 작도하는 법을 알려줌. 초등학생의 경우, 작도시간이 너무 길어지기도 하고, 바퀴 자르는 일을 힘들어 한다는 것을 알고 초등부에 인원을 더 배치하여 효율적으로 운영함.
	진로 활동	전공조사 프로젝트 활동에서 초등교육과를 선택하여 교대에서 배우는 전공수업의 내용과 학과 커리큘럼에 대해 탐구함. 초등국어교육, 초등수학교육, 초등정보교육 등 학교 수업과 관련된 과목 외에도 학교 행정이나 학교 조직과 관련된 여러 과목들이 있음을 새롭게 알게 되었다고 함. 초등학교 교사에게는 여러 과목을 아우르는 전인적 능력이 필요하므로 모든 수업 시간에 충실히 임하려 했고, 공동체 의식을 기를 수 있는 학급 활동에 솔선수범하는 모습을 보임. 또한 4차 산업혁명과 관련하여 교육과정이 변화하고 있지만, IT나 인공지능 교육의 부족함을 느끼고 관련 교육과정을 재구성해서 보고서로 작성하기도 하는 미래지향적인 교사를 꿈꾸는 학생임.

[교과 세특]

구분		세부내용 및 특기사항
1 학 년	수학	경우의 수를 학습한 후, 스포츠 속의 확률을 발표함. **'특정한 사건이 일어날 확률이 얼마나 될까?'**, 그리고 **'그것을 계산할 수 있는 방법이 있을까?'**, **'머피의 법칙이 확률적으로 가능한 것인가?'**를 궁금해하고 탐구해봄. 교과서 개념과 자료를 활용하여 '머피의 법칙, 피타고라스 기대승률, 죄수의 딜레마'를 탐구하여 발표함. 봉사활동 시 학생들과 함께 연구한 야구를 확률의 개념을 이용해 탐구함. 타율, 방어율, 승률 등 확률의 개념이 들어간 각 데이터를 알아보고 계산하는 방법도 발표함. 각 데이터를 KBO홈페이지 기록실에 들어가서 자료를 얻고 이를 통해 야구를 보는 관점이 새롭게 변했다고 이야기함.

2학년	확률과 통계	**'통계학, 빅데이터를 잡다'**를 읽던 중, '학생 수가 줄어들고 있어 교사라는 직업의 전망이 밝지만은 않다'라는 구절을 보고 이것을 계기로 실제 학생 수가 급격히 줄었는지 확인하기 위해 출생률과 사교육의 관계를 알아보고 발표함. 국가통계포털인 KOSIS, 통계청 등 여러 포털 사이트에서 연도별 초중고 사교육비, 합계출산율, 연도별 유·초등·중학교 학생 수, 학급별 학생 수를 수집해 탐구함. 입시제도 분석을 통해 사교육 부담이 줄어들지 않을 것이라 예상하고 교육체계의 근본적인 변화를 이야기하며 외국의 교육 사례를 발표함. 확률을 그림과 모형을 이용하여 입체적으로 파악하는 수리적 능력이 있고 주어진 일에 최선을 다해 좋은 결과를 만듦.
	영어Ⅰ	**'왜 나는 꿈꾸는가'**라는 제목의 영어 수업을 자처하여 영어로 진행함. 학생들에게 꿈이 무엇인지를 질문하여 호응을 이끌어냄. 학생들이 한국어로 이야기하는 것을 영어로 번역하여 몸짓으로 수업을 이끌어내는 모습이 익살스러웠으나 재미있게 진행하는 모습이 인상적임. 초등학교 5학년 때 만난 담임선생님을 보고 처음 교사의 꿈을 꾸면서 중학교 진로 시간에 확신을 가졌다는 과정을 쉬운 영어로 풀어 설명함으로써 많은 친구들의 공감을 얻음. 고등학생이 된 지금 진로교육에 도움이 되는 초등교사가 되고 싶다는 구체적인 꿈을 발표함. AI가 많은 직업을 대체하지만 교사라는 직업은 대체 불가능하다는 본인의 의견을 어필하면서 자신의 꿈을 설득력 있게 잘 전달하며 많은 공감을 얻었음.
	교육학	조를 이루어 **'포스트 코로나 시대에 적합한 온라인, 대면 수업 방법'**을 연구하고 발표함. 온라인 수업은 대면 수업에 비해 수업 효율이 떨어지는 점, 온라인 수업과 대면 수업의 내용이 상호 유기적이지 못하다는 점, 온라인 수업은 학생들의 집중도를 확인할 수 없기에 학업 양극화 현상이 있다는 점, 대면 수업은 온라인 수업이 가지는 자기주도성과 반복성 등의 장점이 없다는 점을 발표함. 온라인 수업과 대면 수업의 선호도, 선호이유 등 질문지를 직접 제작하여 학교 내 2학년 학생 100명을 임의 추출해 설문조사를 하고, 자료를 입력해 차트를 만들어 발표함. 설문조사 결과를 조원끼리 모여 앞에서 언급한 문제점과 연결하여 각 문제점에 대한 방안을 제시하고 이번 탐구의 총평을 발표함. 직접 설문지를 만들고 설문을 분석하여 차트를 만들고 발표하는 성실함을 보임.
3학년	미적분	주제탐구 평가에서 **'로지스틱 함수를 이용한 감염자 수 예측'**을 주제로 정함. 조장으로서 조원들의 역할을 정하고 조사한 내용을 모두 수합하여 계획서, 보고서를 본인이 정리하면서 조원들의 의견을 반영하는 모습이 인상적임. 질병 확산의 수학적 모형화의 역사와 전염병 모형의 종류, SIR모형의 구성요소와 SIR모형을 이용한 연구에 대해 조사하고 탐구함. 탐구활동을 하기 위해 오픈동영상과 대학교재를 활용하여 미분방정식, 포아송 분포 등 모르는 수학 개념을 이해하고자 함. 또한 이해되지 않은 부분은 교사에게 적극적으로 질문하여 해결함. 코로나-19의 평균 입원 치료기간을 이용해 회복률을 나타내는 반응상수와 감염재생산지수를 가정한 값과 우리나라 현재 인구수를 SIR 모형의 식에 대입한 후 코로나 상황을 예측하는 그래프를 만들어냄. 외국의 수치를 분석한 내용까지 보고서에 작성하여 1개월 동안의 노력을 보여준 학생임.

3학년	물리II	물체가 안정적으로 움직이기 위한 다양한 조건 중 돌림힘에 관심을 가지고 관련 내용을 조사함. 돌림힘에 영향을 끼칠 수 있는 무게중심, 지레의 팔, 각도, 힘의 작용점에 관한 기본적인 개념을 학습하였고, 타워 크레인, 선반 등 실생활에서 구조물의 안정성이 적용되는 물체의 돌림힘을 계산함. 또한 많은 사례로 들고 있는 **오뚝이와 배의 안정성**에 영향을 끼치는 무게중심에 대해 재미있게 표현하여 수업 분위기를 재미있게 만들기도 함. 더 나아가 비행기의 안정성을 위해 필요한 조건을 파악한 후 종이비행기를 만들어 무게중심을 구해보았으며, 학생들이 많이 사용하는 **미니 선풍기의 무게중심**을 알아보는 실험을 함.
	세계사	평소 교육에 대한 관심이 많아 **'중세의 교육과 유럽의 대학'**을 주제로 발표수업에 참여함. 흔히 중세는 봉건제도와 크리스트교 중심의 사회로 암흑기로 표현되는데, 과연 교육에 있어서도 암흑기인지에 대해 물음으로 발표를 시작하며 이목을 집중시킴. 중세교육을 기독교 교육, 수도원 교육, 세속교육 등으로 나누어 제시하고, 당시 시대상황에 맞게 전개되고 있었던 교육의 다양한 내용을 설명함. 발표를 마무리하면서 '중세교육은 암흑기가 아니다'라는 결론을 내림. 과거 교육의 기능과 가치를 현재의 시각으로 바라보는 것이 아니라 당시 상황을 고려하여 바라보며 순간의 교육을 긍정적으로 평가함.

자연 초등교육학계열 추천도서와 탐구 주제 찾기

[자연 초등교육학 추천도서]

[자연 초등교육학 탐구 주제 찾기]

과목	단원	탐구 주제
통합 사회	현대 사회에 새롭게 등장한 인권	SNS 인권침해 사례 탐구 SNS 디지털 학교폭력 사례 탐구
	시민 참여자들의 바람직한 역할	SNS 온라인 시민의식 탐구
	사회 불평등의 올바른 해결방안	우리 주변 불평등 사례와 그 해결방안 탐구
	문화적 차이를 바라보는 바람직한 태도	통합교육의 성공사례 탐구
	지속 가능한 발전을 위한 우리의 노력	세계시민교육을 실천하기 힘든 이유 탐구
과학	우주의 시작과 원소의 생성	실감형 콘텐츠를 활용한 교육 내용 이해 탐구
	신소재의 개발과 이용	홀로그램 영상 제작 탐구
	역학적 시스템과 안전	안전벨트 착용의 중요성 탐구
	지구 시스템의 에너지와 물질순환	실감형 콘텐츠를 활용한 교육 내용 이해 탐구
	생물 다양성과 보전	생물 다양성 보존의 필요성 탐구
	발전과 지구환경 및 에너지 문제	신재생에너지 개발의 필요성 탐구
수학	다항식(다항식의 연산)	수학의 역사 탐구(구일집, 구장산술)
	방정식과 부등식(이차방정식)	미지수를 구하는 방법에서 n차 방정식 근 탐구
	집합과 명제(명제)	힐베르트 호텔의 개념을 이용하여 게임 탐구

➔ 핵심 키워드로 알아보는 자연 초등교육학

교육사, 교육과정, 학습자, 연대, 평가, 열린 학급, 발달, 통합교육, 아동문학, 교재, 편성, 실제, 모색, 수준, 검토, 상담, 자질

ⓐ DBpia에서 가장 많이 검색된 논문

㉠ 증강현실 콘텐츠 기반 수업이 학업성취, 학습흥미, 몰입에 미치는 효과, 한국콘텐츠학회

㉡ 초등학생의 유튜브 경험 및 인식에 대한 탐색적 연구, 한국어린이미디어학회

㉢ 초등학생을 위한 인공지능 교육내용 및 방법 제안, 한국컴퓨터교육학회

㉣ 아동·청소년의 건강불평등 결정요인 분석, 한국청소년정책연구원

㉤ SNS소통이 대인커뮤니케이션에 미치는 영향, 한국엔터테인먼트산업학회

ⓑ 시사를 활용한 탐구활동

출처 : 사이언스on(KISTI)

논문

- 과학수업에서의 실감형 콘텐츠 활용에 대한 초등교사 인식과 요구(2022)
- 증강현실을 적용한 수업이 초등학생들의 개념이해와 흥미도...(2013)
- 초등 인공지능 교육과정 및 플랫폼 개발(2020)

특허

- 실감 콘텐츠가 적용된 인공지능 기반의 맞춤형 학습방법 및 시스템(2020)
- 캐릭터 인형을 이용한 문화콘텐츠 밸류체인 서비스 제공 시스템 및 방법(2020)
- 인공지능 가정교사 인터페이스가 적용된 맞춤형 학습방법 및 시스템(2020)

보고서

- 실시간 참여형 XR전시 플랫폼 연구개발을 통한 예술·과학 융합 인재 양성(2022)
- 가상화기반 실감형 창의체험 기능성 콘텐츠 교육 서비스 기술 개발(2017)
- 가상 휴먼 경험을 위한 실제-가상 형태에 따른 영향 분석(2021)

동향

- 만화로 미래 예언? 과학 사실에 근거(2020)
- '수포자'가 알려주는 누구에게나 쉬운 머신러닝(2021)
- 머신러닝을 통한 자폐증 치료용 이모페이스(Emoface) 개발(2019)

출처 : 사이언스on(KISTI)

자연 초등교육학에서 수강하는 대표 과목

[자연 초등교육학에서 이수하는 교과]

구분	교과
교양필수	초등물리교육연구, 초등지구과학교육연구, 초등화학교육연구, 초등생명과학교육연구, 초등수학문제해결, 초등수학교육론, 초등수학교육연구방법론, 초등수학교육과정과평가
전공필수 및 전공선택	역학 및 실험, 유기화학 및 실험, 생리생태학 및 실험, 지구시스템과학 및 실험, 전자기학 및 실험, 무기화학 및 실험, 생명과학 및 실험, 지구우주 과학실험, 과학창의적 체험활동, 초등과학교육 현장지도, 대수학과 초등수학교육, 해석학과 초등수학교육, 통계학과 초등수학교육, 기하학과 초등수학교육, 멀티미디어를 이용한 초등수학교육, 수학적발견술, 수학사와 수학교육, 영재·부진아 수학교육, 초등수·연산교육연구, 초등도형·측정교육연구, 초등규칙성·통계교육연구 등

[자연 초등교육학과 진학에 도움이 되는 교과]

교과영역	교과(군)	공통과목	선택 과목	
			일반선택	진로선택
기초	국어	국어	화법과 작문, 독서, 문학, 언어와 매체	심화국어, 고전읽기
	수학	수학	수학 I, 수학 II, 확률과 통계	미적분, 실용수학, 수학과제 탐구, 인공지능수학
	영어	영어	영어회화, 영어 I, 영어 II, 영어 독해와 작문	진로영어
	한국사	한국사		
탐구	사회	통합사회	사회문화, 생활과 윤리, 윤리와 사상, 동아시아사	사회문제탐구, 사회과제연구
	과학	통합과학 과학탐구 실험	물리학 I, 화학 I, 생명과학 I, 지구과학 I	물리학 II, 화학 II, 생명과학 II, 지구과학 II, 물리학실험, 화학실험, 생명과학실험, 지구과학실험
생활 교양	기술·가정		기술·가정, 정보	정보과학, 창의경영, 인공지능 기초
	교양		교육학, 논리학, 심리학, 환경, 실용경제, 논술, 철학, 진로와 직업	

※ 별색 : 핵심 권장 과목, 밑줄 : 배우면 좋을 과목

범교과를 아우르는 학습주제를 선정하여 다양한 탐구능력을 높일 수 있는 교육과정을 운영한다. 이전에는 창의적 체험활동에서 진행되었는데 교과 활동으로 운영이 될 수 있도록 교육과정이 변경되고 있다. 특히, 기후와 환경에 관한 교육도 운영하여 이를 이론적으로만 알고 넘어가는 것이 아니라 우리 생활과 밀접하게 관련되어 있음을 깨달을 수 있도록 구성하려 노력하고 있다.

교과 교육과정			범교과 학습주제	
학교급/학년(군)	성취기준	교과 내용요소	세부 내용요소	학습활동
초1~2	봄에 볼 수 있는 동식물을 소중히 여기고 보살핀다.	생명존중	생명 존중 의식 교육	- 생명의 소중함을 생각하며 생명을 어떻게 다루어야 하는지 역할놀이 하기 - 새싹과 친구가 되기 위한 나만의 방법을 정하여 실천하기 - 교실에서 나무로 만든 제품을 찾아보고 소중하게 다루기 위한 약속 나무 만들기 - 자연보호를 위한 실천 다짐 카드 만들고 전시하기

범교과 학습 주제로 물 보호 교육, 지속 가능 발전 교육, 양성 평등 교육, 장애인 이해 교육, 인권 교육, 안전·재해 대비 교육, 저출산·고령사회 대비 교육, 여가 활용 교육, 아동·청소년 보호교육, 다문화 교육, 문화 예술 연극교육, 스마트 팜 이해 교육, 지적 재산권 교육, 미디어 리터러시 교육, 로봇활용 교육, 인공지능 활용 교육 등의 주제로 수업하면서 사고력을 키우도록 지도한다.

과학 탐구활동을 통해 자료 해석, 토의·토론, 실험·관찰, 조사·토의 및 발표, 표현하기, 모의활동 등을 구성하여 단순히 지식을 습득하는 것에 만족하는 것이 아니라 자료 분석을 해보고, 친구들과 의견을 나누고, 검증하면서 사고의 폭을 넓힐 수 있는 교육을 진행한다.

유형	설명 및 예시
실험·관찰	실험과정을 거쳐 결과(결론)를 도출하는 탐구활동, 현미경이나 오감, 도구를 이용하여 관찰을 하고, 관찰내용이 활동의 결과(결론)가 되는 탐구활동 예) 기체에서 열의 이동, 이슬과 안개 발생 실험, 하루 동안 달의 위치 변화 관측, 전기를 이용해 발광 다이오드에 불 켜기 등
조사·토의 및 발표	과학적인 지식이나 원리를 알기 위해 탐구활동의 내용 외 조사활동을 토대로 토의하거나 발표하는 과정을 필요로 하는 탐구활동 예) 태양계 행성의 특징, 환경오염이 생물에 미치는 영향, 공기를 이루는 기체를 알아보고 그 기체의 쓰임새 조사하기, 소화 기관의 생김새와 하는 일 알아보기 등
자료 해석	표, 그래프, 그림과 같이 주어진 자료를 토대로 해석을 하거나 변환 과정을 통해 결과(결론)를 도출하는 탐구활동 예) 차갑거나 따뜻한 정도 표현하기, 생태계의 구성 요소 분류하기, 자료를 변환하고 해석하기, 우리 주변에서 다양한 형태의 에너지 찾아보기 등
토의·토론	주어진 글 혹은 그림을 토대로 생각을 정리하고 탐구와 관련된 새로운 생각(아이디어)을 제안하거나 추리(추론)를 통해 상호 간 의사소통하는 탐구활동 예) 실험 계획 세우기, 탐구 결과 발표하기, 새로운 탐구 문제를 정하고 가설 세우기, 화재 안전대책 토의하기 등
모의활동	탐구에 있어 구하기 쉽지 않은 실험재료를 필요로 하거나 실제 실험과정을 구현(재현)하기 어려운 경우 모형을 활용한 활동이나 모의실험, 모형제작, 모의활동, 놀이, 연극, 역할극, 상황극 등을 통한 탐구활동 예) 우주 교실 꾸미기, 형형색색 염색 천 만들기, 식물 연극 공연하기, 인체 모형 만들기 등
표현하기	학습한 내용을 새로운 발상(아이디어)에 연결하여 도표, 그림, 만화, 영상물, 전시물, 홍보물, 안내자료, 설계도 등으로 표현하는 탐구활동 예) 다양한 생물을 알리는 홍보 자료 만들기, 스마트 기기를 이용해 우리 학교 안내지도 만들기, 우리가 찾은 볼록 렌즈로 세상 보기, 우리 학교의 에너지 이용 실태 취재하기 등

출처 : 초등 5~6학년 군 과학 교과서에 제시된 탐구활동 유형 분석(초등과학교육, 2019)

인공지능 초등교육학 합격자 선배들의 진로 로드맵과 세특

2022 개정 교육과정은 디지털 사회, AI 시대를 대비할 수 있는 지식을 함양하기 위한 내용으로 교육과정이 개정된다. 읽기·쓰기·계산(3Rs), 문화소양, 과학소양과 함께 디지털 리터러시의 일부로 AI 소양이 기초 소양에 반영되어 운영되고 있다. AI 기초 소양 범위와 수준에 대한 뚜렷한 안을 제시하지 못한 점은 과제로 남아 있으며, 이를 개선하고자 선도학교를 지정하여 샘플링을 통해 구체적인 교육과정을 만들고 있다.

2015년에 도입된 소프트웨어 교육이 컴퓨팅 사고력 교육보다 단순 코딩이나 프로그램 활용 수준에 머물고 있어 이를 보완하고자 초등학교에서부터 고등학교까지 구체적인 계획을 수립하여 운영하고 있다.

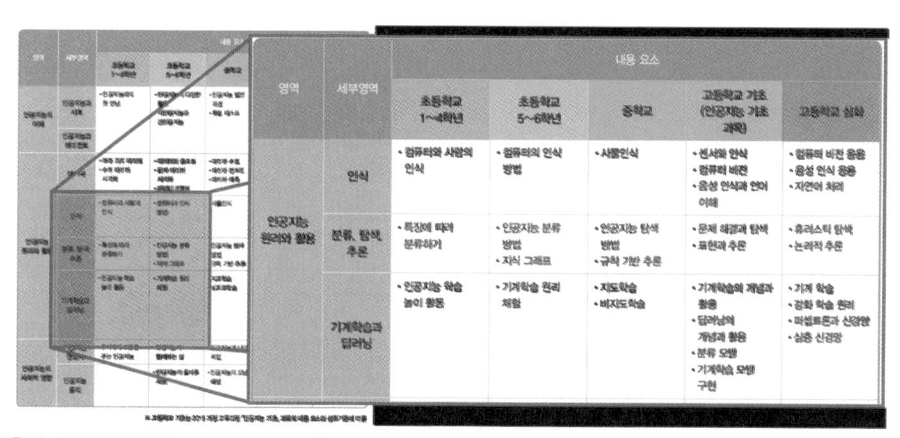

영역	세부영역	내용 요소				
		초등학교 1~4학년	초등학교 5~6학년	중학교	고등학교 기초 (인공지능 기초 과목)	고등학교 심화
인공지능 원리와 활용	인식	• 컴퓨터와 사람의 인식	• 컴퓨터의 인식 방법	• 사물인식	• 센서와 인식 • 컴퓨터 비전 • 음성 인식과 언어 이해	• 컴퓨터 비전 응용 • 음성 인식 응용 • 자연어 처리
	분류, 탐색, 추론	• 특징에 따라 분류하기	• 인공지능 분류 방법 • 지식 그래프	• 인공지능 탐색 방법 • 규칙 기반 추론	• 문제 해결과 탐색 • 표현과 추론	• 휴리스틱 탐색 • 논리적 추론
	기계학습과 딥러닝	• 인공지능 학습 놀이 활동	• 기계학습 원리 체험	• 지도학습 • 비지도학습	• 기계학습의 개념과 활용 • 딥러닝의 개념과 활용 • 분류 모델 • 기계학습 모델 구현	• 기계 학습 • 강화 학습 원리 • 퍼셉트론과 신경망 • 심층 신경망

출처 : AI수업 교과서

1권 인공지능 원리와 AI 교육의 이해

Chapter 1. **인공지능과 교육** (전수진, 김한성)

1.1 인공지능 정책·산업 동향

1.2 인공지능 교육 동향

1.3 인공지능 교육 방향

Chapter 2. **인공지능의 이해** (전수진, 장병철, 김학인)

2.1 인공지능의 개념과 발전 과정

2.2 규칙 기반 vs. 학습 기반 인공지능

2.3 딥러닝의 이해

Chapter 3. **인공지능 수업하기** (강윤지)

3.1 우리 생활 속 인공지능

3.2 언플러그드 활동: 지도학습 및 비지도학습

3.3 언플러그드 활동: 강화학습

3.4 AI for Oceans를 활용한 인공지능 수업 활동

3.5 Teachable Machine을 활용한 인공지능 수업 활동

Chapter 4. **인공지능의 사회적 영향력** (김한성, 전수진, 최승윤)

4.1 인공지능의 양면성

4.2 인공지능의 편향성

4.3 인공지능의 딜레마

4.4. 인공지능 데이터 편향성 체험 활동

2권 엔트리를 이용한 인공지능 교육 활동

Chapter 5. **인공지능과 블록 프로그래밍** (장연주, 김경상, 손지원)

5.1 재난 발생 시 행동 요령을 알려줘!

5.2 얼굴 감지 바나나 모으기 게임

5.3 정직한 나무꾼!

5.4 거북이와 토끼의 경주

5.5 동물에게 소리를 찾아줘!

5.6 우리 반에 외국인 친구가 전학 왔어요!

Chapter 6. **햄스터 로봇과 인공지능** (박광현, 김원유)

6.1 햄스터는 무엇인가요?

6.2 엔트리와 햄스터 연결하기 & 기본 조작

6.3 햄스터를 활용한 인공지능 로봇 만들기

부 록. **엔트리의 기본 오브젝트와 이미지 모델 학습 다루기** (최승윤)

01. 엔트리의 기본 오브젝트 다루기

02. 엔트리 이미지 모델 학습 다루기

출처 : 초등교사를 위한 KERIS와 시작하는 인공지능 교육

[인공지능 초등교육학 진로 로드맵]

구분	고등1	고등2	고등3
자율 활동	1인 1역 우산 관리를 하면서 우산대여제 도입 (번호 및 노란색 우산)	재활용 쓰레기 포인트제 홍보, 바른말 쓰기 활동에서 완곡어법을 소개하고 장단점 및 사례를 발표함.	'고교학점제와의 대화' 활동에 참가하여 정책적인 부분과 핀란드의 사례정리, 환경지킴이 이면지함 설치 및 홍보
동아리 활동	모의수업 시 방정식을 활용하여 인공지능과 게임할 수 있는 프로그램을 만들어 재미있게 구성함.	'똑똑! 수학탐험대'를 활용하여 지도안 작성, 토론 활동에서 '수업 2교사제'에 대한 논제에 찬성 입장을 밝힘.	롤모델 만들기 활동에서 초등학생들에게 롤모델이 필요한 이유와 자신의 롤모델인 존 듀이에 대해 발표, 다양한 교육관련 도서 읽기 활동을 진행함.
진로 활동	진로체험 보건의료마을에 참가하여 의료로봇의 필요성을 알게 되었고, 로봇과 드론을 직접 조종하면서 미래 교사로서 체험학습의 중요성을 알게 됨.	VR과 AR을 활용한 역사 수업을 구현하는 활동 진행, 그림책 감정코칭에 참가하여 이비스 페인트를 활용하여 그림책 만들기를 진행함.	'인공지능 교육개론'을 읽고 인공지능 학습에 대해 이해, 인공지능을 활용한 로봇과 인공지능 관련 내용을 탐구함.
특기 활동	'4차 산업혁명과 우리가 원하는 인재상'이라는 주제로 발표를 진행, 핀란드 교육과 우리나라의 교육을 비교함.	효과적인 멀티미디어 수업 탐구, '초등교사의 마음 수업'이라는 책을 읽고 상담의 중요성을 어필함.	'4차산업혁명, 미래를 바꿀 IT 트렌드'를 읽고, 가치 있는 앱 구현, 취업을 위한 상호작용 앱 필요성 촉구 및 만들고자 하는 의지를 표현함.

[창의적 체험활동]

구분		창의적 체험활동상황
2학년	자율활동	환경에 대한 포럼에서 미세 플라스틱과 환경호르몬, 재활용 쓰레기의 심각성에 대해 듣고, 환경과 자연에 대해 학생들이 할 수 있는 일을 찾아보는 계기가 되었다고 함. 또한 쓰레기를 선별하는 인공지능 로봇과 재활용을 수거하여 포인트를 쌓는 경우를 설명함. 재활용 쓰레기 포인트제를 활용하여 환경에 도움을 줄 수 있는 내용으로 급우들과 함께 홍보 캠페인을 진행한 학생임. 학급 특색활동으로 **'바른말 쓰기 활동'**을 하면서 완곡어법에 대해 급우들에게 소개함. 일상생활에서 많이 사용되는 완곡어법을 소개하고, 완곡어법의 장단점에 대해 정리하여 발표함.

<table>
<tr><td rowspan="2">2
학
년</td><td>동아리
활동</td><td>지도안 만들기 활동을 통해 인공지능(AI) 보조교사와 함께 수학을 공부하는 '똑똑! 수학탐험대'를 작성함. 진단평가와 탐험활동, 인공지능 추천활동까지 직접 경험한 후 1시간의 지도안을 만들어 발표함. 책열매나 AI펭톡 등을 소개하며 인공지능을 활용한 수업의 효율성을 잘 이야기했고, 학생들이 쉽게 접할 수 있는 프로그램을 만들고 싶다는 의지가 생겼다고 함.
교육 시사 토론활동에서 '수업 2교사제'에 대한 논제에 찬성 입장을 보임. 정교사의 업무효율을 높이고 성적이 부진한 학생들이나 집중력이 약한 학생들의 케어가 가능하다는 근거로 자신의 생각을 어필함. 또한 현재 임용시험 합격 후 대기중인 교사들에게 좋은 기회라고 언급함. 하지만 반대의 입장을 듣고, 학급당 인원수를 줄이는 방향을 고려해야 한다는 것을 깨닫게 되었다고 소감을 이야기함.</td></tr>
<tr><td>진로
활동</td><td>4차 산업 관련 직업체험에서 VR과 AR에 대해 배우고 직접 만들어보는 체험을 함. 이후 초등학교에서 활용되고 있는 VR과 AR에 대해 조사한 결과, 학생들의 흥미를 일으키기보다는 단순한 교육용이 많다는 것을 알게 되어 역사 수업을 구현하는 활동을 진행함.
그림책 감정코칭에 참가하여 일주일 동안 아동을 위한 그림책 제작을 진행함. 그림을 구성할 때 이비스 페인트를 이용하여 좀 더 생동감 있게 그리려고 노력하였다고 함. 할머니와 손자의 일상을 그린 소박한 내용을 통해 우리나라의 정서를 잘 나타낸 모습이 인상적이며 학우들에게도 좋은 평가를 받음.</td></tr>
<tr><td rowspan="3">3
학
년</td><td>자율
활동</td><td>'고교학점제와의 대화' 활동에 참가하여 고교학점제가 시행되어야 하는 이유부터 방법까지 교육부 자료를 활용하여 정리함. 또한 외국의 고교학점제 사례 정리하기 활동 중 평소 관심이 많았던 핀란드를 맡아 학우들이 쉽게 이해할 수 있도록 중요한 내용을 잘 정리하여 좋은 평가를 받음. 단위학교의 교육과정 자율적 편성 및 운영방법과 함께 상담시간도 교과목에 포함한다는 내용은 흥미로웠다고 함. 개인별 학습계획 작성 시 학생과 학부모, 그리고 교사가 함께 3년간의 학습 계획을 작성하고, 보완과 피드백이 이루어지고 있다는 메커니즘을 발표함.
환경에 관심이 많은 학생으로 교사들이 제공하는 자료 중 이면지는 다시 활용할 수 있도록 이면지함을 만들어 활용한 적극적인 학생임.</td></tr>
<tr><td>동아리
활동</td><td>자신의 롤모델 활동을 통해 초등학생들의 롤모델을 통한 동기부여 필요성에 대해 언급함. 자신의 롤모델은 교육철학자 '존 듀이'라고 이야기함. '존 듀이'의 아동 중심교육, 실생활 중심교육, 경험 중심교육, 흥미 중심교육 등 존 듀이가 주장하는 내용이 흥미로웠다고 함. 이후 존 듀이가 주장하는 아동 중심교육, 흥미 중심교육을 이용하여 지도안을 만들고, 모의수업을 진행함. 아이들이 좋아할 만한 동화를 주제와 연관지어 수업을 시작하여 자연스럽게 흥미를 유발하였음. 교육에 관련된 다양한 도서를 읽으며 교사의 역량을 키워나가는 학생임.</td></tr>
<tr><td>진로
활동</td><td>진로도서 읽기 활동에서 '인공지능 교육개론'을 읽고, 인공지능 학습에 대해 이해함. 인공지능의 원리를 쉽게 학습할 수 있는 규칙으로 문제해결, 확률에 따른 문제해결, 기계학습 이해 등을 통해 교과에서 배운 내용을 활용하여 프로그램 설계가 가능하다는 것을 발표함. 또한 인공지능 언플러그드 활동을 통해 다양한 프로그래밍이 가능하다는 것을 제시하는 모습도 인상 깊었음. 또한 초등생들이 좋아하는 로봇과 인공지능에 대한 내용을 추가로 정리하여 보고서를 제출함.</td></tr>
</table>

[교과 세특]

구분		세부내용 및 특기사항
1학년	기술·가정	미래 명함 만들기 활동에서 본인의 진로에 영향을 미칠 미래 기술의 발전과 이에 대비하여 갖추어야 할 역량에 대해 생각해보는 계기가 되었다고 함. 초등학생을 실제로 가르쳤던 경험을 토대로 앞으로 보완해 나가야 할 점에 대해 진지하게 고민하고 탐구하는 모습을 보임. **'4차 산업혁명과 우리가 원하는 인재상'**이라는 주제로 발표를 진행함. 외국 교육에 관심이 많으며 특히 핀란드 교육의 사례를 중심으로 다양한 수업 방식을 제시하여 우리나라의 교육과 비교 분석함. 또한, **'아동기 시기가 중요한 이유'**를 다양한 사례를 바탕으로 분석하여 올바른 교육은 시기가 중요하다는 내용을 적극적으로 언급하며 자신이 생각하는 올바른 교직관에 대해 발표함.
2학년	생활과 윤리	자신의 진로와 관련된 윤리적 문제 글쓰기에서 정보사회와 윤리 단원의 **'사이버 학교폭력에 대한 윤리적 문제'**를 주제로 원인과 그에 따른 해결책을 다양한 사례를 통해 제시하며 문제의 심각성을 깨닫고, 단원에 대한 폭넓은 이해를 할 수 있었다고 언급함. 특히 사이버 폭력을 해결할 수 있는 방안을 제시하여 발표한 내용이 인상적임.
	융합과학 탐구	코로나-19로 인해 원격수업이 장기화되면서 효과적인 멀티미디어 수업의 필요성을 느껴 관련 탐구활동을 진행함. 온라인상 학습자료의 필요성을 인지하여 신문기사와 오픈 동영상, 인지학습과 관련된 학술자료를 읽고 배경 지식을 바탕으로 탐구하는 모습이 인상적임. **인지 부하 이론**, **모달리티 효과** 등을 분석한 후 시각적, 청각적 정보가 우선시 되어야 대뇌의 여러 부분을 활성화하여 학습효과를 증가시킬 수 있다는 결론을 발표함. 또한 발표 시 급우들의 흥미를 위해 학습할 때 전두엽과 후두엽에서의 뇌의 움직임 영상도 제공함. 이후 분석한 내용을 바탕으로 급우들을 대상으로 실험을 진행하는 적극적인 학생임. 문자와 음성이 모두 제공되는 경우 학습효과가 뛰어남을 확인하고 미래에 교사가 되었을 때 꼭 필요한 학습법이라는 것을 확인함. 또한 학습 효율을 높이기 위해 전자책에 말하는 기능을 추가한 읽어주는 동화나 학습서가 필요함을 느꼈다고 함.
	심리학	**'초등교사의 마음 수업'**이라는 책을 읽고, 초등상담교사의 역할을 알게 됨. 이 책은 상담교사를 원하지 않는 교사들도 꼭 필요한 책이라고 이야기하며, 초등생들의 감정인지나 표현까지 알 수 있었다고 독후감에 밝힘. 또한 상담 주제와 마음수업을 활용할 수 있는 예시들이 있어 도움이 되었다고 함. 발달 및 교육 심리학에 대해 학습한 후, 지능에 대한 호기심으로 **'삼원지능이론과 다중지능이론의 공통점과 차이점'**을 탐구하여 발표를 진행함. 두 이론을 비교하고 분석한 결과, 학생의 발전 가능성과 잠재력에 대해 알게 되었다고 함. 미래 초등생들이 자신의 능력을 발휘할 수 있도록 도와줄 수 있는 교사가 되겠다는 의지를 엿볼 수 있었음.

3 학 년	생명과학 Ⅰ	유전 알고리즘에 관심을 가지고 **집합을 활용한 유전자가위**를 주제로 수업 시간에 발표 수업을 함. 유전 알고리즘은 생물학적 진화에 바탕을 둔 통계적 탐색 알고리즘 집합으로 어떤 문제를 해결하기 위한 절차, 방법, 명령어들의 집합임을 소개함. 유전 알고리즘은 자연계의 생물 유전학에 기본 이론을 두며, 병렬적이고 전역적인 탐색 알고리즘으로써, 다윈의 적자생존 이론을 기본 개념으로 한다는 내용을 발표하여 호기심을 갖게 함. 다소 어려운 내용이지만 쉽게 설명하려고 노력했으며 유전의 새로운 분야를 접하는 기회가 되었음.
	화법과 작문	정보 초등교사를 희망하는 학생으로 **'4차 산업혁명, 미래를 바꿀 IT트렌드'**를 읽고 진로 독서 프로젝트에 참여함. 3차시 동안 독서활동을 한 후 3일 동안 변화된 일지를 기재하여 발전된 모습을 보여줌. 도서를 읽은 후 가치 있는 앱을 만들고 싶다는 의지를 독서일지에 작성함. 또한 '대학생 절반이 대기업 취업을 선호하고 있다'는 기사를 찾아 읽고 자기만의 경험을 쌓을 수 있는 중소기업 취업의 필요성에 대해 생각해봄. 교사와의 구술평가에서는 **질문을 받고 사용자와 상호작용할 수 있는 취업앱을 개발하겠다**는 내용을 자기평가서에 써서 제출함.
	교육학	내적 동기와 숙달 목표 등 학습의 이론에 대해 배우고 나서 자기결정성 이론을 통한 과제수행 방법을 구체화하여 제안함. 동서양의 교육적 인간상에 대해 학습한 후 **'적당한 이타주의자'**가 현대사회에 필요한 인간상이라고 주장함. 교사가 되었을 때 성적이나 가정형편, 장애, 외모 등으로부터 따돌림을 당하거나 차별이 없는 학급을 운영하고 싶다는 본인의 의지를 밝힘. '미래학교 탐구활동'에서 미래사회에서는 학교가 없어질 것이라고 주장하면서 학교와 가정이 하나가 되는 교육이 진행되리라 생각함. 또한 많은 용어들이 생겨나고 평가방법 자체도 달라짐이 미래교육의 모습이라고 발표함. 자신의 주장을 뒷받침할 근거를 체계적이고 논리적으로 구성하고 다른 학생들보다 많이 연습한 모습이 돋보임.

인공지능 초등교육학계열 추천도서와 탐구 주제 찾기

[인공지능 초등교육학 추천도서]

[인공지능 초등교육학 탐구 주제 찾기]

과목	단원	탐구 주제
통합 사회	현대 사회에 새롭게 등장한 인권	로봇개에 동물권을 적용해야 하는지 탐구
	세계화 시대에 나타나는 문제와 그 해결방안	스마트공장 노동자 채용에 따른 문제 탐구 인공지능 활용으로 인한 노동시장 부족 문제 해결방안 탐구
	지속 가능한 발전을 위한 우리의 노력	지속가능한 발전을 위한 인공지능 탐구
과학	역학적 시스템과 안전	지능형 재난안전 시스템 탐구
	지구환경변화와 인간생활	극한 환경 데이터를 활용한 환경문제 해결방안 탐구
	에너지의 전환과 효율적 이용	학교 에너지 절약 시스템 탐구
	발전과 지구환경 및 에너지 문제	IoT기반 에너지 효율성 탐구
수학	다항식(인수분해)	나눗셈을 스프레드시트를 활용하여 몫과 나머지를 구하는 과정 탐구
	도형의 방정식(도형의 이동)	평행과 대칭 프로그램을 이용한 테셀레이션 작품 탐구
	도형의 방정식(평면좌표)	곡선의 형태를 표현한 베지어 곡선 탐구 후 그래픽을 이용한 글자 모양 탐구

핵심 키워드로 알아보는 인공지능 초등교육학

교육사, 교육과정, 컴퓨터교육, 프로그래밍언어, AI 정보윤리, 정보윤리, 차세대 AI기술, 알고리즘, 창의성 교육연구, 클라우드, 로봇프로그래밍, 빅데이터, 실습, 모색, 수준

ⓐ DBpia에서 가장 많이 검색된 논문

㉠ 초·중등교육에서 인공지능 : 체계적 문헌고찰, 대한수학교육학회

㉡ 해외 인공지능 교육동향과 학습도구분석, 한국컴퓨터교육학회

㉢ 메타버스를 활용한 창작 기반 융합교육 프로그램 개발 연구, 한국과학예술융합학회

㉣ 초등학교 교과연계 인공지능 교육 운영 사례, 한국컴퓨터교육학회

㉤ 초등학생의 인공지능 교육을 위한 교과 융합 프로그램 개발, 한국컴퓨터교육학회

ⓑ 시사를 활용한 탐구활동

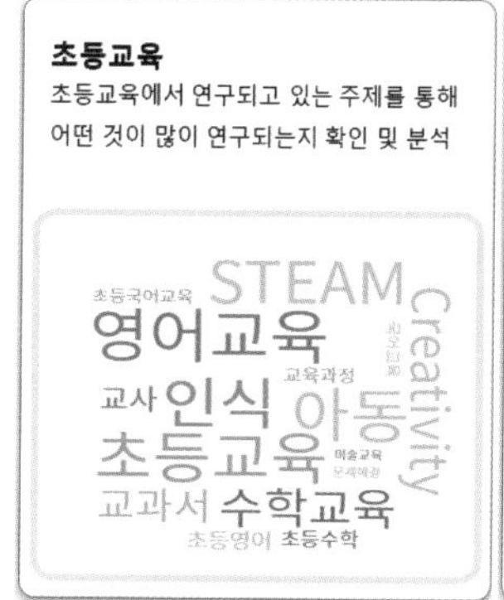

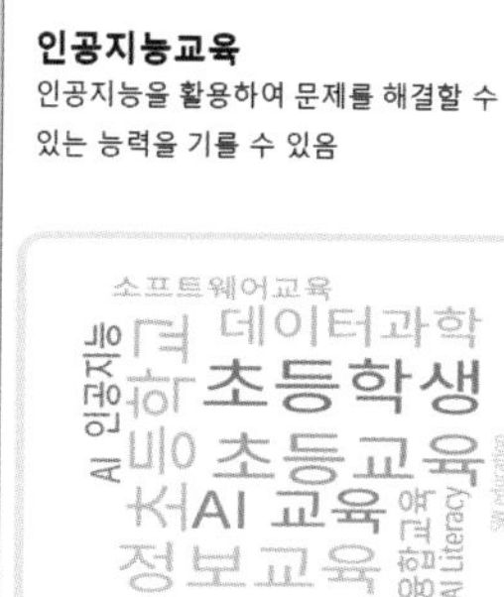

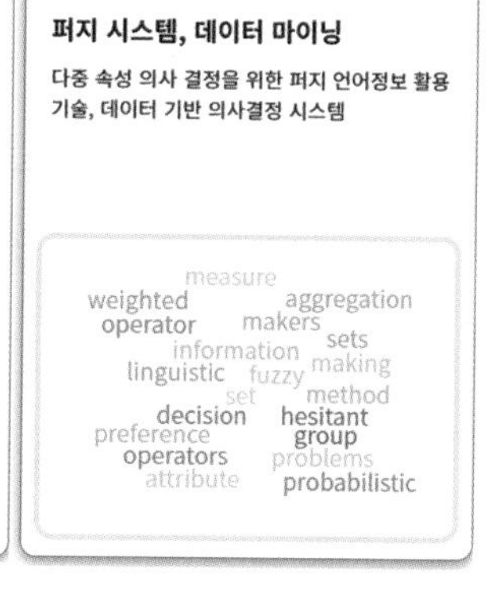

출처 : 사이언스on(KISTI)

논문

- 인공지능 교육 프로그램이 초등영재아동의 인공지능 태도와 소양 향상(2022)
- 엔트리 텍스트 모델 학습을 활용한 초등 인공지능 교육 내용 개발(2022)
- 초등 온라인 환경에서 교육용 인공지능 도구를 활용한 메이커 수업...(2021)

특허

- 실감 콘텐츠가 적용된 인공지능 기반의 맞춤형 학습방법 및 시스템(2020)
- 비대면/대면 융합 조립 로봇 프로그램 교육시스템(2017)
- 수학 사고력 훈련 시스템 및 방법(2015)

보고서

- 초등 인공지능 교육과정 및 플랫폼 개발(2020)
- 4차 산업혁명 시대의 코딩교육을 위한 수학 알고리즘 연구개발(2020)
- 자연어 이해에 기반한 자동 수학 문제 풀이 생성 연구(2021)

 동향	AI와 공존하려면 정보교육 확대해야(2021) 게임처럼 재미있는 '스포츠 테크' 뜬다(2019) 초현실·초몰입 기술이 교과서로 (2019)

출처 : 사이언스on(KISTI)

인공지능 초등교육학에서 수강하는 대표 과목

[인공지능 초등교육학과 대학에서 이수하는 교과]

교양필수	초등교육론, 아동문학, 아동발달과 교육, 교육용프로그래밍언어연구, 학교폭력예방의 이론과 실제
전공필수 및 전공선택	ICT활용교육연구, 유러닝이론 및 실제, 정보윤리와 정보보호, 차세대웹기술특강, 컴퓨터네트워크특강, 인터넷 자원관리, 교육용앱 프로그래밍, 디지털콘텐츠제작론, 최신테크놀로지활용교육, 알고리즘과 창의성교육연구, 클라우드기반 교육연구, 로봇프로그래밍교육연구, 고급응용통계 등

[인공지능 초등교육학과 진학에 도움이 되는 교과]

교과영역	교과(군)	공통과목	선택 과목	
			일반선택	진로선택
기초	국어	국어	화법과 작문, 독서, 문학, 언어와 매체	심화국어, 고전읽기
	수학	수학	수학 Ⅰ, 수학 Ⅱ, 확률과 통계, 미적분	실용수학, 수학과제 탐구, 인공지능 수학
	영어	영어	영어회화, 영어 Ⅰ, 영어 Ⅱ, 영어 독해와 작문	진로영어
	한국사	한국사		

탐구	사회	통합사회	사회문화, 생활과 윤리, 윤리와 사상, 동아시아사	사회문제탐구, 사회과제연구
	과학	통합과학 과학탐구 실험	물리I	물리II, 과학과제연구
생활 교양	기술·가정		기술·가정, 정보	정보과학, 창의경영, 인공지능 기초
	교양		교육학, 논리학, 심리학, 환경, 실용경제, 논술, 철학, 진로와 직업	

※ 별색 : 핵심 권장 과목, 밑줄 : 배우면 좋을 과목

초등 특수교육학 진로 로드맵

➔ 초등 특수교육학 합격자 선배들의 진로 로드맵과 세특

특수교육 대상 학생들이 다니고 있는 학교는 크게 두 부류다. 일반학교에서 통합교육을 받는 방법과 특수학교에서 수업을 받는 경우다. 일반학교에 다니는 특수교육 대상 학생들은 또래 친구들과 한 교실에서 공부하거나 분리된 지원 교실에서 특수교사의 도움으로 교육을 받는다. 이와 반대로 특수학교는 특수교육 대상 학생의 교육을 위해 설립된 학교로 학생들의 특성에 따라 개별적인 교육이 이루어지고 특수 지원서비스를 제공하는 형태의 교육기관이다. 특수학교는 모든 학생들이 특수교육 대상 학생이라는 점이 가장 큰 특징이다. 특수학교에 다니는 특수교육 대상 학생들은 그들에게 적합한 수준의 교육을 받지만, 그 안에서도 개별적인 특성들이 고려되어 학교는 교육 방향을 조금씩 다르게 하여 운영하고 있다.

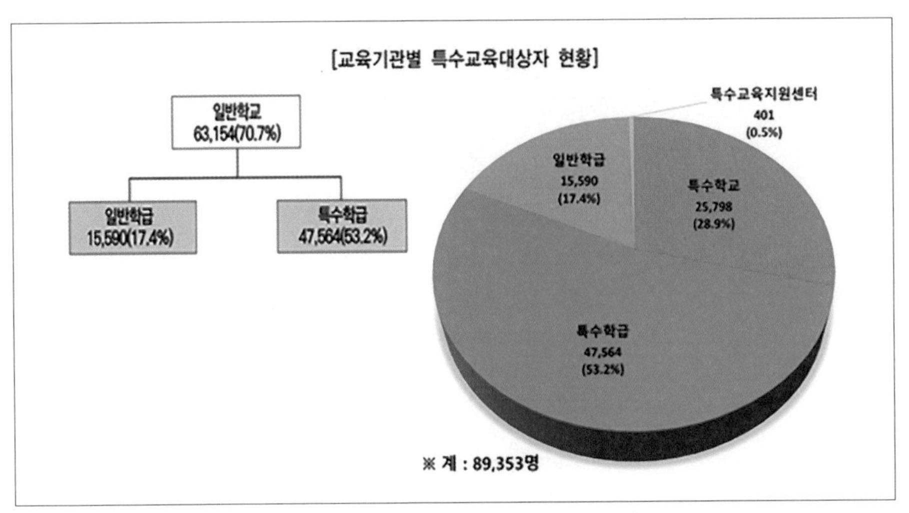

출처 : 교육기관별 특수교육 대상 학생 현황(교육부, 2017 특수교육연차보고서)

일반학교와 특수학교를 다니는 특수교육 대상 학생들에게도 각각 장·단점이 있다. 특수학교는 학생들이 본인과 비슷한 상황의 친구들과 지내면서 안정감을 느낀다는 점과 자기수준 및 특성을 고려한 교육을 받을 수 있다는 장점이 있다. 반면 특수교육 대상 학생들과 모여 생활하다 보니, 다른 또래들과 어울릴 만한 기회가 상대적으로 줄어든다는 점과 일반 교육을 접할 기회가 많지 않다는 것이 단점이다.

일반학교를 다니는 특수교육 대상 학생은 일반학생들과 생활하며 연령에 맞는 생활을 체득할 수 있다는 장점이 있다. 또한 친구들로부터 적합한 행동(상대방과 대화하는 법, 식사예절 등)을 직접 보고 익힐 수 있다. 그러나 신체적 불편함이나 지적 수준 미달로 인해 수업에 따라가지 못하여 소외감을 느낄 수도 있다. 간혹 몇몇 학생들의 괴롭힘이나 조롱으로 인해 심한 경우에는 학교에 대한 거부감으로 이어질 수 있다는 단점도 있다.

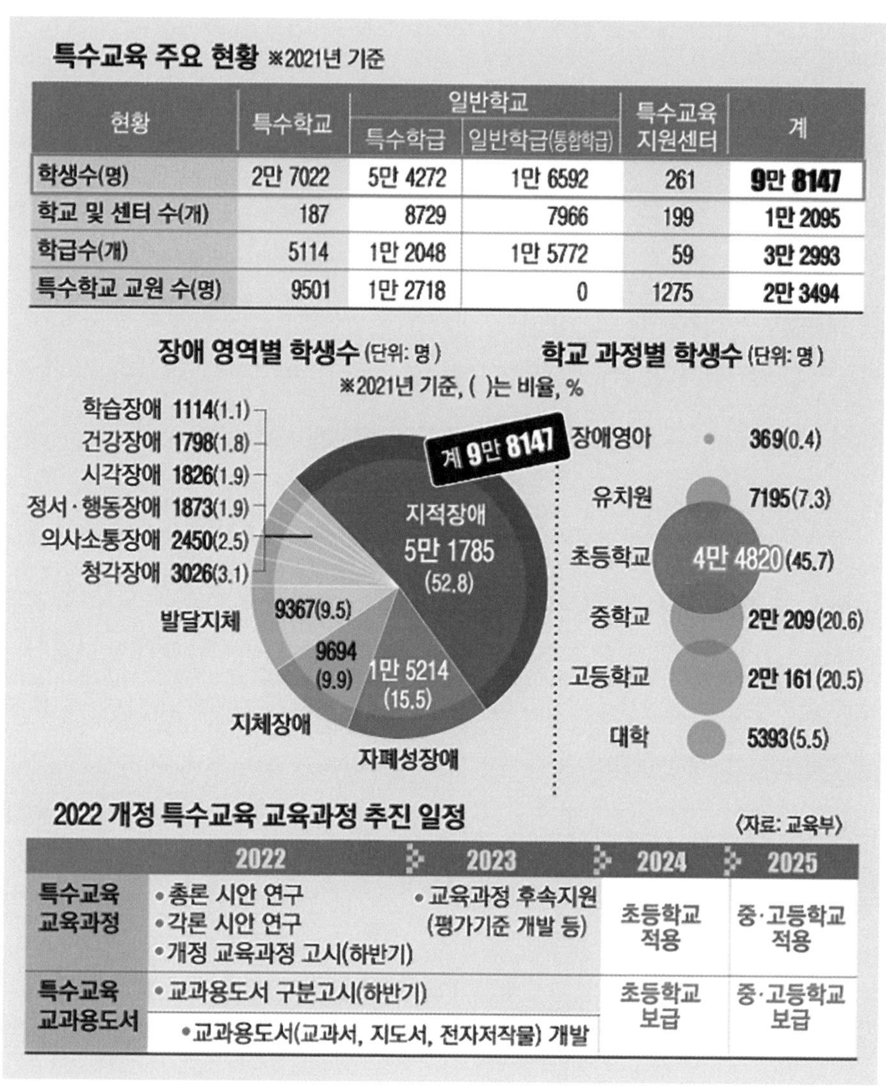

특수교육 주요 현황 ※2021년 기준

현황	특수학교	일반학교		특수교육 지원센터	계
		특수학급	일반학급(통합학급)		
학생수(명)	2만 7022	5만 4272	1만 6592	261	9만 8147
학교 및 센터 수(개)	187	8729	7966	199	1만 2095
학급수(개)	5114	1만 2048	1만 5772	59	3만 2993
특수학교 교원 수(명)	9501	1만 2718	0	1275	2만 3494

2022 개정 특수교육 교육과정 추진 일정

〈자료: 교육부〉

	2022	2023	2024	2025
특수교육 교육과정	•총론 시안 연구 •각론 시안 연구 •개정 교육과정 고시(하반기)	•교육과정 후속지원 (평가기준 개발 등)	초등학교 적용	중·고등학교 적용
특수교육 교과용도서	•교과용도서 구분고시(하반기) •교과용도서(교과서, 지도서, 전자저작물) 개발		초등학교 보급	중·고등학교 보급

출처 : 특수학교 고교학점제 도입(서울신문)

통합교육은 특수교육 대상 학생이 일반 학생에게 도움을 받는 측면이 아니라 모두에게 상호보완적인 이점을 제공하는 장점이 있어 주목을 받고 있다. 일반학생은 특수교육 대상 학생과 함께 생활하면서 그들의 입장에서 불편한 점을 생각해보고, 좀 더 편안한 환경에서 교육을 받을 수 있도록 배려하는 마음을 함양할 수 있다. 이를 통해 장애에 대한 편견을 버리고 차이를 인정하며 다양성에 대해 수용하는 태도를 터득할 수 있다. 또한 같은 교육 환경 아래에서 같이 배우고 생활하는 과정을 통해 인성발달에도 긍정적인 영향을 받을 수 있다. 한편 특수교육 대상 학생은 또래 친구들의 행동을 관찰하고 모방함으로써 바람직한 생활 태도를 형성하는 등 사회성 발달에 도움을 받는다. 일반학생들과 생활하는 시간이 많아지면서 환경에 적응하는 능력을 기르는 동시에 한 학급의 구성원이라는 소속감이 확산되어 정서적 안정을 도모할 수도 있다.

일반학교에서의 통합교육도 강화될 예정이다. 대학교수, 특수교육 수석교사(20년 이상 경력 교사), 상담사, 사회복지사, 행동지원전문가, 학부모 등으로 구성된 시·도 교육청 단위 통합교육지원단을 구성·운영한다. 특수교사와 일반교사가 통합교육 모형을 개발하는 '정다운학교'가 2021년 91개교에서 2022년 114개교로 확대되었다. 통합교육을 확대하면서 일반교육과정과의 연계를 꾀하고, 특수교육대상자의 장애 유형을 반영한 맞춤형 교육과정을 총론 시안 연구와 교과용 도서 개발을 시작으로 2024년 초등학교, 2025년 중·고교에 적용한다.

2022년부터 일반고교가 고교학점제를 시범운영 하면서 특수학교도 발맞춰 단계적으로 이행한다. 교육부 관계자는 "우선 국립 특수학교를 중심으로 고교학점제를 시범 운영하고, 특수학교 고교학점제 운영 모형을 개발할 계획"이라고 설명했다. 인공지능(AI)과 같은 첨단기술을 활용한 장애학생 교육 지원도 시작한다. 장애 유형별 정보 접근성, 맞춤형 콘텐츠, 관련 서비스 제공을 위한 플랫폼도 선보인다. 클라우드 기반 학습관리시스템, 실시간 화상수업 서비스, 장애 유형별 원격교육 콘텐츠 제공 등을 주된 내용으로 한다. 장애학생 원격교육

플랫폼 화상교육 시스템과 연계해 실시간 음성인식 자막 제공 서비스도 제공한다. 가상현실(VR)과 증강현실(AR) 등 첨단기술을 활용한 체험 교실은 30개교에서 올해 43개교로 확대한다.

이동이 어려워 복지시설, 의료기관, 또는 가정에서 거주하며 공부하는 학생들을 위해 현재 순회교육을 하고 있다. 2022년 수업 지원이 학생당 주 3회 이상으로 확대되었다. 의료 지원이 필요한 학생을 위해 개별 맞춤형 지원도 제공한다. 현재 지역장애인보건의료센터, 장애인 건강검진 기관, 병·의원, 종합병원 등에서 시행 중이며, 13개 시도 교육청에서 운영하고 있다.

[초등 특수교육학 진로 로드맵]

구분	고등1	고등2	고등3
자율 활동	학습지원부장으로서 멘토 멘티 활동, 청소년 리더 캠프 참여	1인 1주제 발표를 통해 시각 장애인들의 교육 보조 기구 탐구	인권 인식 함양 활동을 통해 장애인 이동권 운동의 의미 탐구, 장애 주제 탐구를 통해 '경계선 지능 장애' 탐구
동아리 활동	교육심리현상 토론	아동 심리 관련 프로그램을 시청하고, '선택적 함구증'에 대해 심화 탐구를 진행	특수 아동을 위한 심리 안정실 설계
진로 활동	수화 배우기, 점자판 읽는 방법 배움	장애인 체육 탐구활동, 진로 독서활동을 통해 '발달장애인을 위한 심리학적 접근의 연극치료' 탐구 진행	개별화 교육과정 구성, '개별화 교육 안내 카드' 만들기
특기 활동	교육권의 권리를 부여받지 못한 특수 아동 탐구	'인생 독서 UCC' 제작 및 발표, 미국과 한국 특수교육의 차이점 탐구	'청소년을 위한 미술치료'를 읽고 미술 심리에 관심을 가짐, '귀로 듣는 세익스피어 이야기'와 '심리학적 연극 치료'를 읽고, 역할놀이형 연극교육 구상

[창의적 체험활동]

구분		창의적 체험활동상황
2학년	자율활동	학습지원부 활동을 하며 온라인 수업 내용을 정리하여 제공함. 온라인으로 수업하며 느낀 쌍방향 수업의 단점 중 일부 계층의 디지털 기기 수요의 부족과 컨텐츠 개발의 한계에 관한 1인 1주제 발표를 진행함. 이후 심화탐구를 위해 **'교실이 없는 시대가 온다'**라는 책을 읽고, 독서 모임을 진행함. 4차 산업혁명과 더불어 시각 장애인들의 교육 보조 기구인 촉각 점자 스마트 워치인 닷워치, 닷 키오스크, 닷 패드의 기능을 탐색함. 연구되고 있는 기기들의 원리를 바탕으로 기존의 기기와의 차이점을 정확히 설명하는 학생임.
	동아리활동	아동 심리 관련 프로그램을 시청하고 **'선택적 함구증'**에 대해 심화탐구를 진행함. 선택적 함구증의 정의, 원인, 진단 기준, 치료방법, 오해와 진실을 조원들 앞에서 발표하고 이후 신문 형식의 칼럼을 써서 학교 알림판에 올림. 학생들이 지나가다가 보기 쉽게 깔끔히 정리한 것이 인상적임. '스톡홀름 증후군'과 '리마 증후군'을 탐구하고 발표하는 과정에서 심리 현상은 사람들 간의 상호작용으로 인해 일어나는 현상임을 보다 자세히 파악함. 스웨덴, 페루의 실제 사건과 사례를 들어 설명하며, 부원들이 지루하지 않게 들을 수 있도록 연극배우처럼 말하는 모습이 인상적임. 또한 '가스라이팅'에 대해 발표할 때 이 현상의 위험성을 알리고 대처방안을 제시하는 등 심리적 압박 및 고통의 치료법도 함께 탐구함.
	진로활동	장애인 체육 탐구활동을 통해 장애인교육과 관련하여 활동의 중요성을 강조하고, 외국과 우리나라의 장애인 체육교육을 조사함. 유럽 장애인 생활체육 현장을 확인하고 유럽의 경우 체육활동 시 장애인과 비장애인의 차이가 없음을 인지하고 실제 사례들을 공개 동영상으로 확인함. 호주나 독일, 일본의 경우 각 지역마다 장애인 체육시설이 따로 있는 것을 조사하고, 우리나라의 체육시설을 비판하는 발표를 진행함. 진로 독서활동을 통해 다양한 진로도서를 읽으며 전공역량을 높이는 학생임. **'발달장애인을 위한 심리학적 접근의 연극치료'**를 읽고, 활동의 중요성을 강조하며 교사가 되었을 때 연극을 통한 교육을 진행하고자 한다는 자신의 포부를 밝힘.
3학년	자율활동	학급 인권부장으로 학급원들의 인권에 대한 이해와 인권 인식 함양을 위해 주도적 역할을 함. 인권의 개념과 행동 양식을 압축하여 **'내가 존중받고 싶은 마음으로 타인을 존중하라'**는 인권표어를 책갈피로 만들어 학급에 나누어 줌. 장애인의 날을 맞아 **'왜 우리 주변에는 장애인이 보이지 않을까?'**라는 주제로 장애인 이동권 운동의 의미를 찾는 시간을 가짐. 2022년에 발표된 장애인 등록현황을 통해 장애인에 대한 기본적 지식을 공유하며 보이지 않는다고 없는 것이 아니라는 말과 함께 장애인을 주변에서 자주 볼 수 있는 사회가 성숙하고 좋은 사회임을 강조함. 장애 주제탐구를 통해 **'경계선 지능 장애'**에 대해 탐구함. 교육적 방치의 문제점을 인식하고 개별화 교육의 필요성을 인지함.

3 학 년	동아리 활동	동아리 연간계획을 수립할 때 주도적으로 단계별 목표와 활동을 연결하는 방향성을 제시함. 나만의 교실 설계하기 활동에서 **'특수 아동이 안정성을 얻을 수 있는 공간의 필요성'**을 언급하고 교실 내부에 심리 안정 공간을 구상함. 심리 안정실을 직접 방문하여 탐구해본 후 학교 사정에 따라 구성 정도가 다르며 실제로 활용도가 낮다는 현실적 문제점을 발견함. 또한 **'교사의 시야 확보가 무엇보다 선행되어야 한다'**는 것을 알게 되어 이를 반영해 교구장을 이용해 공간을 분리하고 매트와 소파, 빈백, 또는 텐트를 이용해 교실 구성안을 계획함. 발로 뛰어 문제를 해결하고 자료조사를 통해 해결점을 모색하여 실제에 적용하려는 노력이 돋보임.
	진로 활동	개별화 교육과정 구성 활동에서 **'장애학생 학습권 보장의 출발은 개별화 교육실현'**이라는 기사를 읽고 특수교육에서 개별화 교육의 중요성을 인지함. 이를 계기로 학생들의 상황에 맞는 교육과정의 필요성을 인식하고, 다양한 교육 사례를 바탕으로 개별화 교육과정을 구성함. 특수교사뿐만 아니라 통합학급교사, 보호자 등의 역할을 제시하여 그 역할에 따른 구체적인 교육과정을 만드는 방식으로 작업을 진행함. 진로 모둠원과 수시로 협의하며 수정과 보완을 반복하는 과정을 통해 완성도를 높임. 통합학급 교사가 특수학생만 신경쓸 수 없는 상황에 필요한 **'개별화 교육 안내 카드'**를 만들어 교육의 길잡이로 삼은 것이 인상적임. 학기, 월간, 주간 목표의 세분화를 바탕으로 학생의 특징을 분석하여 개별화 교육계획 수립하고 피드백 과정을 기록하며 학생에 대한 일괄적 지도가 이루어질 수 있도록 구성함.

[교과 세특]

구분		세부내용 및 특기사항
1 학 년	국어	삶의 방향을 찾는 독서 단원을 학습한 후, 진로 탐구보고서를 쓰는 활동에서 진로 자체에 대한 고민보다는 어떤 철학을 가진 직업인이 될지에 대한 고민을 반영해 다른 학생들과의 차별성을 드러냄. 장애인을 바라보는 본인의 명확한 시선을 가지기 위해 각종 자료를 찾아보고, 현재 장애인에 대한 기사들을 찾아보는 등 사회, 문화적인 관점에서 본인의 철학을 확립하기 위해 노력하는 모습을 보여줌. 이런 과정을 통해 **'장애를 가진 아이들에게 더 넓은 세상을 보여주는 교사'**가 되고자 하는 목표를 보고서 안에 작성함.
	통합 사회	'인권 보장과 헌법' 단원에서 헌법의 의의와 구조에 대해 이해함. 기본권인 사회권 중 하나인 교육권에 대해 집중적으로 탐구하고, 이를 보장받지 못하고 있는 특수 아동에 대해 관심을 가짐. 현재 특수교육의 현황에 대해 알아보고 이를 통해 통합교육에 대해 알게 되었고, 자료조사를 통해 기사문을 작성해 인권 신문을 만듦. **'통합 교육, 그 안에 숨겨진 보물찾기'**라는 책을 읽고, 학교 현장에서 이루어지고 있는 통합교육에 대해 간접적으로 살펴보고 통합교육의 장점에 대해 더 탐구하여 책 내용을 정리해 특수교육과 통합교육에 대해 발표함.

2학년	독서	자신의 삶에 영향을 준 책을 선정하여 진로의 방향과 방법을 담은 **'인생 독서 UCC'**를 제작하여 발표함. '보통의 언어들'에서 평범한 단어들 사이에 숨어있는 인생의 가치를 발견한 경험을 공유하며 '보통'이 지니고 있는 확장성을 특수 교사라는 진로 방향과 연결하여 소개함. **'특별한 보통의 해'**에서는 작가가 장애인으로서 성장 과정에서 겪었던 아픔을 귀퉁이가 한 조각 떨어져 나간 온전치 못한 동그라미 이야기로 비유한 부분을 예시로 들며 잃어버린 조각을 함께 찾고 맞추어주는 일을 교사로서의 소명으로 삼고 싶다는 바람을 전달함.
	수학 I	실생활 속 수학 활동에서 **'층간 소음으로 인한 자폐아 가족과 입주민 간의 갈등'**이라는 기사를 보고 층간 소음의 심각성을 인지하고 탐구를 진행함. 로그함수와 결합해 **'층간 소음과 로그함수의 상관관계'**를 주제로 탐구를 진행했고, 짜임과 구성이 탄탄해 읽는 학생들의 이해를 도움. 로그함수 내용을 층간소음 측정법과 연결시켜 융합적인 탐구를 진행함. 이를 바탕으로 코로나로 인해 가정학습이 늘어남에 따라 생기는 사회적 문제를 한 번 더 생각함.
	영어권 문화	영어권 나라와 한국의 문화를 비교하고 탐구하는 과제에서 **'미국과 한국 특수교육의 차이점'**이라는 주제를 선정함. 미국의 특수학교 사례를 들어 특수교육의 특징에 대해 탐구하고, 일대일 교육지원, 학교 공간 디자인 사례들을 한국과 비교하여 발표함. 나만의 히어로 만들기 활동에서 특수아동을 위한 히어로를 주제로 **'Virtual Hero'**를 구상함. VR 및 AR을 활용하여 학생들이 가상의 현실에서 제약없이 자유롭게 활동하고 체험할 수 있도록 특수아동의 교육을 돕는 히어로를 만들어 발표함. '나라별 서로 비슷하면서도 다른 국경일 소개'활동에서 세계 장애인의 날을 조사하여 발표함.
	사회 문제 탐구	**'코로나 시대의 교육'**을 읽고, 문제점 해결 수업에 참여함. 특수학교에서 일어나고 있는 온라인 교육의 실태에 대해 알고, 메타버스를 중심으로 교육의 격차를 해소할 수 있는 방안에 대한 탐구보고서를 제출함. 시각장애인들이 마이 아이, 웨어윅스와 같은 보조기구를 통해 시각 정보를 제공받음으로써 사회 적응에 도움을 받을 수 있음을 발표함. 사회적으로 소외된 특수 학생들에게까지 시각을 넓혀 조사하고 발표하는 모습이 인상적임.
3학년	확률과 통계	수학탐구보고서 활동에서 **'점자에 포함된 순열'**이라는 주제를 정해 중복순열과 같은 것이 있는 순열을 활용하여 사례를 만들고, 풀이를 설명함. 점자의 정의와 기본형태인 세로 3개, 가로 2개를 바탕으로 중복조합을 계산하여 4개의 점 1, 2, 4, 5중 튀어나온 점 3개로 만들 수 있는 한글 낱자와 가지 수를 계산하고 그 결과를 학급 학생들 앞에서 설명함.
	미술감상과 비평	에드바르트 뭉크의 작품 '절규'를 감상하고 그림에 화가의 심리적 상태와 내면이 드러난다는 것을 바탕으로 작품 창작 배경을 탐구하는 과정에서 미술과 심리의 관계를 중심으로 보고서를 작성함. 이후 심리 미술치료에 관심을 가져 집중적으로 탐구함. **'청소년을 위한 미술치료'**를 읽고, 미술의 다양한 기법을 이용해 심리 치료가 가능함을 알고, 학급 친구들과 미술 심리 테스트를 진행하여 심리상태를 나누는 활동을 진행함. 이를 통해 친구들과 진솔한 얘기를 나누며 치유가 되었다는 소감을 밝힘.

3 학년	미술감상과 비평	활동 후 **'특수 아동을 위한 미술 치료는 없을까?'**라는 의문을 가지고 특수 아동을 위한 미술 치료에 관심을 가짐. **'발달장애인을 위한 클레이를 이용한 감정 표현'**이라는 주제로 활동 계획서를 작성하고 감정 도안을 제작함. 도구를 사용함으로써 소근육 발달에 도움을 주고, 다양한 감정에 대해 학습하며 사회적 감정 소통과 표현에 긍정적 영향을 줄 수 있음을 밝힘. 계획서 작성을 통해 미술 치료가 심리적 치료 효과뿐만 아니라 장애 아동이 필요로 하는 여러 기능의 발달에도 영향을 줄 수 있다는 것을 깨달았다고 발표함. 이후 시각장애를 가진 특수 아동을 위한 미술 치료도 탐구해보고 싶다는 의견을 말함.
	개인별 세특	특수교육 대상 학생들을 위한 인지, 집중, 활동, 소통의 영역에서의 통합적 교육 방법에 대한 오래된 고민을 품고 다양한 도서와 대학 자료를 연구하여 그 방법의 실마리를 찾으려 노력하는 학생임. **'귀로 듣는 세익스피어 이야기'**와 **'심리학적 연극치료'**를 읽고, 오감을 사용한 활동, 인지, 소통을 아우르는 역할놀이형 연극교육이라는 새로운 교육방법을 구상하여 특수교육에 접목하는 방법을 연구함. 장애의 정도에 따라 연극 놀이의 수준을 정하고, 가정, 학교, 놀이터 등 다양한 활동 맥락을 가정하여 역할연극의 얼개를 짬. 각자의 역할을 바꾸어 가며 의사소통 훈련과 사회적 기술 훈련의 접목을 시도함. 상황마다 반드시 알아야 할 키워드를 게임형식으로 노출하여 자발적 참여와 흥미를 유발할 수 있도록 계획함. 관객과 배우를 번갈아 하며 서로의 상황을 이해하고 공감하는 능력을 계발할 수 있도록 함. 학생에 대한 배려와 교육적 열의가 대단하다는 것을 증명하였으며, 더불어 학생의 탁월한 연구 역량을 보여준 활동이었음.

초등 특수교육학계열 추천도서와 탐구 주제 찾기

[초등 특수교육학 추천도서]

[초등 특수교육학 탐구 주제 찾기]

과목	단원	탐구 주제
통합사회	현대 사회에 새롭게 등장한 인권	장애학생들이 잘 적응하지 못하는 이유 탐구
	시민 참여자들의 바람직한 역할	장애학생 시민교육 방법 탐구
	사회 불평등의 올바른 해결방안	차별 없는 교육을 위한 방안 탐구
	문화적 차이를 바라보는 바람직한 태도	통합교육의 성공사례 탐구
	세계화 시대에 나타나는 문제와 그 해결방안	캐나다 특수학교 사례 분석 탐구
국어	삶의 길을 찾아가는 책 읽기	독서를 활용한 진로 지도 방법 탐구
	스마트폰 중독, 어떻게 해결할까?	미디어 리터러시 교육을 통한 생활교육 방법 탐구
	우리말 바로 쓰기	발달장애학생을 위한 의사소통능력 방법 탐구
	매체를 통해 보는 세상	실감형 콘텐츠를 활용한 생활교육 방법 탐구
수학	도형의 방정식(도형의 이동)	테셀레이션을 활용한 무늬만들기 지도안 탐구
	함수(함수)	합성함수를 이용한 프랙탈 활용 지도안 탐구
	경우의 수(경우의 수와 순열)	주사위를 활용한 경우의 수 탐구
	경우의 수(경우의 수와 순열)	시각 장애인들을 위한 브라유 점자 탐구

➔ 핵심 키워드로 알아보는 초등 특수교육학

특수아동, 지적장애, 특수아, 청각장애, 특수교육, 학습장애, 특수교사, 지체장애, 교육심리, 열린 학급, 발달, 통합교육, 개별화, 자폐스펙트럼, 언어지도, 상담, 자질

ⓐ DBpia에서 가장 많이 검색된 논문

㉠ 통합교육 현장의 장애학생 인권침해 실태 및 예방 방안, 이화여대 특수교육연구소

㉡ 아동학대 신고의무자의 아동학대 신고 경험과 인식에 관한 차이 및 신고행동의 영향요인 연구, 한국아동복지학회

㉢ 통합학급 교사와 특수교사의 장애이해교육 실시 경험:교사들의 장애이해는 이대로 좋은가?, 이화여대 특수교육연구소

㉣ 통합교육 상황에서 장애학생 인권침해 및 인권지원에 대한 일반교사의 인식, 단국대 특수교육연구소

㉤ 자폐스펙트럼 장애 초등학생의 사회적 상호작용 변화를 위한 동물매개치료 사례연구, 단국대 특수교육연구소

ⓑ 시사를 활용한 탐구활동

장애, 역학, 질병 부담	통합교육	청소년 신체활동 분석
정신질환/장애로 인한 사회경제적 부담연구, 정신질환 국가적 조사, 유병율, 관련 요인, 정신질환의 국가별 질병부담에 대한 연구	일반학생과 장애인이 함께 교육을 받는 통합교육에 높은 관심을 가지고 있음	청소년의 신체활동을 통한 교육내용구성 및분석
higher correlates education disability surveys month lifetime substance groups differences disorder lower countries income prevalence year national high iv burden	교육방법 장애아동 교사 읽기 쓰기 수학교육 초등학생 다문화 STEAM 인식 통합 creativity	duration perceived activity related moderate adolescents total physical levels behaviour activities time sedentary school active behavior associations vigorous examine education

출처 : 사이언스on(KISTI)

 논문	초등 특수교육 전공능력 진단도구 개발 연구:예비 특수교사를 중심으로(2022) 장애학생 학부모 상담 지원 방안 탐색(2022) 특수교육대상 유아 가족의 초등전이 경험에 관한 근거이론접근(2022)
 특허	동물매개 특수아동 사회성 향상 교육시스템(2019) 자석을 사용하는 플렉시블 교육 도구(2020) 시각장애인을 위한 햅틱 디스플레이 기반 시각정보 표시시스템 및 방법(2014)
 보고서	발달장애 특수학교를 위한 최적 실내환경지원에 관한 연구(2020) 자폐/ADHD 아동 교육보조를 위한 신뢰성 95%이상인 장애 수준 진단...(2018) 난독증 아동을 위한 온라인 읽기학습 시스템 개발(2019)
 동향	미국 소아과학회, 자폐증 새 지침 발표(2019) 빈곤이 어린이 뇌 활동에 미치는 영향(2019) 초현실·초몰입 기술이 교과서로 (2019)

출처 : 사이언스on(KISTI)

초등 특수교육학에서 수강하는 대표 과목

[초등 특수교육학과 대학에서 이수하는 교과]

교양필수	초등교육론, 아동문학, 아동발달과 교육, 학습장애아 교육, 특수교육학, 특수교육 현장실습 및 사례연구, 학교폭력예방의 이론과 실제
전공필수 및 전공선택	정신지체아 교육, 특수교육공학, 특수아 가족지원 및 부모교육, 장애아 통합교육 및 협력의 이론과 실제, 의사소통 장애아 교육, 특수교육 현장연구의 실제, 특수아 진로 및 전환교육, 정서 및 행동장애아 교육, 우수·영재아 교육, 특수아 심리 진단 및 평가, 특수교육 교과교육론, 행동관리 및 지원 등

[초등 특수교육학과 진학에 도움이 되는 교과]

교과영역	교과(군)	공통과목	선택 과목	
			일반선택	진로선택
기초	국어	국어	화법과 작문, 독서, 문학, 언어와 매체	심화국어, 고전읽기
	수학	수학	수학Ⅰ, 수학Ⅱ, 확률과 통계	실용수학, 수학과제 탐구
	영어	영어	영어회화, 영어Ⅰ, 영어Ⅱ, 영어 독해와 작문	진로영어
	한국사	한국사		
탐구	사회	통합사회	사회문화, 생활과 윤리, 윤리와 사상, 동아시아사	사회문제탐구, 사회과제연구
	과학	통합과학 과학탐구 실험		
생활 교양	기술·가정		기술·가정, 정보	정보과학, 창의경영, 인공지능 기초
	교양		교육학, 논리학, 심리학, 환경, 실용경제, 논술, 철학, 진로와 직업	

※ 별색 : 핵심 권장 과목, 밑줄 : 배우면 좋을 과목

PART 2

인문 사범대 진로 로드맵

어떤 성향이
이 계열에 잘 맞을까?

이 계열을 희망하는 학생들은 자신이 알고 있는 것을 남에게 쉽게 알려주는 것을 좋아한다. 지역아동센터를 방문하거나 학급 멘토링으로 꾸준히 봉사활동을 하면서 교사의 자질을 키우는 학생들이 많다. 또한 다방면의 지식을 쌓는 것도 좋아하지만 어떤 한 분야만을 특별히 좋아하는 친구들도 많다. 그리고 꾸준히 노력하는 성향을 가진 학생들이 많다.

언어적인 능력이 뛰어난 학생들이 많으며, 독해력이 또래 학생들보다 특출나다. 또한 학생들이 사용하는 언어에 관심을 가지고 'SNS환경에서 사용하는 언어를 분석'하는 활동을 좋아한다. 다문화 가정의 학생들의 언어습득 능력이 낮은 이유에도 관심을 가지고 이에 대한 탐구활동을 하는 친구들도 있다. 그리고 다른 언어들을 비교하여 언어의 변천사에 관심을 가지고 탐구하는 친구들도 있다. 이처럼 다양한 언어에 높은 관심을 가지고, 특징을 분석하기 위해 교육 자료를 활용하여 이를 이해하고자 노력하는 학생들이 많다.

사회계열 교육학과를 희망하는 학생의 경우 사회현상에 높은 관심을 갖고 있어 우리 주변의 문제점을 분석하여 이를 개선하기 위해 노력한다. 그래서 마을활동가의 사회교육 실천원리와 사례를 조사하여 이를 비교하고 분석하는 경우도 많다. 또한 마을공동체를 형성하여 이를 통해 변화된 양상을 파악해 더 나은 사회가 되도록 하기 위한 노력을 하는 경우도 있다. 사회교육 활동을 실천하는 선인들을 조사하여 그들의 교육철학과 교육방안 중 우수한 사례를 자신의 교육철학으로 적용해보려는 경우도 있다. 열린 마음과 열린 학습력을 바탕으로 지식을 아는 것에 그치지 않고 사회를 변화시키기 위해 노력하는 학생도 이 계열에 적합하다.

이 계열을 희망하는 학생들은 초·중등학생들에게 어떤 방식으로 수업하면 좋을지 지역아동센터 학생들을 대상으로 실습을 진행하면서 이해하려고 노력한다. 그리고 설문조사를 통해 다른 친구들과 학생들의 생각을 파악하여 개선해야 할 점 등을 파악하여 지속적으로 탐구하는 것을 좋아한다.

[인문 사범교육학 진로 로드맵]

구분	중등	고등1	고등2	고등3
자율 활동		학급 멘토링 활동		
		반장, 학생회 등 다양한 임원활동		
동아리 활동		교육동아리		
		시사토론동아리		
진로 활동	신조어 탐구활동	지역아동센터 멘토링활동, 언어전문가 및 사회운동가 인터뷰		진로심화탐구
		사범대학 캠프, 일일 교사활동		
특기 활동	영재교육원 이수	통합교육의 효과 탐구, 사회활동 및 지역 거버넌스를 구성하여 개선활동 진행		

중등 인문 및 사회교사를 희망하는 학생들은 일반적으로 일반계 고등학교에 입학하여 교과 성적을 향상시키고, 교육동아리 활동을 통해 교사로서 자질을 키

우는 활동을 많이 한다. 고교학점제 선도학교를 통해 다양한 교과목을 선택하여 교사가 되기위해 필요한 교육학, 심리학 과목을 공부할 수 있는 장점이 있다.

2025년 고교학점제가 시행되면 일반 및 진로선택과목은 A, B, C 성취도로 성적을 기입하기에 성적으로 학생을 평가하는 데 한계가 있다. 따라서 중등 인문 및 사회교사를 희망하는 경우 관련 전공과목을 더 많이 이수하고 높은 성적을 유지해야 한다. 특히, 국어교육은 국어과목을, 영어교육은 영어과목을, 사회교육은 사회과목을 많이 이수해야 한다. 여기에 인공지능이 해당 교과에서 어떻게 활용되는지 조사하고, 학생들에게 보다 쉽게 관련 지식을 전달하기 위한 방법을 연구해볼 수 있다.

이렇게 다양한 활동을 성공적으로 하기 위해서는 진로 로드맵을 작성해야 한다. 특히, 시험기간 1달 동안은 성적을 챙기고, 그 기간 동아리활동은 실험보다는 진로독서 및 주제발표활동으로 1주에 1명씩 돌아가면서 한다면 비교과 활동을 하는데 시간도 빼앗기지 않으면서 성적과 활동 두 마리 토끼를 잡을 수 있을 것이다. 그리고 시험 이후나 방학을 이용하여 장기적인 실험을 진행하면 더욱 좋을 것이다.

진로 로드맵에는 자율활동, 동아리활동, 진로활동, 특기활동(개인별 세특, 독서 등)에 구체적으로 어떤 활동을 할 것인지 내용을 기록한다면 시간을 효율적으로 활용할 수 있으며, 진로에 맞는 일관된 활동을 할 수 있다. 그러면 비교과에 집중하다 교과성적이 떨어지는 실수를 하지 않을 것이다. 또한 과목 선택 시 진로와 연계하여 모든 과목을 선택하지 않아도 되며, 그 과목을 통해 배우고 성장하는 모습을 보이면 좋은 평가를 받을 수 있다.

선배들의 진로 로드맵 엿보기

국어교육학 진로 로드맵

➔ 국어교육학 합격자 선배들의 진로 로드맵과 세특

정답 찾기에 혈안된 국어시험으로 인해 읽기능력 하위권 학생 수는 지속적으로 늘어나고 있다. 지금의 국어교육은 제한된 시간에 문제를 얼마나 빨리 푸는지를 측정하는 '스피드 테스트'에 가깝다며 교육전문가들이 입을 모아 말한다. "속도가 느려도 긴 글의 핵심을 파악하도록 훈련"하는 것이 중요하다. 독해력을 향상하기 위해 어렸을 때부터 책과 신문을 가까이하는 습관을 들이는 훈련이 필요하다.

스마트폰 등 전자기기 의존도가 높아지는 것도 독해력 하락에 영향을 미치는 것으로 추정된다. 2015년 미래창조과학부 조사에 따르면 청소년의 스마트폰 과의존(중독) 위험군 비율은 31.6%로 성인(13.5%)보다 두 배 이상 높았다. 박선옥 한성대 한국어교육과정 교수는 "스마트폰을 통해 요약본, 타인의 감상글 등 단편적 정보만을 보고 자란 디지털 세대는 읽기 능력이 떨어질 가능성이 있다."고 설명했다.

읽기 능력 저하는 객관적 지표로도 확인된다. 경제협력개발기구(OECD)가

2016년 내놓은 '국제학업성취도평가(PISA) 2015'에 따르면 우리나라 만 15세 학생들의 읽기 능력은 517점으로 OECD 35개국 중 3~8위 수준이었다. 전체 등수로는 나쁜 결과가 아니지만 하위권 학생 비중이 전체 중 13.6%로 3년 전에 비해 6%포인트나 늘어난 것은 간과할 수 없는 문제다.

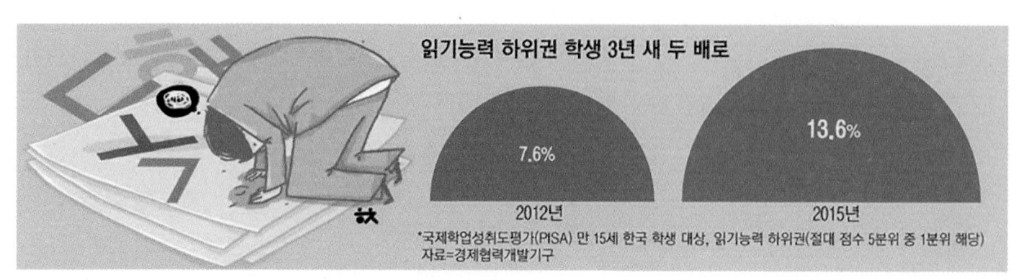

출처 : '스피드퀴즈' 된 국어시험에 떨어지는 독해력(매일경제)

문제풀이식 수업에 교육 초점이 맞춰지다 보니 성인이 될수록 읽기 능력이 떨어지는 경향을 보인다. 독해력이 부족하여 직장에서의 명확한 업무 파악과 보고서 작성 등에 취약점을 드러낼 정도다. 이는 업무능력 부족으로 인식되기 마련이다. 모 대기업에서 신입사원 채용 등 인사업무를 담당하는 A대리는 요즘 다른 부서 직원들에게 "읽기와 분석 능력이 좋은 신입들을 뽑아 달라!"는 농담 섞인 항의를 자주 듣는다. 상당수의 신입사원이 독해력이 떨어져 보고서를 잘못 이해하다 보니 한번에 처리할 일을 두세 번 해야 하는 일이 종종 벌어진다는 것이다. 특히, "고스펙을 갖춘 신입사원들이 의외로 읽기 능력이 떨어져 보고서나 자료의 핵심을 잘못 파악하고 어려움을 겪는 경우가 많다."고 전했다. 취업과 각종 국가고시, 자격시험 등에서 독해력이 갈수록 중요해지고 있지만 상당수 학생과 시험 준비생들이 청소년기부터 체계적인 읽기 교육을 받지 못해 학교를 졸업한 뒤 어려움을 겪는 사례가 늘고 있다. 이는 짧은 시간 안에 많은 수의 문제를 빠르게 푸는 데 국어시험과 교육이 맞춰져 있기 때문이라고 지적한다.

국어교육과는 크게 국어학, 문학, 교과교육으로 나뉠 수 있다. 국어학은 우리 말의 뿌리와 규칙에 대해 다룬다. 국어의 언어학적 특징과 역사적 변천을 이해함으로써 언어생활의 기초를 마련하고 국어 문법을 올바르게 배울 수 있다. 구체적인 수업으로는 국어학의 이해, 국어음운론, 국어통사론, 국어의미론, 국어사 등이 있다.

문학은 다양한 작품을 통해 삶과 세계를 이해하고 안목과 통찰을 길러준다. 구체적인 수업으로는 문장수사의 이해, 현대시선독, 현대소설선독, 고전문학사, 고소설강독, 한문학의 이해 등이 있고, 수업을 통해 문학이론과 작품의 올바른 해석을 배울 수 있다.

교과교육은 국어교육의 체계와 학교 현장에서 구체적으로 활용할 수 있는 교수법에 대해 배운다. 국어교과교육론은 국어교과의 성격과 내용에 대해서 개괄적으로 배운다. 국어교과교재연구 및 지도법은 국어교사로서 어떻게 수업해야 하는지를 탐구한다.

[국어교육학 진로 로드맵]

구분	고등1	고등2	고등3
자율활동	교육자치회에서 매달 사회, 역사, 국어 계열에 관심 있는 부원들과 함께 협력하여 교육 신문을 제작함.	'그 많던 싱아는 누가 다 먹었을까'를 읽고 비평문 작성, '청소년 자살'의 해결방안으로 불교 사상과 맹자의 사상을 통한 해결방법을 제시함.	'상대방을 기분 좋게 하는 언어들'을 주제로 선정하여 그림카드 이야기 만들기
동아리활동	언어와 문화에 관심을 갖고 동아리에서 진행한 지역 문화 속 언어 활동에서 기획한 답사, 조사, 연구 활동에 적극적으로 참여하며 다양한 경험을 통해 자신의 역량을 키워 나감.	예비교사 동아리 활동에서 상황극을 진행, 지역민들과 함께하는 'MZ세대의 언어 이해하기'를 기획함.	일제강점기 퀴즈풀기 캠페인 진행, 김소월의 '가는길' 모의수업 진행(시적화자의 정서와 태도를 설명)

진로 활동	직업 백과 만들기 활동에서 본인이 평소 관심 있었던 국어 교사 부분을 맡아 진행함.	'문학과 함께' 활동에 참가하여 문학작품의 공간적 배경의 중요성이 작품에 미치는 영향에 대해 탐구, '세종대왕과 같은 인물이라면 독재를 허용할 수 있는가'를 주제로 한 토론활동	'미래, 도서관을 이렇게 전망하다' 주제 탐구, 주말마다 도서관에 나가 청소년들과 도서관 사용에 대한 인터뷰를 진행함.
특기 활동	잘못된 맞춤법 표기의 사례를 조사하여 발표함.	국어교과 멘토로 자음표, 모음표, 음운의 규칙까지 쉽게 외우는 방법을 가르쳐주는 활동을 함.	'교육제도가 사회에 어떤 영향을 미치는가'에 관심을 갖고 탐구, '교육은 계층 상승의 사다리인가?'라는 주제로 발표를 진행함.

[창의적 체험활동]

구분		창의적 체험활동상황
2학년	자율 활동	인문학 독서 활동을 통해 **'그 많던 싱아는 누가 다 먹었을까'**를 읽고 알게 된 사실, 의미 있게 읽은 내용, 느낀 점 등을 종합한 완성도 높은 비평문을 작성함. 작품에 드러난 사회의 혼란과 그에 맞서는 인간들의 다양한 태도에 주목했고, 특히 사회적 윤리적 사상이 매우 중요하다는 것을 알게 되었다고 함. 또한 **'개인의 권리와 사회의 이익이 충돌한다면 어떤 선택을 해야 할까?'**라는 주제에서 니체의 사상을 근거로 주장을 펼쳐 급우들을 놀라게 함. **'청소년 자살'**을 해결하기 위해 불교 사상과 맹자의 사상을 통한 해결방법을 제시하고, **'어떤 최고의 존재가 되고 싶은가?'**라는 주제에서 자신에게 가장 따뜻한 사람이 되고 싶다고 발표하는 등 한 학기 동안 많은 활동을 진행한 학생임.
	동아리 활동	예비교사 동아리 활동을 하면서 매주 목요일 점심시간을 이용하여 1일 교사와 학생으로 역할을 분담하여 강의하고 수업 시간에 일어날 수 있는 일들을 정리하여 상황극을 진행함. 시험기간이나 개인적인 일정으로 한번도 빠짐없이 성실하게 임하면서 미래교사로서 큰 거름이 될 것이라 예상함. 한글날 지역사회와 함께하는 캠페인 활동에서 '우리말 바르게 쓰기' 활동을 기획하고 판넬 제작 및 한글퀴즈를 진행함. **'MZ세대의 언어 이해하기'** 코너는 청소년들과 어른들이 화합할 수 있는 프로그램이었다는 평가를 받음.

<table>
<tr><td>2
학
년</td><td>진로
활동</td><td>'문학과 함께' 활동에 참가하여 문학작품의 공간적 배경이 작품에 미치는 영향에 대해 설명함. '메밀꽃 필 무렵'과 '무진기행'의 지형이 주는 소설의 묘미에 대해 이야기 함. '난장이가 쏘아 올린 작은 공', '성북동 비둘기'에서 보여주는 삭막한 도시화 과정과 도시 재개발을 연결하여 설명함. 문학작품의 내용을 정확하게 이해하고 지리적 개념과의 관계를 정확히 정리함. 자료조사를 하는 과정에서 문학 큐레이터 지도에도 흥미가 생겨 교사라는 직업과 함께 매력적이라고 생각함.
토론활동에서 '세종대왕과 같은 인물이라면 독재를 허용할 수 있는가?'라는 주제에 대한 찬반 논거를 제시하고 자신의 입장을 정리하는 글쓰기를 진행함. 국민의 주권의식의 중요성을 이야기하며 반대하는 의견을 논리적으로 발표함. 글쓰기나 발표를 할 때 주제에 맞게 글을 구성하는 능력이 뛰어남.</td></tr>
<tr><td rowspan="3">3
학
년</td><td>자율
활동</td><td>인문학과의 만남 시간에 '상대방을 기분 좋게 하는 언어들'을 주제로 '그림카드 이야기 만들기' 활동을 하며 학우들과 즐기는 모습을 보임. 특히, 학우들이 서로 돌아가면서 이야기를 만드는 모습이 인상적이며 언어가 어떻게 형성되고 어떻게 언어를 구체화해 나가는지, 어떤 언어를 사용해야 하는지 등에 초점을 맞추어 발표를 진행함. 발표가 짜임새 있게 잘 구성되었고, 학생들이 집중할 수 있도록 하는 능력을 보여줌. 이후 학우들을 대상으로 한 만족도 조사에서 주제의 적절성, 강연 방식의 새로움 등에서 높은 점수를 받아 발표자도 흐뭇해하는 모습을 보임.</td></tr>
<tr><td>동아리
활동</td><td>동아리 회장으로서 1년간의 동아리계획을 세우고, 독서, 토론, 행사를 기획함. 광복절 기념행사에서 행사 안내판 제작과 일제강점기 퀴즈풀기 등을 통한 캠페인을 진행하고, 동아리 활동마다 구성원들의 모의수업을 요약하고, 피드백을 주고받으며 후배들에게 귀감이 됨. 또한 모의수업을 연습하기 위한 교실을 섭외하고, 동아리원들에게 공지하는 과정에서 효율적인 운영을 보여줌.
김소월의 '가는 길' 모의수업을 진행하면서 빈칸 채우기 형식의 유인물을 준비하여 작품의 개념과 특징을 시적화자의 정서와 태도로 설명하는 모습이 인상적임. 또한 후배들과 수업 중 돌발 상황을 설정한 뒤 교사가 대응하는 방식을 같이 연습하기도 함.</td></tr>
<tr><td>진로
활동</td><td>전공탐색활동에서 학생들의 도서관 이용 실태를 확인하고 많은 정보를 효율적으로 사용하기 위해 '미래, 도서관을 이렇게 전망하다'라는 주제로 탐구를 진행함. 고등학생들의 도서관 사용 실태에 관한 설문을 하고, 학업 외에 독서를 위한 방문은 거의 없음을 알게 되었다고 함. 이후 주말마다 도서관을 나가 청소년들과 도서관 사용에 대한 인터뷰를 진행하며 문제점을 파악하고 우리 지역에 다양한 형태의 도서관이 없음을 안타까워함. 하지만 작은 동네서점들은 주제에 맞는 도서관 운영이 가능하다는 생각을 함. 이처럼 스스로 문제점을 찾고 해결하려는 의지가 강한 학생임.
이후 도서관의 개관부터 지금의 도서관이 만들어지기까지의 역사를 정리하고 우리 지역과 인근 지역의 이색도서관에 대해 정리하고 홍보함.</td></tr>
</table>

[교과 세특]

구분		세부내용 및 특기사항
1학년	국어	수업시간 참여시 **맥락에 맞는 적절한 언어 표현과 반·비언어적 표현**을 통해 원활한 수업이 진행되는데 많은 기여를 함. 한글 맞춤법에 대한 수업을 바탕으로 일상생활에서 발견할 수 있는 잘못된 맞춤법 표기의 사례를 조사하여 발표하는 활동을 통해 이론을 실제와 결합하는 적응력과 내면화 능력에 있어 뛰어난 모습을 보임. 또한 한국 서정 문학의 갈래와 흐름에 대해 이해하고 고전 문학에 대한 적극적인 학습 의지를 보임.
2학년	독서와 문법	국어교과 멘토로 자음표, 모음표, 음운의 규칙까지 쉽게 외우는 방법을 가르쳐주고 전체적인 내용을 이해할 수 있도록 수준에 맞게 정리하여 가르쳐주는 열정과 리더십을 가진 학생임. 사이시옷 표기 조건의 결과를 정리해서 칠판에 적어가며 친구들이 이해하기 쉽게 발표함. 된소리 되기로 발음되는 일부 단어를 친구들의 눈높이에 맞게 설명하고 문장을 형성하는 규칙에 따라 잘못된 문장을 올바르게 수정하고 이유를 발표함. 이때 문장 수정 과정을 사례를 들어 칠판에 적어가며 친구들에게 설명하는 모습이 인상적임. 목소리가 차분하고 판서 글씨가 또박또박하고 커서 듣는 사람으로 하여금 집중하게 만들며, 친구들에게 쉽게 가르쳐주기 위해 노력하는 태도가 돋보이는 학생임.
	사회문화	사회적 문제해결 수업에서 학생들에게 제일 큰 관심사인 대학 입학 제도에 대한 여러 자료를 수집하고 논리적으로 체계화된 보고서를 작성하게 함. **'수시제도는 본래 목적을 달성했는가?'**라는 보고서에서 학생들에게 공부에 대한 부담감을 줄이고 공부만이 입시의 기준이 아닌 학교에서의 성실성과 전공에 대한 열정으로 다양한 학생들 선발한다는 취지를 정확하게 이야기함. 하지만 공교육을 강화하는 목적으로 시행된 수시 제도가 오히려 학생과 학부모들에게 많은 부담이 되고 있다는 주장을 펼침. 이에 설문지를 만들어 학생들에게 조사한 결과도 본인의 생각과 차이가 없음을 확인했다고 이야기하며 결과치를 정리하여 설명함. 무거운 내용이었지만 재미있는 이미지를 활용한 시청각 자료를 제작하여 발표함.
	생활과 윤리	학생 참여형 배움 수업으로 수업 방법을 전환하는 데 공이 큰 학생임. 모든 토론 후에는 관련 보고서를 주제에 맞게 세심하게 작성하였으며 여기에 교과 주제별 토론자료, 비주얼 씽킹 자료 등 다양한 활동자료를 모아 교과 포트폴리오를 체계적이고 세심하게 정리함으로써 우수한 평가를 받음. 생명윤리, 사회윤리 문제를 비롯한 사회적 논쟁이 되는 다양한 주제의 모든 토론을 주도하여 무임승차자 없는 토론을 진행함. 특히, 지적 재산권에 대한 토론에서는 **'지적 창작물은 보호되어야 함'**을 분명히 하며 근거를 찾고, 토론하는 과정에서 저작권에 대해 심도있게 이해할 수 있었다고 피력함. 사회적 우대 조치 문제에 대한 토론에서는 역차별 논란을 감안한 블라인드 테스트 등의 개선책을 제시했으며 서로 다른 다양한 의견에 대해 심도있게 토론할 수 있었음에 의미를 부여한 학생임.

3 학 년	확률과 통계	실생활 문제를 통계를 활용하여 분석하고 융합적 지식을 활용해 대응방안을 제시할 수 있는 학생으로 **'한국의 저출산 원인 분석 및 대응방안'**을 탐구발표 주제로 선정함. 2011년부터 19년도까지의 혼인 건수, 합계출산율, 출생아, 사망률 등의 자료를 수집하고 이를 그래프로 나타냄. 이후 설문조사 통계 자료를 활용하여 혼인 건수의 감소 이유를 남녀의 혼인 및 자녀에 관한 인식, 가치관 변화 등의 요소로 나누어 분석하고 **'조건부 순위별 출산율'** 그래프를 분석하여 첫째 출산과 그 이후의 출산과의 관계성을 파악함. 이를 기반으로 혼인 가능성을 높이고 출산 비경험자들의 동기를 높이는 정책의 필요성을 역설함.
	사회과제 연구	사회제도분석하기 활동에서 **'교육제도가 사회에 어떤 영향을 미치는가?'**에 관심을 갖고 탐구하여 **'교육은 계층 상승의 사다리인가?'**라는 주제로 발표를 진행함. 계층화 현상의 기능론과 갈등론의 관점에서 잘 정리했으며 우리 사회의 교육을 계층이동과 관련된 각종 자료와 사진, 통계 등을 제시하여 설득력 있게 전달함. 드라마 스카이캐슬 속의 장면을 예로 들며 현실에서 회자되는 다양한 내용으로 학생들의 흥미를 끌어올림. 공정한 경쟁과 교육 기회의 평등을 대책으로 제시함. 전체적으로 짜임새 있는 근거자료와 논리, 흥미 등의 요소가 어우러져 훌륭한 발표를 한 학생임.
	현대문학의 감상	문학에 대해 관심이 많은 학생으로 공동교육과정 수업을 듣고 성실하게 과제물을 제출한 학생임. 구절 발표하기 활동에서 **'상행'**의 시구를 찾아 대조와 냉소, 반어 등의 다양한 표현기법이 주제를 효과적으로 드러나게 하며, 성찰의 시간을 가질 수 있도록 하는 뛰어난 구절이라고 발표함. 또한 작품 소개활동에서 **'홀린 사람'**을 선택하여 경험을 통해 느꼈던 교훈을 언급함. 사적 경험에 대한 이야기가 친구들을 집중하게 한 원동력임을 알게 되어, 교사가 되기 전 많은 경험을 하여 학생들에게 도움이 되고 싶다는 의지를 밝힘. 발표 마지막에는 집단 지도자의 선과 악의 속성과 그를 맹목적으로 따를 때 발생할 수 있는 위험에 대해 언급함.

➔ 국어교육학계열 추천도서와 탐구 주제 찾기

[국어교육학 추천도서]

[국어교육학 탐구 주제 찾기]

과목	단원	탐구 주제
통합사회	사회 불평등의 올바른 해결방안	혐오와 차별의 언어 탐구
	문화적 차이를 바라보는 바람직한 태도	문화적 차이 때문에 번역이 힘든 우리말 탐구
	세계화 시대에 나타나는 문제와 그 해결방안	UN 공용어로 한국어를 지정하는 이유 탐구
국어	삶의 길을 찾아가는 책 읽기	인생의 책 조사활동
	스마트폰 중독, 어떻게 해결할까?	중학생 스마트폰 중독에 따른 문제 탐구
	우리말 바로 쓰기	우리말 바로 쓰기의 중요성 탐구 세대별 언어사용 실태 탐구
	매체를 통해 보는 세상	미디어 매체를 통해 알아본 MZ세대 언어 탐구
수학	도형의 방정식(도형의 이동)	글자나 단어에서 사용되는 앰비그램 탐구
	집합과 명제(명제)	이발사의 역설 모순 탐구
	함수(함수)	컴퓨터 자판의 원리와 일대일대응 탐구

➔ 핵심 키워드로 알아보는 국어교육학

국어, 문학, 언어학, 문법, 의미론, 고전, 산문, 독해, 음운, 시론, 어휘론, 교육과정, 작문, 교직, 소설, 한문, 발화, 현대시, 비평

ⓐ DBpia에서 가장 많이 검색된 논문

㉠ 한국어 교수 방법에 대한 고찰, 세계한국어문학회

㉡ 다문화 가정을 위한 한국어교육의 현황과 과제, 세계한국어문학회

㉢ 의미망을 활용한 한국어 어휘교육, 동악어문학회

㉣ 보조사 은/는과 주격조사 이/가의 교수·학습 방법 연구:한국어 고급단계 외국인 학습자를 대상으로, 한국어의미학회

㉤ 성차별적 표현에 대한 언어인식 교육 방향 탐색, 국어국문학회

ⓑ 시사를 활용한 탐구활동

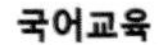

국어교육

올바른 인성과 국어학, 국문학 등에 대한 지식을 바탕으로 학생들에게 국어교육을 할 수 있는 인재 양성

한국어교육

한국어로 의사소통을 원활히 할 수 있는 능력을 기르는 교육독해

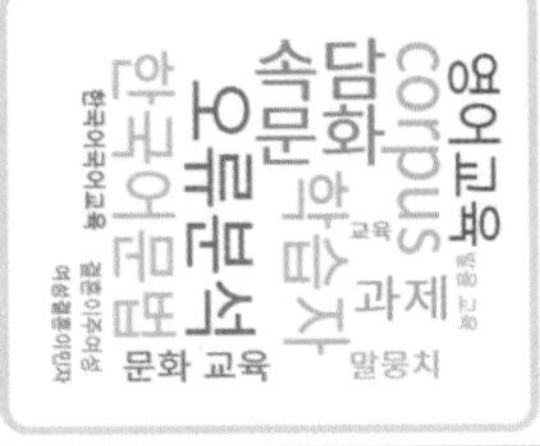

문해력

글을 읽고 이해하는 능력

출처 : 사이언스on(KISTI)

논문

- 교육격차 해소를 위한 기초 문해력과 국어과 교육과정의 대응(2022)
- 디지털 미디어 문해력 교육의 국어과 교육과정적 함의(2022)
- 시각적 문해력 증진을 위한 학습만화 창작 표현 지도방안(2016)

특허

- 수준 맞춤 커리큘럼 생성을 통한 국어교육 제공 방법(2020)
- 한글 문자 풀어쓰기에 맞는 자모음 명칭의 고안(2021)
- 인공지능 기반 교육 콘텐츠를 제공하는 방법, 장치 및 시스템(2021)

보고서

- 기초학력 향상을 위한 교원 전문성 강화 방안(2020)
- 다문화 가정 자녀를 위한 맞춤형 한국어 교육 콘텐츠 개발(2020)
- 교과용도서의 교과별 어휘 표준 구축방안-어휘 표준DB 및 검색시스템 개발(2018)

동향

- 컴퓨터가 인간 언어 파악한다(2015)
- 사람보다 말 잘하는 컴퓨터 출현(2015)
- 찌아찌아족은 왜 한글을 선택했을까(2010)

출처 : 사이언스on(KISTI)

국어교육학에서 수강하는 대표 과목

[국어교육학과 대학에서 이수하는 교과]

교양필수	국문학개론, 국어학개론, 국어교육론, 국어자료의 이해, 현대문학개론, 다매체 국어연습
전공필수 및 전공선택	현대시강독, 국어형태론, 시조와 가사의 이해, 어휘 및 의미교육론, 국어논술, 국어문법론, 소설교육론, 의사소통교육론, 고전소설강독, 고전시가교육론, 국어문법교육론, 작문교육론, 국어음운론, 시교육론, 희곡교육론, 고전산문교육론, 문학이론교육론, 현대사회와 문학교육, 국어교육과정 및 교재연구, 독서교육론, 시론, 현대문학사교육론, 훈민정음의 이해, 국어교수법 및 평가, 비평론, 매체교육의 이론과 실습, 수필교육론, 향가와 고려가요의 이해 등

[국어교육학과 진학에 도움이 되는 교과]

교과영역	교과(군)	공통과목	선택 과목	
			일반선택	진로선택
기초	국어	국어	화법과 작문, 독서, 문학, 언어와 매체	심화국어, 고전읽기
	수학	수학	수학 I, 수학 II, 확률과 통계	실용수학, 수학과제 탐구
	영어	영어	영어회화, 영어 I, 영어 II, 영어 독해와 작문	진로영어
	한국사	한국사		
탐구	사회	통합사회	사회문화, 생활과 윤리, 윤리와 사상, 동아시아사	사회문제탐구, 사회과제연구, 고전과 윤리
	과학	통합과학 과학탐구 실험		
생활 교양	기술·가정		기술·가정, 정보	
	교양		교육학, 논리학, 심리학, 환경, 실용경제, 논술, 철학, 진로와 직업, 한문 I	한문 II

※ 별색 : 핵심 권장 과목, 밑줄 : 배우면 좋을 과목

➔ 영어교육학 합격자 선배들의 진로 로드맵과 세특

12년간 영어교육을 받아온 학생들은 고등학교만 졸업해도 기본적인 영어는 거의 구사할 수 있다. 수능에서는 상대평가가 아닌 절대평가로 기본적인 능력을 평가해 성적에 반영하고 있다. 좀 더 난이도 있는 과목을 개설하여 선택과목으로 심화시키면 불필요한 입시경쟁과 사교육 열풍도 사전에 차단할 수 있을 것이다. 또한 자연스럽게 원서 중심의 수업으로 나아갈 수 있다.

일찍이 미국의 언어학자 노엄 촘스키는 '인간은 선천적으로 언어를 습득할 수 있는 기제를 가지고 태어난다'고 했다. 러시아의 발달심리학자 레프 비고츠키는 '언어교육이 인간의 다른 인지 발달과정을 선도한다'고 했다. 우리나라 교사와 학생, 학부모는 이미 뚜렷한 동기와 수준 높은 안목을 갖추고 있다. 언제든지 새로운 외국어 학습을 받아들일 충분한 준비가 되어 있다. 그런데 영어로 말하는 것을 두려워하고 의사소통의 도구가 되지 못하는 영어를 배우고 있다.

외국어는 기본적으로 의사소통의 도구인데 우리나라에서 영어는 시험을 위해 공부해야 하는 대상이다. 우리나라는 영어를 사용할 필요성이 떨어지는 환경을 가지고 있다. 전 국민이 완벽하게 소통하는 우리말이 있고, 외국인의 비율이 극히 낮기 때문이다. 또한 실제로 사회에서 영어를 사용할 일이 적다. 문제는 여기에서 출발한다. 영어를 사용해야 한다고 하면 보통 외국인과 직접 만나서 대화를 하는 상황을 생각한다. 그런데 영어로 된 소설을 읽거나, 영어 일기를 적는 것 또한 영어를 사용하는 것이다. 자기가 좋아하는 배우를 인터넷으로 검색해서 영어로 된 정보를 통해 궁금한 점을 해결하는 것도 아주 좋은 공부가 된다. 스스로 영어의 필요성을 느끼고 자발적으로 공부해야 하는데, 영어가 하나의 시험 과목으로 자리잡은 탓에 단지 정답을 맞추기 위한 학습만 하다보니 영어 실력을 향상시키는 데 저해요인이 된 것이다. 단순히 시험만을 위해서 공부하는 것은 어떤 분야든 한계가 있기 마련이다. 이렇게 수동적으로 학습하다 보니 토익 성적이 좋아도 실제로 영어로 된 문서를 읽고 작성하는데 힘들어하는 것이다.

언어라는 것은 어떤 개념을 배워서 이해하는 것이 아니라, 스스로 사용해보면서 익숙하게 만드는 것이다. 그러려면 실수에 대한 두려움을 떨쳐내야 한다. 유독 우리나라 사람들은 영어로 말하거나 쓸 때 틀리는 것에 두려움을 가진다. 우리말을 사용할 때 문법에 맞지 않게 쓰는 경우가 흔한데, 아이러니하게도 영어를 사용할 때 문법에 맞지 않게 사용하면 그것을 지적하는 분위기도 한몫한다. 영어는 의사소통의 도구이기 때문에 문법을 걱정하지 않고 의사전달 자체에 집중해야 한다. "외국어를 사용하는데 좀 틀리면 어떤가?"라는 마음으로 과감하게 영어를 사용해야 실력이 빠르게 늘 수 있다.

시험은 동기유발이라는 측면에서는 영어공부에 도움이 된다. 시험을 위해서 영어공부를 하는 것이 꼭 나쁜 것만은 아니다. 그러나 시험의 역기능 중 하나는 선택적 학습을 부추긴다는 것이다. 즉 시험에 나오는 내용만 공부하고 시험으로 출제하기 힘든 부분은 등한시하는 결과를 가져온다. 이로 인해 중요한 것보다는 시험에 나오는 것 위주로 공부하는 잘못된 학습방법을 가지게 되는 것이다. 시험에 나오는 아주 어려운 문법 문제는 이해하지만 정작 훨씬 간단한 영어표현은 사용하지 못하는 것이다. 시험을 위해서 영어공부를 하지 않고, 영어를 일상적으로 사용하다 보면 우리나라 영어교육의 문제점을 스스로 극복할 수 있을 것이다.

영어로 잘 말하고 싶다면 김종국 영어 학습법을 추천한다. "나에 대해서 다 영어로 표현할 수 있다."면 누구와도 영어로 대화할 수 있는 자신감이 생기게 된다. 그러면 내가 평소 생각하고, 말하고, 좋아하는 것을 표현하는 데 어려움을 겪지 않고 자연스럽게 영어는 쓸모있는 도구가 될 수 있다. 그리고 여기에 문법과 고급 단어를 추가한다면 멋지게 영어로 대화할 수 있을 것이다.

[영어 교육학 진로 로드맵]

구분	고등1	고등2	고등3
자율 활동	직업의 변천사 강의를 듣고 교사의 직업을 탐구	입시부장과 영어부장으로서 새로운 영어단어와 입시 정보를 게시, 영화나 드라마 속 일상생활에서 많이 쓰이는 내용을 공유	교육시사 주제별 영작하기 활동에서 영어에세이 작성, '다시 시작하는 사회' 활동에서 교사들의 도시 선호 현상과 고교학점제에 대해 탐구
동아리 활동	지역아동센터에서 영어 멘토링 봉사활동, 교육의 정의 탐구	수업교재 만들기 활동에서 동화책을 활용한 학습자료 만들기, 축제 때 영어로 주문 가능한 e-cafe 기획	TED 교육영상 시청하기 활동에서 '이중언어자의 뇌의 이점' 탐구, 영화 속 장면에 쓰이는 영작문이나 OST 번역
진로 활동	미래교육과 에듀테크 강연을 듣고 온라인 교육에서의 에듀테크 교육의 중요성 탐구	영어영문과 멘토 선배들과 함께 질의응답 시간을 가짐, 교육계열의 전망과 영어전공자들의 진로에 대한 정보 체크	다문화교육지원센터에 방문하여 다양한 나라의 문화권을 알아보는 활동을 진행, 다문화 교육에 대해 관심을 가지고 연극 활동을 기획
특기 활동	교육 비리에 대해 조사	'Coach Carter'의 영화 시나리오를 읽고 단편 영화 제작	'학생의 학업 성취에 교사의 피드백이 미치는 영향' 영어기사를 읽고 탐구

[창의적 체험활동]

구분		창의적 체험활동상황
2학년	자율활동	학급 1인 1역할로 입시부장과 영어부장을 맡아 게시판에 매일 새로운 영어단어와 입시 정보를 게시함. 특히 교과서와 모의고사에 많이 나오는 단어들로 구성하고, 입시 정보는 학기 초 설문을 받은 학과 위주로 구성함. 가끔은 재미있는 정보들과 꼭 알아야 하는 영어 문구를 게시하는 경우도 있음. '1층'을 의미하는 표현의 first floor와 ground floor의 차이점을 알려주며 영국과 미국에서 사용하는 단어가 다르다는 것을 주지시킴. **영화나 드라마에 많은 관심을 가진 학생으로 극 중에 나왔던 내용 중 일상생활에서 많이 쓰이는 내용**을 공유하기도 함.
	동아리활동	수업교재 만들기 활동에서 아이들의 눈높이에 맞는 학습자료를 만들어주고 싶어서 동화책을 꼼꼼히 살펴보고, 아이들도 이해할 수 있는 쉬운 단어를 사용하여 문장을 번역하고 친구들과 함께 바꿔 읽어보면서 이해가 잘 되는지 독자의 입장에서 생각해보려 함. 축제 때 영어로 주문하는 카페를 운영해보자는 내용을 제안하여 **e-cafe를 기획**함. 당일 일어날 수 있는 다양한 상황에서 나올 주문 문장 등을 미리 만들어 부원들과 의논함. 축제 당일 부스를 찾은 학생들이 낯설어하는 모습을 보였지만 이내 바디랭귀지까지 동원하여 영어로 말하려는 노력을 보였고, 방문객도 재미있어하는 모습을 보며 뿌듯함을 느꼈다고 함.
	진로활동	대학 탐방 및 문화 체험 활동에서 영어영문과 멘토 선배들과 함께 질의응답 시간을 가짐. 대학 생활과 본인이 평소 취약하다고 생각한 영문법 학습, 영어 듣기평가 학습에 대해 적극적으로 질문하고 따뜻한 격려와 응원을 받음. 또한 대학에서 보는 교육계열의 전망과 영어전공자들의 진로에 대해서도 많은 정보를 얻었다고 함. 이를 통해 학습 동기를 고취하고 진로 진학에 대한 계획을 확고히 함.
3학년	자율활동	학급 특색 활동으로 주제별 영작하기 활동에서 최근 교육시사를 보며 기억에 남는 내용을 영어 에세이로 쓰고 발표하는 활동을 진행함. 발표를 하기 전에 선생님의 첨삭 지도를 통해 여러 번 고쳐 쓰는 과정에서 영어작문능력이 향상되었다고 함. '다시 시작하는 사회' 활동에서 **교사들의 도시 선호 현상과 고교학점제에 대해 탐구를 진행**함. 앞으로 시행될 고교학점제의 문제점 중 하나로 지역 교사들의 인력 부족으로 인한 고교학점제 과목 선택 기회 박탈과 공교육 질 저하를 제시함. 해결방안으로 지방 인프라 구축과 지방 교원에 대한 인센티브 지급을 제안함. 교육의 문제점이 외부요인으로 인해 발생할 수 있으므로 이를 해결하기 위해서는 여러 부서의 협력이 필요하다는 것을 알게 되었다고 소감문을 작성함.
	동아리활동	TED 교육영상 시청하기 활동에서 동아리 부장으로서 매시간 좋은 영상을 추천하여 운영에 최선을 다함. 또한 미리 영상을 확인하고 영상에 참고할 자료와 영상속의 단어를 정리해 부원들에게 제공함. 특히 **'이중 언어자의 뇌의 이점'**을 본 후 다중언어를 구사할 때의 뇌의 발달과정과 결정적 시기 가설에 대해 알게 되었으며 이 가설이 언어학습에 있어 중요한 이론이라는 것을 알게 되었다고 함. 이후 스스로 관련 자료를 찾아 이중 언어에 대해 심화탐구를 함.

3 학 년	동아리 활동	영화나 팝송을 이용한 영어 학습과 관련하여 후배들에게 많은 조언을 하는 학생임. 영화 속 장면에 쓰이는 영작문이나 OST를 번역하며 다양한 번역 중 영화의 내용 해석과 맞는 글을 선택하는 방법을 같이 의논한 학생임. 또한 팝송에서는 만약 상황이 바뀌게 된다면 좀 더 부드러운 영어, 색깔이 있는 단어가 필요하다며 개사를 하기도 함. 어떤 활동이든 최선을 다하며 후배들을 챙기는 모습이 인상적임.
	진로 활동	교과체험학습 활동으로 다문화교육지원센터에 방문하여 **다양한 나라의 문화권에 대해 알아보는 활동을 진행**함. 식습관이나 전통을 간단한 퀴즈를 통해 알아보았으며 중국이나 일본의 전통의상 등을 직접 입어보면서 문화를 즐겼다고 함. 세계화 시대일수록 다문화를 이해하고 다양한 문화권과 소통하는 일이 중요하며, 그를 위해 외국어를 이해하는 것이 중요하다고 생각하여 친구들과 대화를 나누는 등 바람직한 진로 활동의 태도를 보임. 이후 다문화 교육에 관심을 가지고 연극 활동을 기획함. 이때 체험한 활동 중 전통의상을 활용하여 다양한 나라를 표현하자는 의도를 어필함.

[교과세특]

구분		세부내용 및 특기사항
1 학 년	영어	꿈 발표 활동에서 vision board를 만든 후 자신의 꿈과 미래에 관해 자발적으로 영어로 발표함. 교육자는 아이들의 숨겨진 잠재력을 볼 수 있어야 한다는 페스탈로치의 사상에 감명을 받아 그를 롤모델로 삼게 되었다고 함. 미래의 아이들에게 보다 나은 교육 환경을 제공할 수 있는 교육자 또는 교육 연구원이 되고 싶다는 뜻을 밝힘. 교육 시사를 꾸준히 읽으며 관심있는 내용을 스크랩하는 습관을 가지고 있음. 교육 비리에 호기심이 생겨 이에 대해 자발적으로 조사하고 글을 쓴 후 발표함. **교육 비리를 유아 교육법 시행령 개정의 배경**과 연관지어 설명하며 교육 비리에 대한 자신의 신념을 밝힘.
2 학 년	영어I	교과서 내 특별 읽기 자료인 'Coach Carter'의 영화 시나리오를 읽고 단편 영화를 제작하여 발표하는 프로젝트에서 극 중 주인공을 맡아 연기를 함. 대사의 양이 많았지만 캐릭터에 부합하기 위해 혼자서 대사를 암기하고, 촬영 전 상대 배역과 함께 호흡을 맞추어 실제 촬영에서 NG없이 진행함. 촬영이 진행되는 동안 상대 캐릭터까지도 살펴볼 기회를 가지면서 서로의 동선과 대사를 확인하고 감정 표현을 도우며 협동과 배려라는 극 속 주제와 부합된 학습효과를 얻게 됨. 또한 교사를 꿈꾸는 자신을 '카터'라는 인물에 이입하여 참교육과 바른 인성의 의미를 실천할 계기를 가짐.

2학년	영어II	영어 수필을 작성하고 발표하는 시간에 어릴 적 읽었던 **'The Little Prince'를 영문판으로 다시 읽고 핵심단어와 문장을 암기하는 활동을 진행**함. 특히 'The desert is because it hides a well somewhere. Whether it's a house, or the desert, their real beauty is invisible.'이라는 문장에 깊이 공감하고 당장 눈앞에 보이는 것만이 아닌, 숨어있는 가치를 발견할 수 있는 사람이 되고자 다짐함. 책 전체 내용에 대한 마인드맵을 그리기 위해 책을 여러 번 반복해서 읽고 등장인물들의 특징과 주인공의 여행 궤도를 섬세하고 독창적으로 묘사해 칭찬을 받음. 또한 소설의 화자인 조종사가 왕자의 동심과 순수함에 공감하는 모습을 보고 자신도 훗날 학생들과 공감하는 교사가 되고싶다는 꿈을 키움.
	논리학	논리적 사고를 이용한 추론 및 탐구에 관심이 많아 수업에 적극 참여함. 논리에 대해 체계적이고 실용성 있는 지식을 습득하여 글쓰기, 말하기, 발표하기 등의 활동에 적극 활용하려고 노력함. 논증과 설명을 구분하기 위해 사설을 찾아 근거를 제시하여 발표하고 여러 예제 문장을 분석하는 연습을 함. 논리학의 핵심인 귀납적 논증, 연역적 논증, 오류 논증 등을 분석하는 연습을 하고, **'여성차별이 왜 부당한가?'**에 대한 논리적 글쓰기를 하여 발표함.
3학년	심화영어	교육 분야의 다양한 영어 지문 읽기를 즐기는 학생으로 **'학생의 학업 성취에 교사의 피드백이 미치는 영향'**에 대한 영어기사를 읽고 깊이 탐구함. 학생의 학업성취 수준, 성격 유형에 따라 교사는 학생에게 자신의 언어적 상호작용 및 피드백 유형을 조정하여 제공해야 함을 알게 됨. 교사를 꿈꾸는 학생으로 이 연구 결과를 의미있게 받아들이며, 학생 특성에 따라 언어적, 비언어적 상호작용을 올바르게 사용함으로써 학생의 학업성취 향상에 도움을 주고 싶다는 기대와 포부를 내비침. '우리학교 환경 포스터' 모둠활동에 참여하여 학교 내의 환경문제를 개선하기 위한 해결방안을 포스터로 제작함. 모둠원들과 분야별로 우리 학교의 환경문제를 연결하여 서술함. 학급 친구들을 대상으로 친환경적 생활 습관 정착에 대한 영문 설문조사 활동을 거친 뒤 구체적으로 교내 환경문제를 탐색함. 그 과정에서 관련 사진을 촬영하여 해결방안 모색을 위한 기획안을 영어로 작성함. 학생들이 손쉽게 분리수거를 할 수 있도록 구획을 정확히 나누어 사용자 편의를 고려하여 새롭게 공간을 재정비해주면 올바른 분리수거 참여율이 높아질 것이라는 자신만의 창의적인 아이디어를 제안함으로써 문제해결역량을 보여줌.
	지역이해	세계지도를 활용해 전 세계의 지리 위치와 특성에 대해 학습하고 관심 있는 나라에 대한 탐구 계획을 설립함. 세계 여러 나라 발표하기 활동에서 캐나다를 맡아 발표함. 여러 자료들을 찾아 캐나다의 위치적, 지리적, 문화적 특성을 설명한 뒤 **한국 교육과 캐나다 교육의 차이점에 관해 탐구**함. 캐나다는 개인의 장단점은 물론 사회에서 필요한 여러 요소들을 교육하고, 한국은 학년마다 정해진 성취 기준과 난이도가 있는 반면, 캐나다는 각 학년에 따라 난이도가 결정되지 않으며 여러 프로그램을 통해 학업에 도전할 수 있다는 특징을 비교하고 분석함. 또한 **캐나다의 3R 교육에 관심을 가지고 발표**를 진행함. 3R의 구성요소 중 문해력과 수리력은 한 개인이 최대한의 잠재력을 발휘하고 더 나은 삶을 영위할 수 있도록 한다는 특징을 찾음. 기본에 충실한 교육과 학업 상 어려움을 최소화하는 진학 교육을 한국 교육에 접목할 방안을 탐구하고자 함. 캐나다에서는 개인 교습이 한국과 같은 사교육의 개념이 아니고, 각 교육청이 학교와 협력하거나 지역사회 내 이미 존재하는 교육 비영리 단체를 통해 직접 실시한다는 점이 인상 깊었다고 발표함.

3학년	고전과 윤리	고전 작품을 읽고 작품 속 인물들의 특징을 잘 분석하고 시대상을 논리적으로 설명할 수 있는 학생임. 평소 고전읽기를 통해 인성 함양의 필요성을 느끼고 책 읽기를 생활화하는 모습을 보여줌. 고전과 내 삶의 화두 연결짓기 활동에서 자신의 진로에 대해 **'어떤 교사가 되어야 할까'**라는 의문을 가지고 이를 화두로 세워 '목민심서'를 텍스트로 정하여 정약용의 공직윤리를 탐구함. 청렴, 공정, 애민을 중심으로 인상 깊은 구절을 발췌하고 **'어떤 교육을 할 것인가'**를 자신에게 질문하여 꾸준히 성찰 노트를 작성하는 활동을 능동적으로 진행함. 진로 분야의 소명을 성찰하여 **'매 순간 공정하며 학생을 사랑할 줄 아는 교사'**로서의 자신의 역할을 구체화함.

영어교육학계열 추천도서와 탐구 주제 찾기

[영어교육학 추천도서]

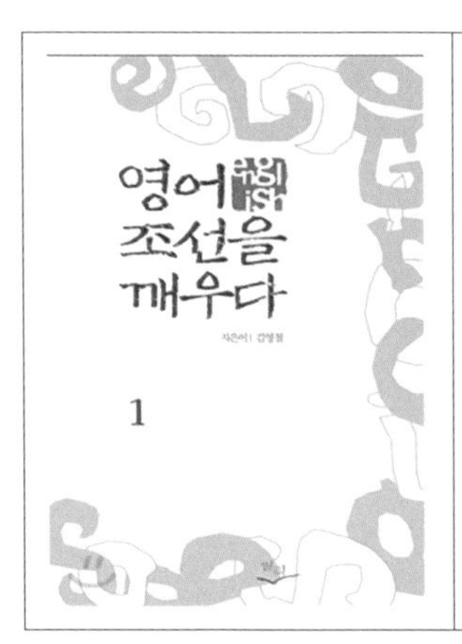

[영어교육학 탐구 주제 찾기]

과목	단원	탐구 주제
통합 사회	사회 불평등의 올바른 해결방안	영어, 사회적 불평등 확대 재생산 이유 탐구
	문화적 차이를 바라보는 바람직한 태도	문화적 차이로 인한 영어표현 연구
	세계화 시대에 나타나는 문제와 그 해결방안	지속 가능한 발전을 위한 영어교육의 필요성 탐구
국어	삶의 길을 찾아가는 책 읽기	가치 있는 삶의 방법을 찾는 도구로써의 영어 연구
	우리말 바로 쓰기	모국어에 미치는 외국어 교육 탐구
	매체를 통해 보는 세상	멀티미디어를 활용한 효율적인 영어교육 방법 탐구
수학	도형의 방정식(도형의 이동)	알파벳이나 영단어에 사용되는 앰비그램 탐구
	함수(함수)	영문 자판과 한글 자판의 일대일대응 탐구
	도형의 방정식(평면좌표)	우리나라와 해외의 교육지수 측정 탐구

➔ 핵심 키워드로 알아보는 영어교육학

영어, 언어학, 교수법, 문법, 영문학, 영작문, 영문법, 교육사, 다중언어, 의사소통, 교육실습, 글로벌, 대화, 토론, 작문, 교과목, 멀티미디어, 사범

ⓐ DBpia에서 가장 많이 검색된 논문

㉠ 원어민 영어교사들이 바라본 한국 영어교육의 문제점, 미래영어영문학회

㉡ 조기 영어교육이 유아의 이중 언어 발달에 미치는 영향, 한국생활과학회

㉢ EBS강의가 고등학생의 교과별 사교육비와 영역별 수능 성적에 미치는 영향, 서울대 교육연구소

㉣ 스토리텔링을 활용한 영어수업이 초등학생의 영어 듣기 말하기 능력 및 정의적 영역에 미치는 효과, 이화여대 교육과학연구소

㉤ 의사소통능력 향상을 위한 영어교육 개선방안 모색-덴마크와의 비교를 중심으로, 한국수산해양교육학회

ⓑ 시사를 활용한 탐구활동

출처 : 사이언스on(KISTI)

중학교 영어 학습자를 위한 게이미피케이션 기반 영어 읽기 학습...(2022)

맞춤형 영어교육을 지원하기 위한 콘텐츠 기반 분석 기법(2022)

한영 기계번역 결과물의 오류 유형 및 원인분석:형태적, 구문적(2022)

영어도서 빅데이터 기반의 인공지능 학습 시스템(2021)

대화영 인공지능 아바타를 이용한 영어말하기 교육 방법, 장치 및 시스템(2021)

문장을 이루는 단위를 단계별 확장하여 스텝화한 영어교육 서비스 제공방법(2021)

KICE 연구 성과 분석을 통한 영어교육 관련 연구의 현황 진단과 미래전망(2017)

비대면 AI영어 발음 평가 및 AI어학 튜터 서비스 플랫폼 개발(2022)

수능 영어영역 절대평가 도입에 따른 고등학교 영어 교육 내실화 방안(2016)

OpenAIRE, 신규 학습 플랫폼 공개 예정(2022)

"AI 시대는 '생각 근육'과 '디지털 문해력' 필요(2020)

클라우드, 학교 수업을 바꾼다(2016)

출처 : 사이언스on(KISTI)

영어교육학에서 수강하는 대표 과목

[영어교육학과 대학에서 이수하는 교과]

교양필수	영어학입문, 대학영어, 영어회화, 영문학개론, 영어작문연습, 교육학개론, 학교폭력예방의 이론과 실제
전공필수 및 전공선택	응용영어음성학, 영어습득과 통사론, 영미소설과 영화, 영미단편소설강독, 영어독해, 영어형태론과 영어교육, 고급영어작문, 음성영어연습, 영미문화의 이해, 영어독해 및 작문교육론, 영어 토론과 발표, 의사소통을 위한 영어문법, 외국어교수학습론, 영어과 논술지도, 영미시강독, 영어교육론, 영어과 교육과정론, 영어교육문법, 영어교재연구 및 지도법 등

[영어교육학과 진학에 도움이 되는 교과]

교과영역	교과(군)	공통과목	선택 과목	
			일반선택	진로선택
기초	국어	국어	화법과 작문, 독서, 문학, 언어와 매체	심화국어, 고전읽기
	수학	수학	수학Ⅰ, 수학Ⅱ, 확률과 통계	실용수학, 수학과제 탐구
	영어	영어	영어회화, 영어Ⅰ, 영어Ⅱ, 영어 독해와 작문	진로영어, 영미문학 읽기
	한국사	한국사	제2외국어Ⅰ	제2외국어Ⅱ
탐구	사회	통합사회	사회문화, 생활과 윤리, 윤리와 사상, 동아시아사	사회문제탐구, 사회과제연구, 고전과 윤리
	과학	통합과학 과학탐구 실험		
생활 교양	기술·가정		기술·가정, 정보	
	교양		교육학, 논리학, 심리학, 환경, 실용경제, 논술, 철학, 진로와 직업	

※ 별색 : 핵심 권장 과목, 밑줄 : 배우면 좋을 과목

사회교육학 진로 로드맵

사회교육학 합격자 선배들의 진로 로드맵과 세특

급격한 사회변화에도 불구하고 교육은 개인의 적응과 성취를 지원하는 동시에, 양극화나 불평등과 같은 사회문제 해결에 기여할 수 있는 강력한 수단으로 기능해 왔다. OECD는 '글로벌 트렌드 전망과 교육의 역할(Trends Shaping Education 2022)' 보고서를 통해 과학 기술의 발전이 경제, 정치, 사회변화에 영향을 주고 미래 교육에도 큰 변화를 주고 있다고 언급했다. 또한 오늘날은 성장과

지속가능성의 조화, 생활과 노동방식의 변화, 디지털 정보와 데이터, 정체성과 새로운 소속감, 변화하는 자연과 사회적 대응 등과 같은 사회문제를 해결하기 위한 교육이 필요한 시기이다. OECD는 이 보고서를 통해 유아기부터 평생학습까지 전 생애에 걸쳐 질 높은 교육을 제공하는 것은 다양한 사회문제와 도전에 대한 최선의 해결책이라고 강조하고 있다.

기술진보로 OECD 국가들은 전반적으로 상당한 경제발전을 이뤘으나, 국가 간 소득 격차와 국가 내 소득 불평등은 심화됐다. 지속적인 인구 고령화와 출산율 감소는 장기적으로 연금 및 의료시스템 등 사회적·재정적 지속가능성에 악영향을 줄 전망이다. 기후변화에 대처하고 환경적으로도 지속 가능한 성장을 이루기 위해 재생에너지 기술 확장을 통한 녹색성장 촉진, 화석연료 의존 감소 등 ESG경영에도 관심을 가져야 한다. 환경에 대한 인식 제고를 통해 미래에 필요한 역량과 비판적 사고 능력을 개발하는 데 중점을 둬야 한다.

성장과 미래 지속가능성의 조화가 요구되는 시점에서 교육시스템은 빠르게 진화하는 경제사회 요구에 따라 평생학습을 통해 개인의 기술 습득을 촉진하고 있다. 6개월 정도의 짧은 과정인 나노 디그리를 통해 실무능력을 극대화하여 새로운 직업을 가질 수 있도록 하고 있다. 또한 고령근로자를 적절히 활용하고 기술혁신을 통해 노동 효율성 및 생산성을 제고하는 것이 시급하며, 이를 위해서는 전 생애주기에 걸친 역량 향상과 재교육 및 훈련과정이 필요하다.

코로나-19로 인해 온라인으로도 업무를 원활하게 진행할 수 있다는 것을 알게 된 후 새로운 비즈니스 모델과 디지털 기술을 활용한 원격 작업이 보편화되면서 비정형적 근로, 시간제 계약 등 탄력 고용 형태도 증가하고 있다. 웹사이트와 앱을 통해 고객과 직접 매칭해 필요한 서비스를 제공하는 긱 이코노미, 플랫폼 노동 등 온라인 노동 활동은 지난 5년 동안 약 2배로 증가했다. 이러한 직업 사회와 노동시장의 급격한 변화 속에서 교육시스템은 지속적으로 변화하는 직업 세계에 대비해 근로자가 평생 여러 직업을 가질 수 있도록 탄력적으로 준비시켜야 한다.

구글, 위키피디아 등은 군중의 지혜와 무한한 지식으로의 연결·접근을 허용해 문제해결 능력을 극대화하고 있다. 여기에 인공지능(AI) 기술은 다양한 분야에서 의사결정 개선 및 자동화에 활용되어 맞춤형 교육 수준을 높이고 있다. 이와 같은 디지털 및 AI 기술은 개인별 특화된 교육을 위한 교수학습 과정의 개별화, 학생 평가와 학교 배정 등 교육 기관의 주요한 의사결정에도 활용되고 있다.

교육은 자원의 재생 가능성 제고를 위한 녹색기술과 역량을 구축하고 장기적 지속가능성 확보를 위한 행동을 촉구하는 데 중추적 역할을 담당한다. 환경교육을 통해 학생들의 환경에 관한 인식 형성을 지원하고, 인식이 태도와 행동으로 이어질 수 있도록 해야 한다. 교육을 통해 젊은 세대가 스스로의 일상적 결정이 장기적으로 사회 전체에 미칠 영향을 인식하고, 자연과 인간이 함께 번영하는 관계를 육성하여 사회변화를 촉진할 수 있다.

[사회교육학 진로 로드맵]

구분	고등1	고등2	고등3
자율 활동	공연문화 체험활동에서 연극의 원작 소설을 읽고, 책과 연극의 차이점에 대해 생각하고 연극 수업에 관심을 가짐.	인문학 토론 활동에서 생태학적 인식론을 사회현상으로 분석함, 다크투어를 주제로 민주정신의 계승과 발전에 대한 자료를 수집하고 활동지를 작성함.	다문화 이해 교육을 수강한 후, '다문화 가정 아동을 대상으로 한 학교폭력'에 대해 조사하고 입장 바꾸기 연극 수업 제안, 인생 독서 발표에서 '에듀테크' 도서를 소개함.
동아리 활동	좋은 교수법 소개하기 활동에서 퀀텀창의적 교수법을 소개, 교육시사토론 활동의 결과를 교육신문으로 제작하고 교내에 게시함.	'블렌디드 러닝'에 대해 조사하고 에듀테크에 적합한 순환 모델 탐구, 모의수업 활동에서 사회교과의 '경제성장과 발전' 으로 수업을 진행함.	모의수업 진행 활동에서 '가족'과 '소수자'를 재구성하여 통합수업을 진행함.
진로 활동	'나의 꿈' 발표 활동에서 사회교과 교사뿐만 아니라 교육연구사에도 관심을 가짐, 온라인기반 학습에서 질의응답 토론 활동을 이끌어 나감.	융합독서 활동에서 '코로나-19, 십대의 눈으로 해결의 실마리를 찾다.'를 탐구함, 온라인기반 학습의 멘토 활동에서 '공교육의 가치와 예절을 가르칠 수 있는 교사'를 토론함.	멘토-멘티 학습 공동체 활동 발표에서 '한국지리' 과목의 멘토로 활동하며 '자기전 30분' 학습을 실천, 명사 초청 특강에 참여하여 에듀테크와 미래교육, 국제 이슈와 국제개발 협력에 대해 조사함.
특기 활동	조선의 교육기관인 집현전에 대해 조사하고 발표(백성의 입장에서 색다르게 분석)	'공정무역'이라는 소주제를 선정하여 '공정무역 세상을 바꾸는 아름다운 거래'라는 도서를 읽고 심화 활동을 진행함.	'도시와 농촌을 이어주는 아이들'이라는 책을 읽고 도농 교육 격차 문제를 탐구함.

[창의적 체험활동]

구분		창의적 체험활동상황
2 학 년	자율 활동	인문학 토론활동에서 철학, 정치와 법, 경제 등에 관해 심화학습을 함. 생태학적 인식론에 관해 학습한 후 사회현상을 해당 관점에서 분석하여 인문사회학적 측면과 사회교과를 융합하여 토의하고 학습함. 꿈과 함께하기 활동에서 타 지역의 역사 및 문화 유적지를 탐방하고, 주제 발표 활동에서 **'우리나라의 아픈 역사를 돌아보기: 다크투어'**를 주제로 민주정신의 계승과 발전에 대해 자료를 수집하여 활동지를 작성함.

<table>
<tr><td rowspan="2">2
학
년</td><td>동아리
활동</td><td>교수법을 소개하는 활동에서 학습자의 주체적 사고를 유도하는 '블렌디드 러닝'에 대해 조사하면서 에듀테크에 적합한 순환 모델 중 스테이션, 랩, 플립러닝, 개별학습의 네 가지 형태를 소개함. 이 수업모형의 장점, 한계, 보완대책 등을 설명하면서 자신이 활용할 수업모형의 방안도 부연 설명한 학생임. 모의수업 활동에서 사전 경험을 토대로 수업계획서 작성법을 PPT로 부연 설명하여 활동이 원활하도록 도움을 줌. 2인 1조의 코티칭 수업으로 사회교과의 '경제성장과 발전'을 수업하면서 전시학습과 동기부여를 위한 다양한 질문지, 보충 학습지를 제작하여 학습을 효율성을 극대화하기 위해 노력함.</td></tr>
<tr><td>진로
활동</td><td>융합독서 활동에서 도서 '포스트 코로나 사회', '언컨택트', '세계미래보고서 2020'와 '세계 석학들이 내다본 코로나 경제 전쟁'을 바탕으로 '코로나 19, 십대의 눈으로 해결의 실마리를 찾다'를 주제로 코로나로 인해 변한 사회의 전반적인 문제를 교육, 사회문제의 차원에서 분석하고 이를 PPT 발표로 풀어냄.
온라인 기반 학습의 멘토 활동을 하면서 '교사도 학교가 두렵다'를 읽고 '공교육의 가치와 예절을 가르칠 수 있는 교사'라는 주제로 친구들과 토론을 진행함.</td></tr>
<tr><td rowspan="3">3
학
년</td><td>자율
활동</td><td>다문화 이해 교육을 통해 뉴스로 접한 경험이 있는 '다문화 가정 아동을 대상으로 한 학교폭력' 문제에 대해 조사함. 이를 통해 다양성을 수용할 수 있는 올바른 인식과 조기 교육의 필요성을 언급함. 또한 연극을 통해 다양한 배역을 소화하면서 서로를 이해할 필요가 있다고 언급함.
인생 독서 발표 시간에 '에듀테크'라는 도서를 소개함. 자신이 사회교사가 되었을 때 온라인 수업과 온라인 학급 경영을 어떻게 하면 좋을지에 대한 고민의 해답을 이 책의 블렌디드 러닝과 g-learning 등에서 찾을 수 있어 의미가 있었다고 밝힘.</td></tr>
<tr><td>동아리
활동</td><td>모의수업 진행 활동에서 계획서를 제출하고 사회과목의 교육 중 '가족과 소수자'를 재구성하여 통합수업을 자연스럽게 진행함. 활동계획에 따라 학급경영 계획서 발표, 멘토-멘티 활동, 교육 관련 이슈 선택 및 토론 진행, 대학 및 학과 지원 동기 발표 등의 활동에 적극적으로 참여하여 후배들에게 모범이 됨. 후배들과 상호피드백을 나누는 과정에서 말과 행동을 통해 타인을 존중하는 마음과 교사의 자질을 갖추려는 열정을 드러냄.</td></tr>
<tr><td>진로
활동</td><td>명사 초청 특강에 참여하여 에듀테크와 미래교육, 국제 이슈와 국제개발 협력에 관한 정보를 습득함. 만다라트 계획 발표하기에서 스스로가 어떤 사람이 되고 싶은지에 대해 직업, 인성 등의 면에서 고민하고 성찰해보는 기회를 가짐.
멘토-멘티 학습 공동체 활동 발표에서 '한국지리' 과목의 멘토로 활동함. 시각 자료를 이용하여 교과서의 내용을 이해하기 쉽게 설명하기 위해 노력하였으며, '국토의 자연환경' 등과 같이 암기가 필요한 항목에서는 학우들이 쉽게 이해할 수 있도록 과정을 먼저 설명하고, 쉽게 암기할 수 있도록 '자기 전 30분' 학습을 같이 실천함. 이런 모습에서 예비교사의 역량이 돋보임.</td></tr>
</table>

[교과 세특]

구분		세부내용 및 특기사항
1학년	한국사	역사적 사실과 인물에 관심이 많은 학생으로 수업시간에 질문이 많고 독서량도 많은 학생임. 조선의 교육기관인 집현전에 대해 조사하고 발표함. 조선의 정책과 제도, 여러 분야의 학문에 대해 연구했던 집현전의 영향을 받은 백성의 입장에서 색다르게 분석함. 또한 현재의 교육 및 미래 교육의 방향성을 제시하는 한국교육학술정보원과 비교하여 설명하고, 현재 교사의 역할을 자세히 설명하면서 급우들에게 역사적 상상력을 보여줌.
2학년	교육학	인지심리학을 배우고, 새롭게 공부할 내용을 이미 알고 있는 과거 지식과 의미 있게 연결하는 부호화와 정보의 인출 등에 대해 발표함. 피아제의 인지발달단계를 배운 후 **'교육심리의 이해'**를 읽고, 각 단계 사례를 조사하여 학생들의 행동에서 성실한 학습 태세와 지적 호기심, 그리고 교직에 대한 열정을 볼 수 있었음. 특히, 교육학 교과를 통해 **'근접발달영역의 개념과 교사와 학생이 상호 존중하는 바람직한 학교 모습'**에 대해 이해하고, 원격수업에서는 **'에듀테크를 적극적으로 활용하는 교사가 되고 싶다.'** 등의 많은 글을 급우들과 공유함.
	세계문제와 미래 사회	소인수과목을 들으면서 전 세계에서 발생하는 문제, 미래에 대한 예측, 사회 동향 등에 대한 학습이 매우 유용하다고 판단하여 올바른 세계시민의식을 심어주어야 한다고 주장함. 심화주제발표에서 인권을 주제로 선정하여 **'공정무역'**이라는 소주제를 선정하여 **'공정무역 세상을 바꾸는 아름다운 거래'**라는 도서를 읽고 심화활동을 진행함. 지적 호기심이나 관련 아이디어를 독서 활동을 통해 해소하며, 지식을 확장하는 것이 인상적임. 교육에 대한 관심이 남달라 세계문제 및 미래 사회와 관련된 단원에서 자신의 생각을 교육과 관련지어 풀어내는 능력이 돋보임.
	경제	원격 과제로 제시된 자료를 정확하게 해석하여 제출하였으며, 질의응답 과정에서 풍부한 배경지식을 엿볼 수 있는 학생으로 교사에 적합한 학생으로 생각됨. 내용이 어려워 기피하는 주제인 **탄력성(수요의 가격 탄력성, 소득 탄력성, 교차 탄력성)에 대해 그래프**, 공식, 적절한 사례가 제시된 자료를 준비하여 친구들이 아주 이해하기 쉽게 발표하였음. 또한 자율과제로 **'연도별 주요 산업을 중심으로 바라본 한국 경제성장 과정'**에 대한 자료를 제출하였음. 이후 다양한 경제 현상을 공부하기 위해 **'30일 역전의 경제학'**과 **'브랜딩의 제3의 물결-코즈마케팅'**을 자발적으로 읽고 발표함.
	사회문제 탐구	코로나-19로 인해 교육 불평등이 심화되고 있다는 뉴스를 접한 후, 국내의 원격교육에 대해 조사하고 분석함. 교육 불평등이 심화되고 있는 현실을 수업 환경, 학교 형태, 지역, 빈부의 격차, 다문화 가정, 장애 아동, 기존 성적에 따른 격차로 나누어 문헌과 통계를 통해 살펴봄. 또한 질문지법을 통해 현재 고등학생들의 원격교육으로 인해 교육의 격차가 커지고 있다는 것을 인식하고 이들의 관계를 정확히 분석함. 이 문제를 극복하기 위한 방안으로 에듀테크를 제안하였고, 이를 활용하여 개인의 수준 및 상황을 고려한 1:1 맞춤 교육 제공 및 시공간 제약 극복을 통해 교육 불평등을 완화할 수 있을 것이라는 본인의 주장을 어필함.

3학년	화법과 작문	수행평가 도서 속 인상 깊은 구절 찾기 활동에서 **'교실 속 딜레마 상황'**에 나오는 '아이들의 능력이 천차만별이듯 저마다 타고난 재능과 장단점이 다릅니다.', '생활에서 일어난 사건을 아이들과 자연스럽게 이야기하며 해결하려는 것은 선생님에게도 큰 공부가 될 것입니다.' 등의 구절을 인상 깊게 읽고, 교육의 최종가치와 목표가 무엇인지에 대해 어느 정도 해답을 찾는 계기를 마련함. 또한 수행평가로 제시된 문제 해결적 글쓰기 활동에서 한국지리 수업 시간에 학습한 **도시와 농촌의 교육문제**를 지적하며 통계 자료를 활용하여 과거에 비해 교육 격차가 심해지고 있음을 밝힘. 이에 대한 해결방안으로 농촌 학생을 대상으로 한 교육 문화 인프라 구축 지원 확대와 작은 학구제 실시를 실제 사례와 함께 제시함.
	확률과 통계	실생활 속 통계 분석활동에서 사회문화 교과 시간에 조사한 **'다문화 교육 빈도에 따른 우리나라 중고등학생의 다문화 수용성 지수'**와 연계하여 '다문화 교육'을 주제로 정함. 국가 통계 포털을 활용하여 성별, 고교계열, 경제 수준, 해외여행 빈도, 다문화 활동 등의 특성에 따른 여성, 남성, 특성화 고교, 일반고교, 대도시, 중소도시, 읍면 및 지역별 다문화 수용 지수의 차이를 통계 자료로 제시하고 **'다문화 교육의 경험 여부가 다문화 수용 지수에 미치는 영향'**을 발표함. 또 다른 자료로 다문화 교육 및 활동 후 인식 변화 통계를 제시하여 통계적으로 다문화 교육 후 다문화를 수용하고 친근하게 느낄 수 있는 확률이 높아진다는 것을 설명하였으며, 통계적 자료가 보여주는 확률을 기반으로 다문화 교육 실시의 중요성에 대하여 자신의 의견을 말함.
	한국지리	평소 교육 불평등 문제에 관심이 많았으며 수업 시간에 도시의 발달 과정과 이촌향도 현상에 대해 배운 후 **'도시와 농촌을 이어주는 아이들'**이라는 책을 읽고 도농 교육 격차 문제에 대해 탐구함. 도농 간 교육 불평등 문제의 원인을 수도권 중심의 국가 발전 체계, 정보 격차, 학벌주의와 입시 위주의 교육으로 판단하였음. 다양한 근거 자료를 시각화하여 제시하고 그 해결책으로 농촌의 학생들을 대상으로 한 교육 문화 인프라 구축 지원 확대와 **'작은 학교 자유학구제'**의 실시를 주장하며 논리적으로 자신감 있게 발표함. 지구온난화에 대한 수업 활동을 통해 온실효과의 원인과 문제점을 알게 되었으며, 나아가 탄소 배출을 줄일 수 있는 방안을 생각해보는 계기가 되었다고 함. 수업내용 중 촌락의 감소와 수도권의 인구 및 기능의 집중 현상에 대해 배우며 일손 부족과 고령화 문제를 겪고 있는 촌락에 대한 지원책을 생각해 봄.

➔ 사회교육학계열 추천도서와 탐구 주제 찾기

[사회교육학 추천도서]

[사회교육학 탐구 주제 찾기]

과목	단원	탐구 주제
통합 사회	현대 사회에 새롭게 등장한 인권	사회복지 실현을 위한 인권 교육의 중요성 탐구
	시민 참여자들의 바람직한 역할	학교 수준 민주시민교육을 위한 교육과정 개선방안 탐구
	사회 불평등의 올바른 해결방안	경제적 불평등으로 인한 교육격차 해결방안 탐구
	문화적 차이를 바라보는 바람직한 태도	한국문화와 외국문화의 차이 탐구
	세계화 시대에 나타나는 문제와 그 해결방안	K-Culture를 통해 세계화를 앞당길 수 있는지 탐구
	지속 가능한 발전을 위한 우리의 노력	우리 주변에서 실천할 수 있는 지속가능한 실천 방안 탐구
국어	삶의 길을 찾아가는 책 읽기	청소년 사회복지 강화 방안 탐구
	스마트폰 중독, 어떻게 해결할까?	스마트폰 중독이 사회성 발달에 미치는 영향 탐구
	매체를 통해 보는 세상	실감형 콘텐츠 적용으로 인한 교육에 미치는 영향 탐구
수학	방정식과 부등식(이차방정식과 이차함수)	전통문화재의 아치형 구조 탐구
	집합과 명제(명제)	일상생활에서 귀류법으로 증명 가능한 사회현상 탐구
	집합과 명제(명제)	정의나 정리가 사회현상에 적용되지 않는 사례 탐구

➔ 핵심 키워드로 알아보는 사회교육학

사회과, 사회학, 교육학, 정치학, 교사, 교육실습, 사회인, 인구학, 인류학, 심리학, 철학, 법학, 경제, 시민, 행정, 실천, 언론, 개론, 배경, 실제, 연구가, 실천가, 공무원

ⓐ DBpia에서 가장 많이 검색된 논문

㉠ 소년법 개정논의에 대한 고찰:소년사법의 보호이념 강화를 중심으로, 동아대 법학연구소

ⓛ 한국 사회의 교육 불평등, 비판사회학회

ⓒ 회복탄력성 검사 지수의 개발 및 타당도 검증, 한국청소년정책연구원

ⓔ 한국의 사회·경제적 양극화와 교육격차, 한국인문사회과학회

ⓜ 멀어진 거리만큼 벌어진 교육격차... 교육 불평등 없는 세상을 위한 변화가 필요할 때, 참여연대사회복지위원회

ⓑ 시사를 활용한 탐구활동

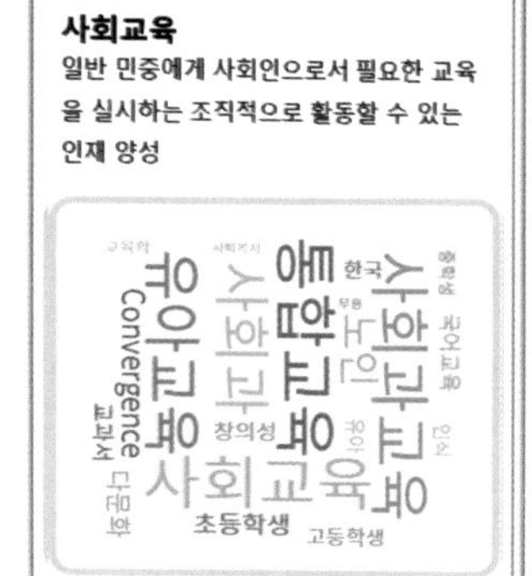

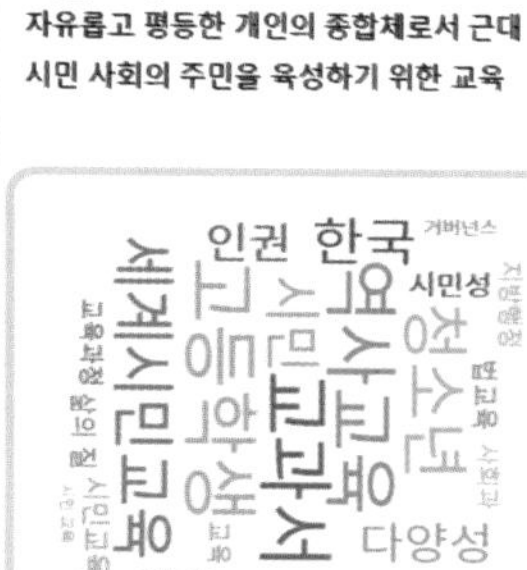

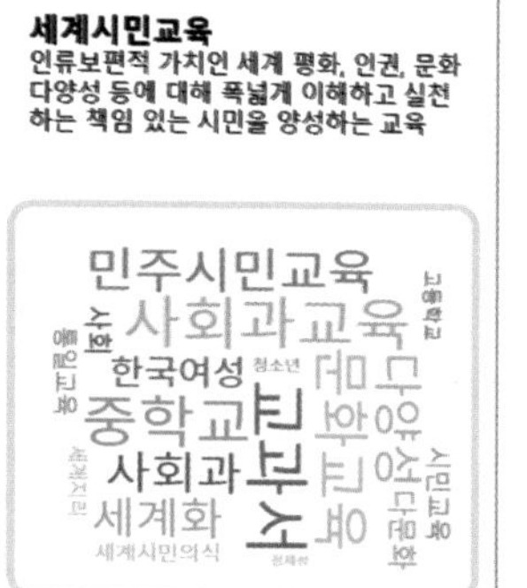

출처 : 사이언스on(KISTI)

논문

- 국가교육과정에 나타난 ICT 활용 학습의 유형과 특징: 초등사회과를 중심으로(2022)
- 중등 학습자의 사회정서역량 실태와 쟁점-OECD역량교육 담론을 바탕으로(2022)
- 포스트 팬데믹 시대 데이터 리터러시의 사회적 함의와 도서관 서비스 방향...(2022)

특허

- 인지활동 교육시스템 및 이를 이용한 인지활동 교육방법(2020)
- 동물매개 특수아동 사회성 향상 교육시스템(2019)
- 유비쿼터스를 이용한 건강관리, 자산관리, 평생교육 시스템 및 운영방법(2014)

 보고서	가상현실/증강현실을 이용한 고령자 콘텍스트 기반의 스마트 지원 시스템(2022) 디지털 대전환 메가트렌드 연구(2022) 딥러닝과 인간요소 기반의 설명할 수 있는 가짜뉴스 탐지 기술 개발 및 적용(2021)
 동향	기후 변화, 식습관을 바꿔야 할까 (2022) 계속기업(Going concern)으로 ESG경영은 선택이 아닌 필수 (2022) 디지털 양극화의 미래를 점검하다 (2021)

출처 : 사이언스on(KISTI)

사회교육학에서 수강하는 대표 과목

[사회교육학과 대학에서 이수하는 교과]

교양필수	중등교육론, 사회학개론, 사회사상사, 사회학방법론, 사회통계학, 학교폭력예방의 이론과 실제
전공필수 및 전공선택	사회과학방법론, 사회과 수업진단설계, 사회과 평가방법, 사회과 교육특강, 경제질서와 한국경제, 한국근현대사, 민주시민 생활과 법교육, 지역의 이해와 연구, 역사교육론, 전쟁과 평화, 사회과 교재연구, 사회과 자료제작, 문화유적답사, 사회과 현장답사 등

[사회교육학과 진학에 도움이 되는 교과]

교과영역	교과(군)	공통과목	선택 과목	
			일반선택	진로선택
기초	국어	국어	화법과 작문, 독서, 문학, 언어와 매체	심화국어, 고전읽기
	수학	수학	수학Ⅰ, 수학Ⅱ, 확률과 통계	실용수학, 수학과제 탐구
	영어	영어	영어회화, 영어Ⅰ, 영어Ⅱ, 영어 독해와 작문	진로영어
	한국사	한국사		

탐구	사회	통합사회	사회문화, 생활과 윤리, 경제, 윤리와 사상, 동아시아사, 정치와 법	사회문제탐구, 사회과제연구, 고전윤리
	과학	통합과학 과학탐구 실험		
생활 교양	기술·가정		기술·가정, 정보	정보과학, 창의경영, 인공지능 기초
	교양		교육학, 논리학, 심리학, 환경, 실용경제, 논술, 철학, 진로와 직업	

※ 별색 : 핵심 권장 과목, 밑줄 : 배우면 좋을 과목

언어교육학 진로 로드맵

언어교육학 합격자 선배들의 진로 로드맵과 세특

한국문화에 대한 외국인의 관심이 급증하며 연수 프로그램에 참여하는 교육생의 수가 꾸준히 증가해왔다. '인공지능 학습용 데이터베이스 구축사업'을 통해 새로운 방식의 언어 교육법이 만들어지고 있다. 코로나-19 이전에는 교수들이 현장에서 학생들을 직접 가르쳐야 한다는 인식이 많았다. 하지만 코로나-19 이후 대면 수업이 힘들어지고 비대면 수업이 대세가 된 디지털 대전환 시대를 맞이하면서 대학 교육에 큰 변화가 닥쳤다.

한국문화에 대한 사람들의 관심이 많이 늘어난 것도 급격한 변화의 원인이 되었다. 소위 'K-컬쳐'라고 불리는 한국의 전통, 음식, 예술 등에 세계인의 이목이 집중되면서 코로나-19에도 불구하고 한국어 교육 프로그램을 이수하려는 외국인들이 많이 늘어났다. 한국 문화가 가지는 소프트파워가 이전보다 많이 커졌음을 실감할 수 있다.

이런 변화에 발맞춰 온라인 교육 프로그램이 개발되었다. 코로나-19 확산으로 인해 직접 참여하지 못하는 외국의 학생들에게도 온라인 교육 프로그램을 확대 운영하는 중이다. 또한 한국어 교육을 대표하는 한국어 정규과정 교재를 초급부터 중급, 고급으로 나눠 개발하고 있다. 빅히트 엔터테인먼트의 교육 독립 법인인 '빅히트 에듀'는 방탄소년단과 쉽고 재밌게 한국어를 공부할 수 있는 교재 '런 코리안 위드 방탄소년단(Learn! KOREAN with BTS)' 패키지도 개발하여 큰 인기를 얻고 있다. 이 교재는 총 4권으로 구성되었으며 글씨에 가져다 대면 표준 발음을 들려주는 소리펜, 키보드용 한글 자판 스티커, 초판 한정으로 제공되는 소리펜 연동 한글 노트가 포함되어 있다. 소리펜을 활용하면 모든 문장과 단어를 한국어, 영어, 일어, 스페인어 등 4개의 언어로 들을 수 있어 외국인의 한국어 학습은 물론, 한국인의 외국어 학습에도 유용하다. 교재 곳곳에 방탄소년단의 응원 목소리가 숨어있다. QR코드를 스마트폰으로 스캔하면 해당 단어나 표현이 나오는 방탄소년단의 영상 콘텐츠도 시청할 수 있다는 장점이 있다.

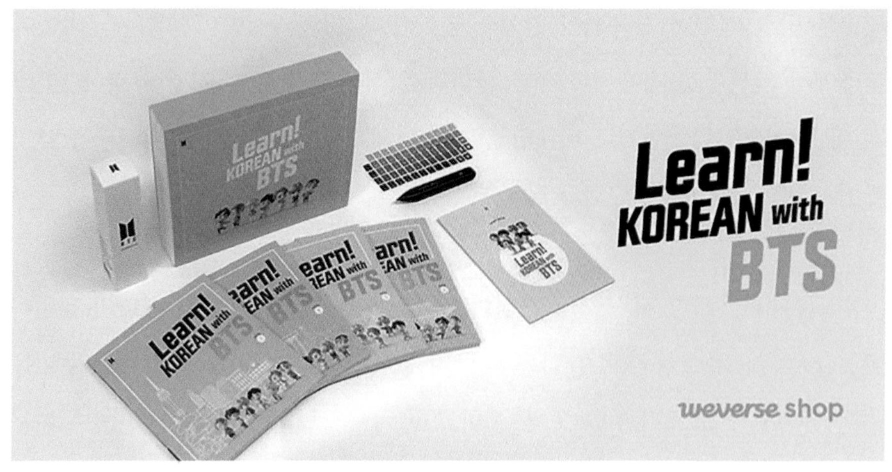

출처 : weverse shop(https://allforarmy.com/newreleases/learn-korean-with-bts/)

포스트 코로나 시대를 맞아 가상공간(메타버스)에서 다양한 교육 환경을 조성할 수 있는 외국어 학습 프로그램이 개발되고 있다. 학생들이 다양한 유형의 메타버스 기술과 혼합현실 등을 경험하며 학습에 대한 참여도와 학습효과를 증대시킬 수 있다는 장점이 있다. 학생들은 미국 메트로폴리탄 박물관을 구글어스로 살펴보고 그곳의 전시물 및 한국 문화재 관련 자료를 탐구하면서 영어 및 외국어 능력을 향상시킬 수 있다. 한국의 덕수궁, 미술관 등을 VR과 AR을 활용하여 탐방하고 관련 문화예술 자료를 외국어로 된 자료를 보면서 외국어 실력을 키울 수 있다.

또한, 메타버스를 기반으로 하는 자료 제작과 발표 과정을 통해 상호작용을 도모하며, 디지털 문화예술에 대한 이해력과 영어 능력을 함께 향상시킬 수 있도록 하였다. 특히, 다양한 아바타, 가상의 테마 공간, 영상 등 쌍방향 소통이 가능한 메타버스 플랫폼을 활용해 상호작용이 가능하여 외국어 학습능력을 더 빠르게 신장시킬 수 있다. 또한 메타버스 기반 외국어 학습 프로그램을 통해 학습자들은 여러 형태의 디지털 문화예술과 실감형 콘텐츠를 경험할 수 있을 것이며, 나아가 융합 문화적 사고까지 확장할 수 있어 더욱 효과적일 것이다.

[언어 교육학 진로 로드맵]

구분	고등1	고등2	고등3
자율 활동	학교 도서관 책읽기 캠프에 참여하여 시간의 의미 탐구	소외계층 아동들이 겪는 문제점을 다룬 토크 콘서트를 듣고 '보호종료아동'을 탐구	우리나라와 일본의 문화적 차이를 마인드맵으로 정리, 사회적 약자를 위해 사회가 갖추어야 할 조건 탐구
동아리 활동	신문 사설 읽기 활동을 통해 난민 보도에 관심을 가지고 난민의 문제점 탐구	4·19혁명 홍보활동 기획 및 아침 방송 대본 작성, '세계화가 우리나라에 미치는 영향과 문제점'에 대한 보고서 작성	애플이 독도 관련 문제를 인식하여 SNS에 정보를 공유, 고양이와 일본 사회 간의 관계 탐구
진로 활동	인문학 전공 체험활동을 통해 교사의 자질에 대해 알게 됨.	백색국가에 대해 조사, 언어와 관련된 도서를 읽고 언어가 언중의 역사를 반영한다는 것을 알게 됨.	'프로테스탄티즘의 윤리와 자본주의의 정신'이라는 도서를 읽고 활동지를 제출, '유토리 교육'의 실패 사례 탐구
특기 활동	'축소지향의 일본인'을 읽고 독서 발표 진행	한국어와 일본어의 공통점과 차이점 탐구	한국인과 일본인의 공통적인 문화 탐구

[창의적 체험활동]

구분		창의적 체험활동상황
2 학년	자율 활동	소외계층 아동들이 겪는 문제점을 다룬 토크 콘서트를 듣고 보고서를 제출함. **'보호종료아동'**들이 올바르게 성장하기 위해 교사와 사회가 소통하고 토론하며 아동을 위한 정책을 수립해야 한다고 어필함.
	동아리 활동	3.1운동과 대한민국 임시 정부 수립 100주년을 맞아 광복절 행사로 도산 안창호 기념관을 방문하여 그 의미를 되새김. 특히 4·19혁명 홍보활동을 기획하며 아침방송 대본을 작성하고 그와 관련된 포스터를 제작함. **'역사 바로 알리기 퀴즈'**를 재미있게 진행하여 학우들에게 꼭 알아야 할 역사에 대해 관심을 갖게하는 계기를 만들었다고 함. 또한 민간 외교 사절로서의 활동에서 **'세계화가 우리나라에 미치는 영향과 문제점'**에 대한 보고서를 작성하고 거시적 관점에서 국제 정세를 보는 눈이 생겼다고 함.

<table>
<tr><td>2
학
년</td><td>진로
활동</td><td>OO연구활동을 통해 평소에 일본어뿐만 아니라 일본문화에도 관심을 갖고 일본과 우리나라의 관계에 대해 조사하는 과정에서 백색국가에 대해 조사함. 그 과정에서 일본이 우리나라를 화이트 리스트에서 제외한 것이 그저 그 당시의 정치적 문제뿐만 아니라 일본의 역사적 문제까지 얽혀있다는 것에 대해 깨달았고, 동시에 일본과 우리나라의 관계에 대해 고민해보는 계기가 되었다고 함. 국제 관계에서의 각 나라의 정책은 본국의 이익과 더불어 문화와 역사가 많은 관련이 있었음을 알게 되었다고 함.
이후 자신의 관심 분야인 언어와 관련된 도서를 읽으며 언어는 그것을 사용하는 언중의 역사를 반영한다는 것을 깨닫게 되었다고 함.</td></tr>
<tr><td rowspan="3">3
학
년</td><td>자율
활동</td><td>다양한 독서활동에 열정을 가진 학생으로 자신의 관심 분야인 문화의 소통에 대해 탐구함. 각자 사용하는 언어의 비교를 통해 숨겨진 문화를 이해할 수 있다고 주장하며, 우리나라와 일본의 문화적 차이를 마인드맵을 이용하여 정리함. 타문화에 대해 배타적이지 않고 소통과 공존이 중요하다고 자신의 생각을 어필함.
학급특색활동으로 민주 시민 교육을 듣고 관련 탐구를 진행함. 민주 시민의 조건과 덕망을 익히고 민주 시민으로서 살아가는 과정에서 대화와 양보의 미덕을 배우고, 사회적 약자를 위해 사회가 갖추어야 할 조건 등을 활동지에 작성함.</td></tr>
<tr><td>동아리
활동</td><td>'독도역사 바로알기' 영상을 시청한 후 독도의 역사에 관심을 가짐. '독도의 날'과 독도수호대에 대해 알게 되었고, 1,000만 명 서명 활동과 국회 청원활동 등을 통해 독도가 우리 땅임을 알리기 위해 노력했다는 사실을 확인하고 동아리원들과 할 수 있는 일을 찾아봄. 애플이 지도에 독도 표기를 한국어로 올바르게 하지 않았다는 사실을 많은 친구들이 인식하지 못한 게 안타까워 SNS에 정보를 공유하고, 코로나-19 기간 독도영유권 문제에 신경을 쓰지 못하는 것 같아 독도의 역사를 학급과 학교 게시판에 올리고 독도에 대한 관심을 표현함.
세계의 문화 인식하기 활동에서 일본 컨텐츠에 자주 등장하는 고양이를 보고, 고양이가 일본에서 어떠한 의미와 역할을 하고 있는지, 일본 사회와는 어떤 관련이 있는지 탐구한 내용을 부원들과 공유함.</td></tr>
<tr><td>진로
활동</td><td>학술 서적 심포지엄에 참가하여 현대인의 직업윤리와 자본주의에 관심을 가지고 '프로테스탄티즘의 윤리와 자본주의의 정신'이라는 도서를 읽고 활동지를 제출함. 현대 자본주의의 문제를 베버의 자본주의에 대한 논지로 이해하기 쉽게 정리하고, 칼뱅주의와 같은 어려운 용어를 사례를 들어 쉽게 설명하려고 노력함. 이 과정에서 본인의 의견을 옹호와 비판으로 나누어 정리하고, 근대 자본주의의 기원을 기존의 산업혁명이나 계몽주의보다는 정신문화라는 새로운 관점을 제시함. 만약 부가 자본가들에게 집중되었을 때 자본가가 돈을 올바르게 사용해야 한다는 기업가들의 정심, 윤리, 도덕을 강조하는 측면으로 전개함. 기업들의 사회환원, 공익사업의 필요성을 어필함.
진로 관심분야 탐색하기에서 일본의 문화중 일본의 교육방안에 대해 조사함. '살아갈 힘'이라는 도서를 통해 일본의 여유교육이라고 불리는 '유토리 교육의 실패 사례'를 알아보고 옹호와 비판의 입장에서 분석해보며 다양한 의견을 제시함. 학생 스스로 '교육'에 대해 간과하고 있었던 부분을 다시 생각할 수 있었고, 미래 교사로서 교육을 비판적으로 바라볼 수 있는 눈이 생겼다고 함.</td></tr>
</table>

[교과세특]

구분		세부내용 및 특기사항
1 학년	국어	**'축소지향의 일본인'**을 읽고 독서 발표를 실시함. 일본어 교사가 되기를 희망하는 학생으로, 언어란 그 나라의 문화를 바탕으로 이해하는 것이라고 생각하여 일본문화와 관련된 도서를 선정하였다고 함. **일본의 미니어처 문화**에 대해 소개하며 중국이나 한국과의 비교를 통해 일본 문화를 정의 내렸으며, 자신의 진로에 대한 확신을 가지게 되는 계기가 되었다고 소감문에서 밝힘.
2 학년	언어와 매체	음운에 대한 학습을 하며 한국어와 일본어의 음운적 특징을 비교하고 분석하고자 **'일본어의 문법 체계와 문학'**이라는 주제로 탐구보고서를 작성함. 이 활동을 통해 비교 언어학적 관점에서 언어를 분석하면 그 언어에 대해 다채롭고 심도있는 접근이 가능함을 알게 되었다고 함. 또한 해당 언어를 제대로 이해하기 위해서는 다른 나라의 교육 문화를 살펴볼 필요가 있음을 알고, 우리나라 교육의 대안을 찾기 위해 **'독일 교육 이야기'**라는 서적을 선정하여 독후 활동을 수행함. 독일과 달리 극심한 사교육이 이뤄지는 우리나라의 환경을 비판하며 다양한 진로 교육과 직업체험의 필요성을 언급함.
	일본어Ⅰ	평소 일본 문화를 탐구하고 조사하며 교과서에서 배운 것을 친구들과 어울려 활용하는 모습이 여러 번 목격됨. 히라가나를 배우며 한 글자마다 한자의 뜻을 품고 있는 것을 조사하여 그룹별 발표에서 그림으로 알기 쉽게 표현했고 친구들로부터 갈채를 받음. 좀 더 깊이 있는 일본어 공부를 하기 위해 일본의 고전학 작품을 읽는다고 함. 고전 문학작품을 읽으며 귀족 문화에 대해 조사하고 **'모노카타리의 역사와 현재의 모습'**에 대한 보고서를 역사와 시대 환경적 배경의 관점에서 작성하여 제출함. 수업시간 중 한자의 동음이의어를 배우는 과정에서 한국어와 일본어의 공통점과 차이점에 대한 증빙자료를 면밀히 조사하여 작성함. 특히 일본어의 역사와 발음에 우리나라가 큰 영향을 준 사실을 설명하는 과정에서 한글의 우수성을 이해하는 계기가 되었다고 한 기특한 학생임. 또한 다른 언어들에도 관심을 가지며 배우고 싶다는 열정이 가득함.
	실용 국어	진로 독서 발표하기 활동에서 **'레비스트로스의 인류학 강의'**를 읽은 후 도서의 내용을 시각 매체를 활용하여 효과적으로 전달하였음. 또한 발표 중에 제스처를 보이거나 목소리를 성우톤으로 바꾸는 등 발표에 적극적이고 탁월한 능력을 보임. 도서 내용을 정리하면서 인류 문명의 진보와 역사 발전과정에서 언어가 끼친 영향에 대해 그 중요성을 인식하고 이를 자신의 진로인 언어교육학자와 관련지어 직업의 가치를 발표하였음. 독서의 생활화와 감상 단원을 학습한 후, 도서 **'대학거부, 그 후'**를 읽고 독후 활동을 진행함. 대학 진학을 택하지 않은 소수 학생들을 위한 직업교육환경이 필요하다는 것을 어필하고, 현실은 어떠한지에 초점을 맞추어 도서를 읽음. 또한, **'다양성의 존중과 평등'**을 통해 대학 진학을 목표로 하는 자신과 다른 길을 택한 학우들과의 상황을 구체적으로 비교하며 내용을 이해하고자 함. 대학 진학에 어떤 목적을 두고 있는지, 그 선택에 타당한 이유가 있어야 한다는 비판적인 의견을 제시하기도 함.

3 학 년	확률과 통계	수업 내용과 관련된 교사의 설명을 하나도 빠짐없이 필기할 정도로 꼼꼼하고 세심한 성격을 가진 학생으로 수업의 참여도가 높음. 실생활 속 통계의 활용에서 우리나라와 일본의 노동력과 조사 방식의 차이점에 관심을 가지고 구체적으로 무슨 차이가 있는지 비교하고 분석하여 보고서를 작성함. 조사 항목과 통계 담당기구, 조사 기반 등에서 큰 차이가 있음을 확인하고 통계라는 학문의 실용적 가치에 대해 깨닫는 계기가 되었다고 함. 또한 통계 자료는 기준이 무엇인지, 표본집단이 어느 집단인지에 따라 달라짐을 확인했다고 함.
	영어 회화	영어지문 중 다른 문화 간의 인식의 중요성에 대해 학습한 후, '다문화적 역량'이 많은 분야에서 요구된다는 것을 배우고 세계시민교육의 중요성에 대해 알게 되었다고 함. 인종, 역사, 문화의 차이를 넘어서 우리가 다 같은 인류라는 공동체 의식의 필요성과 세계시민이라는 사실을 자각하고, 책임감 있는 시민으로서 각자가 어떻게 행동할 것인지를 스스로 판단할 수 있어야 한다고 어필함. 또한, **'타문화 이해를 위한 공통점과 차이점 알아보기'** 활동을 통하여, 아시아 문화권에 속한 한국인과 일본인의 공통적인 문화는 무엇이고, 이 중 일본인의 'complaint behavior'에 대해 한국인과 비교하여 영작하고 연설문은 2분 정도로 간단하게 발표함. 비교하는 글 작성법에 따라 논지와 예시가 적절했으며 전치사를 잘 사용하고 한글의 동사와 부사형, 형용사형을 영어로 잘 표현함.
	일본어II	일본어와 일본문화에 많은 관심과 흥미를 가지고 있는 학생임. **일본어 50음도의 규칙과 특징**을 충분히 이해하고 있으며, 정확히 발음할 수 있음. 수업활동 중 많은 시간과 노력을 들여 자기소개를 10분 이상 자연스럽게 말함. 일본을 방문하는 한국인 관광객 수가 꾸준히 증가해 온 점에 많은 흥미를 느껴, 그 원인을 스스로 조사하여 자신의 지적 호기심을 충족시킴. 일본어와 일본문화에 대해서 더 깊이 있게 공부해보고 싶다는 의욕을 가지고 있으며, 일본어 교사에게 끊임없이 조언을 구하거나 앞으로 어떤 일을 해야 할지 계획을 세우기 위해 진로 로드맵을 작성하는 모습이 인상적인 학생임.

➔ 언어교육학계열 추천도서와 탐구 주제 찾기

[언어 교육학 추천도서]

[언어 교육학 탐구 주제 찾기]

과목	단원	탐구 주제
통합 사회	현대 사회에 새롭게 등장한 인권	언어적 차이로 인한 다문화 학생들의 어려움 탐구
	시민 참여자들의 바람직한 역할	세계시민교육 후 변화된 모습 탐구
	사회 불평등의 올바른 해결방안	문화적인 차이로 인한 불평등 사례와 그 해결방안 탐구
	문화적 차이를 바라보는 바람직한 태도	MZ세대의 문화적 차이가 없는 이유 탐구
	세계화 시대에 나타나는 문제와 그 해결방안	외국어 교육의 최적의 시기 탐구 조기유학이 언어습득에 유리한 이유 탐구
	지속 가능한 발전을 위한 우리의 노력	지속가능한 발전을 위한 실제적 교육방법 탐구
국어	삶의 길을 찾아가는 책 읽기	독서를 활용한 진로 지도 방법 탐구
	스마트폰 중독, 어떻게 해결할까?	미디어 리터러시 교육의 필요성 탐구
	우리말 바로 쓰기	급식체의 문제점과 이를 개선할 수 있는 방법 탐구
	매체를 통해 보는 세상	실감형 콘텐츠를 활용한 교육효과 탐구
수학	집합과 명제(명제)	일상생활에서 귀류법으로 증명 가능한 사회현상 탐구
		질문이 달라지면 답이 달라지는 세실과 모리스 우화의 질문지 탐구

핵심 키워드로 알아보는 언어교육학

중등학교, 교육학, 인문학, 연수, 언어, 구어, 의사소통, 교수법, 역사, 중국어, 한문, 프랑스어, 독일어, 일본어

ⓐ DBpia에서 가장 많이 검색된 논문

㉠ 중국인 학습자의 한국어와 중국어 유사발음 비교 분석 및 발음지도 연구, 국어문학회

ⓛ 비언어행동(몸짓·손짓언어)에 관한 한·일 비교연구, 대구대 인문과학연구소

ⓒ 독일의 다문화 언어교육정책에 대한 분석적 고찰, 한국독어독문학교육학회

ⓡ 글로컬 다문화 사회 형성을 위한 상호문화 교육의 방향, 건국대 글로컬문화전략연구소

ⓜ SNS소통이 대인커뮤니케이션에 미치는 영향, 한국엔터테인먼트산업학회

ⓑ 시사를 활용한 탐구활동

출처 : 사이언스on(KISTI)

논문

- 유튜브 중국어 교육 채널 콘텐츠에서 나타나는 특징과 발전 가능성(2022)
- 위드 코로나 학습환경의 플립형독일어강의에서 디지털미디어활용(2022)
- LDA 토픽모델링 기반 프랑스어교육 연구 동향 및 토픽 분석(2022)

특허

- 한자 및 중국어 성조 교육용 카드 (2019)
- 언어 유창성 기반 치매 진단방법 및 이를 위한 장치(2012)
- 유비쿼터스를 이용한 건강관리, 자산관리, 평생교육 시스템 및 운영방법(2014)

보고서

- 외국어 입력플랫폼 기반 구축(2017)
- 미래 사회 대비 국가수준 교육과정 방향 탐색-제2외국어, 한문(2013)
- 언어장벽 해소를 위한 인공지능 기반 하이브리드(AI/통역사) 온라인 통번역...(2021)

동향

- 중국어로 생각하고 스페인어로 전송(2017)
- 다국어 사용자, 치매 확률 낮아(2016)
- 프랑스어 및 이중언어 학술저널에 대한 가시성 및 검색 가능성 향상(2020)

출처 : 사이언스on(KISTI)

언어교육학에서 수강하는 대표 과목

[언어 교육학과 대학에서 이수하는 교과]

교양필수	어학개론, 문학개론, 전공어외국어 초급, 학교폭력예방의 이론과 실제 등
전공필수 및 전공선택	음성학, 음운론, 형태통사론, 의미론, 고전문학사, 현대문학사, 회화연습, 번역연습, 언어와 문화, 현대비평론, 언어학강독, 언어의사소통론, 고전 및 근대어학과 문학론 등

[언어 교육학과 진학에 도움이 되는 교과]

교과영역	교과(군)	공통과목	선택 과목	
			일반선택	진로선택
기초	국어	국어	화법과 작문, 독서, 문학, 언어와 매체	심화국어, 고전읽기
	수학	수학	수학Ⅰ, 수학Ⅱ, 확률과 통계	실용수학, 수학과제 탐구
	영어	영어	영어회화, 영어Ⅰ, 영어Ⅱ, 영어 독해와 작문	진로영어, 영미문학읽기
	한국사	한국사		
탐구	사회	통합사회	사회문화, 생활과 윤리, 윤리와 사상, 동아시아사	사회문제탐구, 사회과제연구, 고전과 윤리
	과학	통합과학 과학탐구 실험		과학사
생활 교양	기술·가정		기술·가정, 정보	정보과학, 창의경영, 인공지능 기초
	교양		교육학, 논리학, 심리학, 환경, 실용경제, 논술, 철학, 진로와 직업, 제2외국어Ⅰ	제2외국어Ⅱ

※ 별색 : 핵심 권장 과목, 밑줄 : 배우면 좋을 과목

유아교육학 진로 로드맵

유아교육학 합격자 선배들의 진로 로드맵과 세특

유아교육과 보육 분야의 오랜 숙제인 '유아·보육 통합' 정책이 대선 공약으로 제시될 정도로 중요한 화두가 되었다. 0~5세 영·유아 학교로의 통합안이 제시되었다. 유아·보육 통합 정책에서 가장 필요한 건 유아 중심 철학과 미래가치가 스며든 방향이다. 유아교육과 보육의 철학과 방향을 재설정하고, 미래세대인 영·유

아를 제대로 교육하고 돌보는 미래 청사진을 제시해야 한다.

향후 10년을 내다보면, 유아교육과 보육의 미래는 그리 밝지 않다. 저출산에 따른 취학인구 감소로 유치원과 어린이집은 소멸 위기에 직면하였다. 낮은 국공립 비율과 취약한 공공성은 아직 해결문제로 남아 있다. 여기에 장애 영·유아 교육권 보장도 같이 고민해야 한다. 또한 지금과 같이 유아교육지원특별회계 한시법 체제하에 재정투입만 높이는 방법으로는 유치원과 어린이집의 격차 심화는 해결될 수 없고, 양질의 미래교육을 희망하는 것도 어렵다.

경제협력개발기구(OECD) 회원국들은 3세 미만의 영아에 대한 관심이 높고, 취학 전 영·유아에 대한 공공지출을 점차 늘려나가고 있다. 게다가 OECD 회원국들의 경우, 유아교사 중 약 75%가 학사학위 이상의 자격을 지니고 있으며, 완전 취학률도 97%에 달하고 있다. 더 나아가 프랑스, 미국 등에서는 영·유아 의무교육을 도입하여 교육기본권을 보장해나가고 있다. 우리나라도 교육 불평등을 해소하고, 미래세대를 위한 유아·보육 관리체계를 구축하고, 완전 무상교육을 단계적으로 실현해 나가야 할 것이다. 이를 위해 교육부에서 영·유아학교 만들어 영아학교(0~2세), 유아학교(3~5세)를 세분화하여 교육과 보육을 하나의 기관에서 맡아 진행하도록 하는 것이 중요하다. 그리고 질 높은 교육을 위해 교사 자격 체제를 정비할 필요도 있다.

박상희 육아정책연구소장은 "아이들한테 행복은 '기쁨이 충만한 상태'라기보다는 '삶이 예측 가능하고 일관성이 지켜지는 안정감이 있는 상태'"라고 말했다. 한결같이 편안한 마음으로 안아줄 때 아이들은 행복하다는 것이다. 육아정책연구소는 '영유아의 국가인적 자원 육성을 위한 육아정책을 연구 및 개발'하는 국무총리 산하 국책 연구기관이다. 연구소의 목표는 "아이들과 부모가 함께하는 행복한 육아"에 두고 있다. 부모의 불안은 고스란히 아이들에게 옮겨지기에 어린 아이들은 발달 지연이나 문제행동을 보이게 된다. 따라서 부모의 불안이 아이들한테 내재화되기에 우리 사회가 부모와 아이들을 편안하게 생활할 수 있도록 철저한 지원을 해야할 것이다.

아이들의 행복을 위해 사회가 해줄 수 있는 것은 아이들의 권리를 법으로 강화하는 것이다. 헌법에 아이들을 '놀이와 행복에 대한 권리'를 가진 주체로 규정하는 것이 중요하다. 부모의 불안감 때문에 유아기에 방황하게 되면 발달 단계에서 어울리지 않는 학습을 강요받아 아동 학대로 이어질 수 있다. 아동에 대한 폭력은 다른 폭력보다 훨씬 장기적인 사후 관리가 필요하다. 부모가 가해자인 경우가 많고, 재발 비율이 높아 한 개인의 삶을 파괴하기 때문이다. 피해 아동과 가해자 모두에게 장기간 심리 치료를 지원해 재학대를 예방하고, 아동 학대 징후가 보일 경우 보육교사나 소아과 의사가 반드시 신고하도록 되어 있다. 물론 신고자도 보호받을 수 있다. 아동 학대 대응도 경찰뿐만 아니라 아동 학대에 대한 판단 능력이 있는 아동보호기관 종사자들이 경찰에 준하는 권한을 가지고 직접 처리할 수 있는 보완장치가 있다면 보다 효과적인 관리가 이루어질 것이다.

코로나-19가 영유아기 아이들에게 미친 가장 큰 영향은 언어와 사회성 교육일 것이다. 같은 말을 해도 표정에 따라 의미가 달라지기 때문이다. 코로나로 아이들이 어린이집이나 유치원에서 마스크를 계속 쓰고 있으니 언어발달이 지연되는 경향이 있다. 또한 거리두기로 인해 사회성 교육도 어렵다.

한국인들의 핵심 감정은 불안이다. 우리는 반도 국가로 자주 외세의 침략을 받았고 그때마다 왕은 제대로 백성을 보호하지 않았다. 예전 사람들은 자신을 지키려고 스스로 짱돌을 들었다. 그러나 지금의 청년들은 자식을 낳아도 자식들보다 자기를 위한 삶을 살 것이다. 또한 자신들보다 자식들이 더 잘 살 것이라고 생각하지 않는 세대일 것이다. 우리는 태어나면 바로 무한경쟁에 놓이는 것이다. 경쟁에서 도태되면 끝이라는 의미이기도 하다. 국가가 '경쟁에서 밀려도 다른 길이 있다.'는 생각을 청년들이 갖게 할 때 저출산 문제도 일부 해결될 것이다. 그리고 국가에서 영유아 학교뿐만 아니라 교육을 책임져주고, 각자 재능에 따라 맞춤형 일자리를 제공하고, 기본소득을 지원해준다면 자신과 자녀를 위한 걱정을 하지 않게 될 것이다.

[유아 교육학 진로 로드맵]

구분	고등1	고등2	고등3
자율 활동	교내 축제에서 학급댄스팀으로 출전, 교내 체육활동에 농구선수로 출전	'숲과의 대화' 활동에 참가함, '숲 체험 활동이 소외계층 아동의 정서, 생활만족 및 자아탄력성에 미치는 긍정적 효과 연구'를 읽고 숲과의 체험 프로그램 기획	지역민들과 함께하는 행사에 참가하여 교육문화공간 기획
동아리 활동	고교학점제에 대한 성과나 문제점을 조사하고 후배를 위해 헌신한 우수 활동 과정을 학교 신문에 기고	비대면 상담함을 건의하여 또래 학생들의 고민상담을 진행, '로미오와 줄리엣 효과' 실험 후 보고서 제출	'인권 보호 캠페인'을 기획, 바람직한 학교 문화풍토 조성을 위해 행사 기획
진로 활동	진로의 날 행사에 유아교육과, 청소년 지도상담과에 참여함. 유아 및 청소년기의 인성 지도와 교사-학생 간 의사소통의 중요성을 깨달음.	'오늘날의 청소년'이라는 주제로 청소년들의 심리를 다룬 연극 진행, 부모-유아 관계 문제를 연극으로 재구성할 것을 제안함.	아동복지제도의 내용과 아동보호전문기관의 의무에 대해 정리하고 해결방안 제시
특기 활동	1:1 가상 영어 면접에서 자신의 교육관과 교사라는 직업에서 인성의 중요성을 언급	유아 사교육비의 심각성을 인식한 후 해결책을 담은 보고서 제출	색채 심리 테스트 진행

[창의적 체험활동]

구분		창의적 체험활동상황
2 학년	자율 활동	'숲과의 대화' 활동에 참가하여 학교라는 정형화된 생활에서 벗어나 '숲'이 주는 분위기와 신선한 공기, 자연과 함께할 수 있는 편안함을 느낄 수 있었다고 함. 또한 심신의 안정화와 정화를 체험하면서 에너지와 자신감을 얻었다고 함. 이후 '숲 체험 활동이 소외계층 아동의 정서, 생활만족 및 자아탄력성에 미치는 긍정적 효과 연구'를 읽고 **숲과의 체험 프로그램을 기획하여 봉사하는 아동센터에 제안**함.
	동아리 활동	교내 우체통을 활용한 비대면 상담함을 건의하여 또래 학생들의 고민상담을 들어주고 원하는 신청곡을 방송부와 연계하여 점심시간 들려주며 부정적 감정을 완화시키고 후배들을 이끌어나가는 역량을 발휘함. 화장을 금지하는 교내 규칙을 가지고 **'로미오와 줄리엣 효과'**를 실험하여 보고서를 제출함. 이를 통해 반발심리와 인지부조화 현상을 이해하며 다양한 생활 속 심리 효과에 대해 관심을 가지고 심화학습을 함.
	진로 활동	연극 수업에 참여하여 대본을 작성하고 배우들의 역할을 학생들의 성격에 맞게 선정함. '오늘날의 청소년'이라는 주제로 청소년들의 심리를 다룬 연극의 대본을 여러 번의 수정을 거쳐 완성도가 높은 작품을 완성함. 자신의 역할뿐만 아니라 인력이 부족한 소품팀이나 의상팀에 자원을 하여 항상 함께하는 모습이 인상적인 학생임. 이후 다문화 교육이나 소수자 교육, 부모-유아 관계 등의 문제를 연극으로 재구성하면 서로 이해관계를 높일 수 있겠다는 내용의 소감문을 연극을 마친 후 제출함.
3 학년	자율 활동	지역민들과 함께하는 행사에 참가하기 전 학생들을 위한 쉼터 공간과 지역주민을 위한 힐링, 교육문화, 소통과 교류가 이루어지는 교육문화공간 구상방안과 운영프로그램을 요일별, 시간대별로 자세히 제시하여 기획함. 특히 유아들이나 반려동물들이 함께할 수 있는 안전한 공간을 마련하는 모습이 인상적인 학생임. 학교와 지역주민이 함께하는 쉼터공간 꾸미기 활동에 최선을 다하는 모습을 보임.
	동아리 활동	학생들에게 인권에 대한 올바른 인식을 심어주고자 '인권 보호 캠페인'을 기획함. '인권존중 선택이 아닌 필수'라는 문구로 피켓을 직접 제작하여 등교 시간과 점심시간에 피켓을 들고 문구를 외치며 학생들에게 알림. 이후 인권에 관한 퀴즈를 만들어 점심시간을 이용하여 이벤트를 기획하여 학생들의 인권에 대한 인식을 변화시킴. 이후 설문을 하자 이 캠페인을 통해 학우들의 생각이 바뀜을 확인하고 작은 움직임이 사람들의 인식을 바꾼다는 사실을 알게 되었다는 소감을 발표하고 제일 기억에 남는 활동이었다고 함. 항상 바람직한 학교 문화풍토 조성을 위해 동아리원들과 다양한 행사를 기획하는 모습이 인상적임.
	진로 활동	'국내 난민 아동은 어떤 모습으로 살아가고 있을까'라는 진로 영상을 보고, 아동복지 제도와 인종에 대한 차별적인 복지 대우의 해결방안에 궁금증을 가짐. 아동복지 제도의 내용과 아동보호 전문기관의 의무에 대해 정리하고 암묵적인 편견의 해결방안을 활동지에 제출함. 이후 **'난민이기 이전에 아동입니다'**라는 기사를 확장해서 읽고, 우리나라에서 난민 아동들이 법과 제도의 미비로 차별에 노출된다는 점을 인식함.

3학년	진로활동	미흡한 복지제도에 대한 해결방안을 제시할 때 존 롤스의 무지의 베일이 원초적 입장에 있다는 가상적 상황 설정의 개념을 언급하여 모두가 동등한 입장에서 합리적 판단으로 문제를 해결할 수 있다는 의견을 제시함.

[교과세특]

구분		세부내용 및 특기사항
2학년	사회문화	영어유치원의 교육비 금액과 줄서기 기사를 보고 사교육의 심각성을 느낌. 사회를 바라보는 관점과 관련하여 수업시간에 현재 자녀의 사교육비가 부모의 월소득에 비례한다는 내용을 배우고 이를 비판하는 보고서를 작성함. 사교육이 부의 대물림의 수단이 되는 우리 현실을 지적하며 해결책을 학우들과 모색함. 다양한 체험학습, 학생들의 학습 선택권 존중, 다양한 방과 후 수업 및 공동교육과정 개설, 자기주도학습의 필요성 등을 제시하며 질 높은 공교육 확대의 필요성을 주장함.
3학년	윤리와 사상	신경 윤리학에서 인간에게 공감 능력과 정서가 필수적으로 요구된다는 것을 배우고 신경계와 두뇌 관계의 탐구를 진행함. **'정서, 감정이 뇌에 미치는 영향'**을 주제로 선정함. 감정을 편도체와 연결하여 자극에 대한 정서와 관련된 측면을 평가하는 과정을 편도체가 결정한다고 언급하며 인간의 심리를 과학적으로 접근함. 또한 전통적인 윤리이론을 바탕으로 신경과학의 연구 성과를 활용할 필요가 있다는 해결책을 제시함.
	확률과 통계	수학 진로 말하기 활동에서 사람의 성격 유형을 구분하는 에니어그램 도구화 확률분포를 도표로 설명하며 급우들의 성격을 상담해주며 확률을 발표함. 친구들의 흥미를 이끌기 위해 실제 간단한 성격 유형 검사지를 만들어 실시하며, 결과를 확률변수와 확률분포의 정의로 설명하고 표준편차와 정규분포를 이해하는데 도움을 줌.
	미술 창작	색을 배합하여 색상환을 만들고 이를 색채심리와 접목하여 급우들에게 색상테스트를 진행함. 선택한 색을 이용해 심리상태와 개개인의 성향을 알아보는 활동을 하고 포토샵의 각 도구의 사용 방법에 대해 공부하고, 색 심리에 대해 관심을 가짐. 이후 **'아동 미술 활동에 있어서의 색채 감성 연구'**를 읽고 유아의 감정 표현 도구 중 하나가 색이라는 것을 알게 됨. **신체의 부분을 감정으로 말하기 활동**에서 언어 이외에도 신체로도 생각과 감정을 전달할 수 있음을 그림으로 표현함. '팔짱 끼기', '다리 꼬기', '손톱 물어뜯기', '어깨동무 하기' 등을 표현하여 그림에서 느껴지는 감정을 급우들과 토론함.
	진로와 직업	감정코칭에 관한 영상을 보고 유아들의 대화에서 감정의 중요성을 인식하고 부모와 교사로 구분지어 조사함. **감정코칭법을 5단계** 순서로 정리하며 사례를 들어 실수할 수 있는 부분을 정리하여 설명함. 아이에게 기본적인 욕구를 충족시켜 줘야 한다는 점을 설명하며 이름표를 활용하는 방법을 제시함. 또한 아이의 마음을 읽으려고 노력해야 하는 이유를 사례를 들어 급우들에게 일목요연하게 설명함. 자신의 진짜 감정보다는 위선적인 긍정을 추구하는 문화의 문제점을 발견하고 TED 강의를 듣고 이를 해결함. 위선적인 감정에서 벗어나 진짜 감정을 포용해야 행복과 용기를 얻을 수 있고 타인을 돌아보게 된다는 점을 발표함.

유아교육학계열 추천도서와 탐구 주제 찾기

[유아교육학 추천도서]

[유아교육학 탐구 주제 찾기]

과목	단원	탐구 주제
통합 사회	현대 사회에 새롭게 등장한 인권	다문화 학생들과 잘 적응할 수 있는 사례 탐구
	시민 참여자들의 바람직한 역할	어린이 보호구역 관련 효율적인 지도방법 탐구
	사회 불평등의 올바른 해결방안	우리 주변 불평등 사례와 그 해결방안 탐구
	문화적 차이를 바라보는 바람직한 태도	언어를 통해 배우는 문화교육 사례 탐구
	세계화 시대에 나타나는 문제와 그 해결방안	이중언어를 효율적으로 지도할 수 있는 방법 탐구
	지속 가능한 발전을 위한 우리의 노력	세계시민교육 실천 사례 탐구
국어	삶의 길을 찾아가는 책 읽기	동화책을 활용한 문화지도 방법 탐구
	스마트폰 중독, 어떻게 해결할까?	미디어와 게임중독 예방교육 탐구
	우리말 바로 쓰기	줄임말을 사용하지 않도록 지도할 수 있는 방법 탐구
	매체를 통해 보는 세상	실감형 콘텐츠를 활용한 유아 교육효과 탐구
수학	도형의 방정식(도형의 이동)	테셀레이션을 활용한 무늬만들기 지도안 탐구
	함수(함수)	합성함수를 이용한 프랙탈 활용 지도안 탐구
	경우의 수(경우의 수와 순열)	주사위를 활용한 경우의 수 탐구

➔ 핵심 키워드로 알아보는 유아교육학

유아, 실천, 사립, 공립, 교사, 교육학, 인성, 유치원, 육성, 연구자, 부모, 아동, 안전교육, 문학, 미술, 음악, 논리, 사업, 언어, 능동, 통합, 수행, 창의, 과정, 실습

ⓐ DBpia에서 가장 많이 검색된 논문

㉠ 4차 산업혁명 시대 유아 핵심역량과 유아교육 방향, 한국디지털콘텐츠학회

㉡ 한국의 저출산 현상의 원인과 유아교육·보육정책의 방향 분석, 한국영유아보육학회

ⓒ 유아기에 적합한 다문화 교육 : 유아교육기관의 다문화 교육활동 사례, 중앙대 문화콘텐츠기술연구원

ⓓ 다인발달적 상호작용이 유아 디자인 교육에 미치는 영향:피아제와 비고츠키의 인지발달이론을 중심으로, 한국디자인문화학회

ⓔ 통합 요소별로 살펴본 8개국 유아교육과 보육 통합 현황 비교, 이화여대 교육과학연구소

ⓑ 시사를 활용한 탐구활동

출처 : 사이언스on(KISTI)

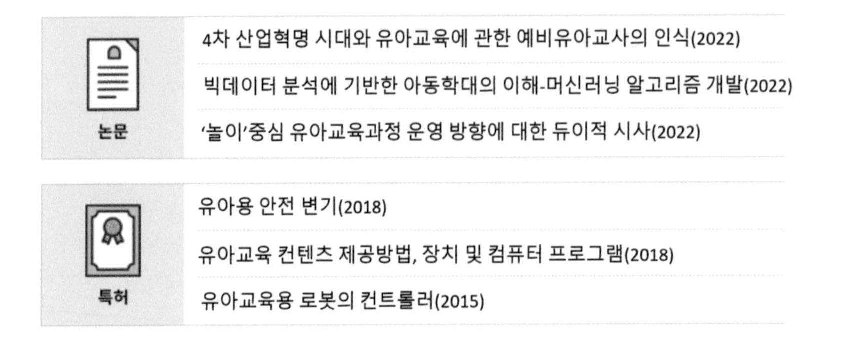

증강현실을 활용한 유아교육용 퍼즐(2019)

유아교육 O2O 프로그램 혁신을 위한 스마트 양방향 추천 서비스(2018)

유아교육기관 중심의 융복합형 신개념 에듀보드 제품기술 및 교육콘텐츠플랫폼...(2018)

아기들은 빠르고 거친 음악을 좋아한다(2017)

Co-creation, 메타버스 플랫폼 활성화를 위한 전략 (2021)

생후 2개월 무렵 '유머' 발달 시작돼...(2021)

출처 : 사이언스on(KISTI)

유아교육학에서 수강하는 대표 과목

[유아교육과 대학에서 이수하는 교과]

교양필수	교육현장의 이해, 유아교육개론, 영아발달과 교육
전공필수 및 전공선택	유아언어교육, 유아수학교육, 유아음악교육, 아동문학, 기악, 유아사회교육, 영유아 프로그램 개발 및 평가, 유아도덕교육, 영유아 관찰 및 행동연구, 유아교과논리 및 논술, 유아교사론, 가족관계, 특수교육의 이해, 교육봉사의 이론과 실제, 놀이이론과 교육, 유아발달과 교육, 유아교과교재 및 연구법, 유아과학교육, 인지이론과 교육, 유아조형교육, 유아동작교육, 영유아안전교육, 유아교육과 멀티미디어, 부모교육, 유아교육사상, 보육실습, 아동복지 등

[유아교육과 진학에 도움이 되는 교과]

교과영역	교과(군)	공통과목	선택 과목	
			일반선택	진로선택
기초	국어	국어	화법과 작문, 독서, 문학, 언어와 매체	심화국어, 고전읽기
	수학	수학	수학 I, 수학 II, 확률과 통계	실용수학, 수학과제 탐구
	영어	영어	영어회화, 영어 I, 영어 II, 영어 독해와 작문	진로영어
	한국사	한국사		

<table>
<tr><td rowspan="2">탐구</td><td>사회</td><td>통합사회</td><td>사회문화, 생활과 윤리,
윤리와 사상, 동아시아사</td><td>사회문제탐구, 사회과제연구</td></tr>
<tr><td>과학</td><td>통합과학
과학탐구
실험</td><td></td><td>과학과제연구</td></tr>
<tr><td rowspan="2">생활
교양</td><td>기술·가정</td><td></td><td>기술·가정, 정보</td><td>정보과학, 창의경영,
<u>인공지능 기초</u></td></tr>
<tr><td>교양</td><td></td><td>교육학, <u>논리학</u>, <u>심리학</u>,
환경, 실용경제, 논술,
철학, 진로와 직업</td><td></td></tr>
</table>

※ 별색 : 핵심 권장 과목, 밑줄 : 배우면 좋을 과목

PART 3

자연 사범대
진로 로드맵

어떤 성향이 이 계열에 잘 맞을까?

이 계열을 희망하는 학생들은 알고 있는 지식이 맞는지 실험을 통해 확인하는 것을 좋아하고, 자신이 알고 있는 것을 쉽게 알려주는 것을 좋아하는 학생들이다. 또한 지역아동센터에서 실험 등의 봉사활동을 하면서 교사의 자질을 키우는 학생들이 많다. 다방면의 지식을 쌓는 것을 좋아하는 학생들도 있지만 한 분야만을 특별히 좋아하여 그 학과로 지원하는 학생들도 있다. 그래서 과학 교과목을 많이 이수하고, 과학 중 우수한 성적을 획득한 과목으로 학과를 지원하는 경우가 많다.

실험의 제약이 많아 실제로 구현해내기 어려운 경우, 이를 보완하기 위해 실감형 미디어 콘텐츠를 활용하여 교육 효과를 극대화하고 있다. 특히, 대학교에서도 VR 실험 콘텐츠로 학생들의 흥미와 함께 지식을 높여줄 수 있도록 구성하였다.

자연계열 학생들이 사범대를 희망할 경우 과제연구, 융합과학탐구를 이수하여 심화 탐구활동을 하는 것을 추천한다. 또한 물리학실험, 화학실험, 생명과학실험 등의 과목을 이수하여 다양한 실험을 통해 오차의 원인을 분석하면서 이를 개선하기 위한 분석력을 쌓을 수 있다. 실패한 원인을 조사하여 추가로 탐구하거나 개선해야 할 점 등을 파악하여 지속적으로 탐구할 것을 추천한다.

이온 결합

VR 콘텐츠
김민경

종료 2021.10.18 ~ 2021.12.26

1주차 신청현황 0명 / 무제한

산-염기 반응

VR 콘텐츠
김민경

종료 2021.10.18 ~ 2021.12.26

1주차 신청현황 0명 / 무제한

불꽃 반응

VR 콘텐츠
김민경

종료 2021.10.25 ~ 2021.12.26

1주차 신청현황 0명 / 무제한

산화환원 반응

VR 콘텐츠
김민경

종료 2021.10.25 ~ 2021.12.26

1주차 신청현황 0명 / 무제한

전자기 유도 실험

VR 콘텐츠
김민경

종료 2021.11.01 ~ 2021.12.26

1주차 신청현황 0명 / 무제한

광전효과 실험

VR 콘텐츠
김민경

종료 2021.11.01 ~ 2021.12.26

1주차 신청현황 0명 / 무제한

인체의 신비

VR 콘텐츠
김민경

종료 2021.11.22 ~ 2021.12.26

1주차 신청현황 0명 / 무제한

대륙이동설

VR 콘텐츠
김민경

종료 2021.11.22 ~ 2021.12.26

1주차 신청현황 0명 / 무제한

출처 : 수도권대학 원격교육지원센터(https://lms.smau.or.kr/vr)

[자연교육학 진로 로드맵]

구분	중등	고등1	고등2	고등3
자율활동		학급 멘토링 활동, 반장 및 학생회 등 다양한 임원활동		
동아리활동	과학동아리 활동	과학탐구동아리		
		시사 및 교육동아리		
진로활동	과학관 탐방활동	지역아동센터 멘토링활동 일일 교사활동		진로심화탐구
특기활동	영재교육원 이수	실험교육을 개선할 수 있는 방법 탐구		

자연계열 교사를 희망하는 학생들은 일반적으로 일반계 고등학교에 입학하여 교과성적을 향상시키고, 교육동아리 활동을 통해 교사로서 자질을 키우는 활동을 많이 한다. 고교학점제 선도학교를 통해 다양한 교과목을 선택할 수 있고, 교사가 되기 위해 필요한 교육학, 심리학 과목도 공부할 수 있다.

2025년 고교학점제가 시행되면 일반선택 및 진로선택과목은 A, B, C 성취도로 성적을 기입하기에 성적으로 학생을 평가하는 데 한계가 있다. 따라서 교과활동으로 진행한 수행평가를 진로와 연계하여 깊이 있게 탐구하여 우수성을 보여주면 좋다. 이렇게 다양한 활동을 성공적으로 하기 위해서는 진로 로드맵을 작성해야 한다. 특히, 시험기간 1달 동안은 성적을 챙기고, 그 기간 동아리활동은 실험보다는 진로독서 및 주제발표활동으로 하는 것이 좋다. 이렇게 하면 비교과활동을 하는데 시간도 빼앗기지 않으면서 성적과 활동 두 마리 토끼를 잡을 수 있을 것이다. 그리고 시험 이후나 방학을 이용하여 장기적인 실험을 진행하면 더욱 좋을 것이다.

진로 로드맵에는 자율활동, 동아리활동, 진로활동, 특기활동(개인별 세특, 독서등)에 구체적으로 어떤 활동을 할 것인지 내용을 기록한다면 시간을 효율적으로 활용할 수 있으며, 진로에 맞는 일관된 활동을 할 수 있다. 그러면 비교과에 집중하다 교과성적이 떨어지는 실수를 하지 않을 것이다.

선배들의
진로 로드맵 엿보기

수학교육학 진로 로드맵

➔ 수학교육학 합격자 선배들의 진로 로드맵과 세특

2015개정 수학과 교육과정에서 '수학과제탐구'라는 과목을 신설하였다. 수학과제탐구는 학생들이 수학의 기본적인 탐구 주제를 자신의 수준과 흥미에 맞게 선택하여 스스로 수학과 관련된 연구를 수행할 수 있는 능력을 신장시키기 위해 개설된 교과목이다. 더불어 학생들이 자발적이고 주도적으로 수학의 다양한 영역 및 관련된 응용 분야에 관한 주제를 자유롭게 탐구할 수 있다. 더 나아가 소논문 대회, 수학체험전, 수학캠프, 수학 독서활동 등과 연계하여 수업을 계획할 수 있다.

수학사는 수학교육에서 매우 중요한 역할을 한다. 그 대표적인 이론이 수학 역사 발생적 원리이다. 특히, 수학사에 대한 고찰은 학생들이 개념 형성과정을 이해하고 연구하기 위한 중요한 자료가 되며, 더 나아가 수학교육과정 연구와 지도법 연구에 도움이 된다. 수학사에 대한 연구는 새로운 수학적 발견을 위한 수단으로 활용될 수 있고, 학교 현장에서 수학탐구활동의 중요한 방법이 될 수도 있다. 즉, 수학사를 통해 학생은 이미 존재하는 개념과 새로운 수학적 대상을 창조적으로 재생산할 수 있는 밑거름을 마련할 수 있다.

수학I의 삼각함수 단원에서 코사인 법칙을 이용해 다양한 탐구를 진행할 수 있다. 코사인 법칙을 활용한 사례 탐구하기, 삼각형의 각의 크기와 관련된 수학적 사실을 코사인 법칙으로 탐구하기, 삼각형의 변의 길이 혹은 길이의 비와 관련된 수학적 사실을 코사인 법칙으로 탐구하기, 코사인 법칙을 활용하여 실수로부터 복소수를 생성하는 방법 등을 탐구할 수 있다.

[수학교육학 진로 로드맵]

구분	고등1	고등2	고등3
자율 활동	매쓰투어에 참가하여 부석사 지역문화제를 예술적, 교육적으로 탐구함.	생활 속 수학 강연을 듣고, 대형 하이퍼스페이스를 만들고 사영기하학을 탐구, 축제 부스 활동에서 펄러비즈로 입체도형 만들기 활동을 진행함.	시사읽기 활동에서 인터넷 학습 공간에 자료 제공과 관리를 하는 기계교사의 필요성 탐구, 생활 속 관심사 찾기 활동에서 미래 바이러스 발생 시기 및 치사율과 감염률을 예측함.
동아리 활동	라틴방진과 라틴마방진에 숨어있는 수학적 요소 탐구, 고대 숫자를 활용한 프로그램을 개발함.	수학 잡지 발간 활동에서 매쓰투어 프로그램을 재구성함, 교내 학술 페스티벌에 참가하여 4차원 공간에서 일어날 수 있는 에피소드를 연극으로 구성함.	실생활 속 수학 찾기 활동에서 벡터의 활용 사례 탐구, 벡터에 익숙하지 않은 후배들에게 벡터의 정의와 계산법을 가르쳐 줌.
진로 활동	인문에서 배우는 자기주도 셀프리더십 활동에 참여하여 상황에 맞는 멤버십, 파트너십, 프렌드십, 리더십 활용이 필요하다고 어필함.	지역 문화유산 탐방 활동을 통해 서원의 교육적 역할에 대해 조사하고 오늘날의 교육과 비교 탐구, 학생들을 위한 지역별 모임인 '오늘부터' 프로젝트를 제안함.	'수학이 불완전한 세상에 대처하는 방법'을 읽고, 수학이 실생활에 사용되는 원리와 사례 탐구, 멘토의 중요성을 인식하여 허준이 교수 가상 인터뷰 작성
특기 활동	체육대회 경기 종목을 집합으로 표현하여 집합 사이의 포함관계를 탐구함.	'교내에서의 안전사고 발생률' 이라는 주제 탐구, '무연근이 왜 생길까?'를 탐구함.	'유클리드 기하학과 비유클리드 기하학' 탐구보고서 작성, 이상심리학에 관심을 가지고 영화 '뷰티풀 마인드' 속 관련 사례 조사

[창의적 체험활동]

<table>
<tr><th colspan="2">구분</th><th>창의적 체험활동상황</th></tr>
<tr><td rowspan="3">2
학
년</td><td>자율
활동</td><td>생활 속 수학 강연을 듣고 수학에 관심 있는 친구들과 함께 이십면체를 이용하여 대형 하이퍼스페이스를 만들고, 차원과 사영의 개념을 이해하게 되었다고 함. 정육면체의 여러가지 사영을 찾아보고 직접 유닛을 만드는 탐구 중심의 체험활동을 통해 수학의 예술 속 심미성을 알게 되어 융합 학습을 할 수 있었다는 활동보고서를 제출함. 대형구조물을 만들면서 혼자서는 해결할 수 없었다고 하며 협동의 중요성을 알게 되었다고 함.
축제 부스 활동에서 펄러비즈로 입체도형 만들기 활동을 진행함. 부스 운영을 통해 나눔을 실천하고 설명해주는 과정에서 자신감을 얻었다고 함. 마무리까지 하면서 책임감 있는 모습이 보기 좋았고 재미있게 축제를 만들려는 노력이 돋보임.</td></tr>
<tr><td>동아리
활동</td><td>수학 잡지 발간을 위해 수학동아를 참고하여 실생활 속 수학의 다양한 예시를 소개하는 인터뷰를 하며, 수학교사가 되어 수학 대중화에 힘쓰겠다는 포부를 이야기함. 매쓰투어 활동에 참가하여 유네스코에 지정된 소수서원을 방문하여 한옥과 고건축물에 숨어있는 수학적 요소를 발견하고, 이런 연구의 필요성을 보고서로 작성하여 제출함. 또한 직접 매쓰투어 프로그램을 재구성하여 관광객들을 위해 노력한 흔적이 보임.
이후 '교내 학술 페스티벌'에 참가하여 1년 동안 동아리 활동에서 탐구한 내용을 발표함. 특히 4차원 공간에서 일어날 수 있는 에피소드를 연극으로 구성하고 발표하여 친구들의 호응을 얻었고 우수 동아리로 선정됨.</td></tr>
<tr><td>진로
활동</td><td>지역 문화유산 탐방활동을 통해 소수서원, 선비촌 일대를 탐방하며 자연과 역사를 체험하는 활동을 통해 자연유산에 대해 이해하고 유산 보호의 필요성을 알게 됨. 탐방을 하면서 서원의 교육적 역할에 대해 조사하고, 오늘날의 교육과 비교하고 분석하여 학교의 역할을 제시함.
이후 유네스코 교육상의 3대 목표인 교육기회 확대, 교육의 질 제고, 시민의식 함양을 공부하고, '소외계층의 문제점과 다문화 학생을 위한 교사의 역할'에 대한 탐구를 진행함. 예비교사들과 교사를 지원하는 학생들끼리 지역별 모임을 만들어 관심이 필요한 학생들을 위해 '오늘부터'라는 프로젝트를 진행해 보자는 제안을 하기도 함.</td></tr>
<tr><td>3
학
년</td><td>자율
활동</td><td>학급 특색활동을 통해 시사읽기 활동을 진행함. 과학 기술 발전에 따른 교육 공학의 진보를 조사하고 인터넷 학습 공간에 자료제공과 관리를 통해 기계가 교사를 대신할 수 있을까에 대해 토론함. 또한 연령별 교육을 공급하는 인터넷 자료와 관리가 달라져야 한다는 자신의 의견을 논리적으로 이야기함.
학급 특색활동인 생활 속 관심사 미래 바이러스 발생시기 찾기 활동에서 과거의 감염병 통계 자료를 바탕으로 치사율 및 감염률을 예측하여 정리하고 학급 자료집 만들기에 참가함. 감염률이 높은 질병은 30년, 치사율이 높은 질병은 25년 주기를 보인다는 결론을 자료를 근거로 제시하자 친구들과 선생님이 좋은 반응을 보임. 하지만 이 과정에서 오차가 있을 수 있음을 확인함. 통계 표본의 선정 과정에서 시대별 의료 기술의 차이와 동등한 표본 선정의 어려움이 있어 보완책을 찾아보는 탐구를 추가로 진행함.</td></tr>
</table>

<table>
<tr><td rowspan="2">3
학
년</td><td>동아리
활동</td><td>실생활 속 수학 찾기 활동에서 벡터가 활용되는 범위가 넓다는 것을 알고, 관련 탐구를 진행함. 아직 벡터에 익숙하지 않은 후배들에게 벡터의 정의와 계산법을 직접 가르쳐 준 이후 이동에 관한 문제를 설명함.
큰 선박을 좁은 부두에 접안시킬 때 두 대의 작은 예인선으로 방향을 조정하는 과정에서의 활용법, 가상현실 전문가가 3차원 모델링을 이용해 가상공간 시스템에도 사용할 수 있음을 확인함. 액체와 고형분을 분리하기 위해 시점을 축으로 하고 종점을 시료라고 가정하여 벡터의 합이 0이 되어야만 원심분리기가 작용한다는 것을 확인하고, 시료의 개수에 따라 계산하는 모습이 인상적임.
그 외 수학에 대한 관심으로 심화 문항의 풀이뿐만 아니라 수학의 활용성을 탐구함.</td></tr>
<tr><td>진로
활동</td><td>진로 독서활동에서 '수학이 불완전한 세상에 대처하는 방법'을 읽고, 수학이 실생활에 적용되는 원리와 사례에 대해 알게 되었다고 함. 또한 공학, 자연과학에서 수학의 필요성을 언급하며 문제풀이식인 교육의 문제점을 인식하였다고 함.
멘토링 활동에서 멘토의 중요성을 인식하여 가상 인터뷰를 작성하고, 진로 및 직업 선정을 위한 가치관을 성립하는 계기가 되었다고 함. 본인은 올해 필즈상을 수상한 허준이 교수를 멘토로 인터뷰함. 실패를 하더라고 끊임없이 노력한 모습이 인상적이라고 소개하고 본인의 생활을 반성하는 계기가 되었다고 함. 또한 허준이 교수의 자녀 수학 교육법을 보면서 우리나라가 추구해야 할 수학 교수법이라는 생각을 했다는 자신의 멘토 인터뷰를 마침.</td></tr>
</table>

[교과 세특]

<table>
<tr><th colspan="2">구분</th><th>세부내용 및 특기사항</th></tr>
<tr><td>1
학
년</td><td>수학</td><td>실생활 속 수학 문제 만들기 조별활동에서 체육대회 경기 종목을 집합으로 표현하여 집합 사이의 포함관계를 탐구함. 또한 교사의 자질과 가치관을 집합의 연산을 통해 표현하며 자신의 교사관이 충분조건임을 발표함.
직접 교사되어 보기 활동에서 '색다른 학교 수학'을 읽고, 그래프로 나타낼 수 있는 식과 함수를 구별하는 방법에 대해 설명하며 관계식에서 함수의 값을 구하는 문제를 제시함. 원을 함수가 아닌 원의 방정식이라고 부르는 이유에 대해 설명함. 또한 함수가 단순히 수학에서만 사용되는 것이 아니라 관계성을 가진 공학과 인문학 현상에서도 쓰인다는 사실을 예로 들어 설명함.
또한 '파스칼이 들려주는 조합 이야기'를 읽고 조합을 활용한 분할 분배의 차이를 정확히 알고, 심화활동으로 파스칼의 삼각형과 이항정리의 관계를 정리한 내용을 제출함.</td></tr>
</table>

2 학 년	확률과 통계	**'교내에서의 안전사고 발생률'**이라는 주제로 조장을 맡아 융합프로젝트를 진행함. 학교 생활 중 부서진 청소용품에 손가락이 찢어지는 것을 목격한 후, 이런 사고가 얼마나 일어날지, 교내에서는 어떤 위험성이 있을지를 파악하기 위해 본 프로젝트를 진행했다고 함. 통계조사를 하고 학교 안전사고 현황자료를 분석함. 그 결과를 바탕으로 직접 학생들에게 설문조사한 결과를 통계로 나타내어 교내에서 일어나는 안전사고 예방법을 제안함. 설문 과정에서 전수조사와 표본조사의 차이를 알고, 표본조사의 인원수의 적당함이 필요하다고 인식함. SNS를 통해 설문을 하고 그래프로 정리하여 결론을 내림. 교내의 위험 요소를 일괄 조사하고 문제가 있는 요소를 제거하는 활동을 진행하는 실천적인 학생임. 이후 통계의 역할과 중요성을 인식하기 위해 초등학생들의 통계 교육을 조사하고, 통계교육의 필요성을 언급함.
	심화수학 I	분수방정식과 무리방정식을 학습하면서 **'무연근이 왜 생길까?'**에 의문을 가지고 조원들과 답을 찾기 위해 토론하는 모습을 보임. 분수방정식과 무리방정식을 정방정식으로 변환할 때 문제가 생김을 확인하고, 두 방정식의 무연근의 성질이 다르다는 것을 이해하고 무연근이 생기는 각각의 경우를 해결하여 발표함. 무리방정식 해설 중 그래프를 그려 근의 범위가 자신이 구한 근의 범위에 들어가는지 확인할 필요성이 있다고 이야기함. 이처럼 항상 탐구적인 모습이 인상적인 학생임. 수학문제 만들기 활동에서 실생활 활용문제를 해결하기 위해 분모에 미지수가 있는 유리식을 제작하고 풀이하였음. 실생활 속 문제를 분석하고, 문제의 조건에 맞게 식을 구성하는 능력이 다른 학생들보다 탁월함.
	고급수학 I	수학에 대한 깊이 있는 학습을 위해 주말에 개설된 공동교육과정을 신청함. 벡터공간에서의 일차독립과 일차종속에 대해 학습하였으며 연립일차방정식을 구하기 위해 행렬을 이용한 풀이법을 연습하고, 주어진 방정식을 적용해서 문제를 풀기도 함. 또한 어느 두 행을 교환하여 만든 행렬의 행렬식은 절댓값이 같고 부호만 다름을 증명하고, 회전변환으로 옮겨진 도형의 넓이를 구하는 등 수학적 문제 풀이 능력과 응용력이 좋은 학생임. 수학사를 통해 수학적 개념들의 기원과 학자들의 생애를 수행평가로 제출하였으며, 함수라는 개념의 정확한 의미를 찾아봄. 또한 차원에 관심을 가지고 영화 속 4차원의 세계를 잘 표현하여 우수한 발표로 학생들의 호응을 얻음.
3 학 년	수학과제 탐구	국어 비문학 중 비유클리드 기하학에 관련된 지문을 읽고, **'유클리드 기하학과 비유클리드 기하학'**을 수학과제탐구 주제로 선정하고 보고서를 작성하여 발표함. 비유클리드 기하학이 탄생하게 된 이유로 유클리드 기하학 제5공준이 곡면에서 성립하지 않음을 들며, 쌍곡기하학, 타원기하학, 유클리드 기하학을 예로 들어 급우들이 이해하기 쉽게 설명하려고 노력함. 곡면에서의 삼각형 내각의 합이 180도가 아닌 것이 존재함을 그림을 통해 설명하는 과정에 퀴즈를 추가해 학생들이 어려운 내용을 재미있게 이해하도록 함. 이 과정에서 곡률이라는 용어를 정확히 이해하기 위해 내용을 더 조사함. 이런 활동들을 하면서 수학은 서로 연계성을 가지며, 증명을 통해 새로운 이론이 나온다는 것을 알게 되었다고 함. 이런 의문이 수학을 발전시키는 원동력이라고 이야기하며 교사들도 학생들이 의문을 가질 수 있는 환경을 마련하기 위해 노력해야 한다는 점을 어필함.

3학년	고급수학 II	온라인으로 진행된 공동교육과정 수업을 신청하여 어려운 과제가 주어지더라도 완벽하게 해결하는 모습이 인상적인 학생임. 코시의 평균값 정리 내용을 학습하고 활용될 수 있는 분야를 묻는 질문에 과학적 분석 결과물이나 통계자료 등의 이산적인 자료를 연속적으로 표현하고 구체적인 값을 표현할 때 사용할 수 있다고 발표함. 또한 뉴턴의 방정식 근사해를 구하는 방법에도 활용할 수 있음을 이야기하며 다음 시간에 뉴턴의 방정식의 근사해를 활용하여 초월함수의 방정식 풀이를 해오는 적극적인 학생임. 또한 극방정식으로 표현된 넓이의 회전을 계산하고 이상적분이 수렴하는 경우의 회전체의 부피와 넓이의 수렴 여부를 판별하기 위해 다양한 방법으로 탐구하는 모습이 인상적임.
	진로와 직업	수학교사가 되기 위해 교사라는 직업과 수학교육학과를 탐색함. **'꿈이란 무엇일까?'**라는 활동을 통해 교사의 가치관에 따라 학생이 어떤 교육을 제공받을 수 있는지 생각할 수 있었다고 함. **'사회에서 좋은 인간관계를 유지하는 비결'**이라는 문제에 대해 발표하는 시간을 가짐으로써 자신의 교육관에 맞지 않는 학생을 어떻게 지도할지 고민해보고, 결국은 자신이 그 학생들을 포용해야 한다는 결론을 내림. 이 수업을 통해 교사가 되기 위한 자신의 자질을 한 번 더 되돌아보는 계기가 되었다고 자기평가서에서 밝힘.
	심리학	이상심리학에 대해 관심이 생겨 영화 **'뷰티풀 마인드'** 속 관련 사례를 조사함. 환각, 과대망상 등 주인공에게 나타난 조현병 증상을 정확하게 찾아냈으며, 담임교사의 관심으로 소극적인 성격을 개선해나간 사례를 들며 발표 시 학생들의 호응을 얻음. 조현병을 앓고 있는 학생을 만나게 되면 편견을 버리고 학급 아이들과 잘 어울릴 수 있도록 지속적인 관심을 가지는 교사가 되어야겠다고 생각하였음.

➔ 수학교육학계열 추천도서와 탐구 주제 찾기

[수학교육학 추천도서]

[수학교육학 탐구 주제 찾기]

과목	단원	탐구 주제
과학	중력과 역학적 시스템	진공 중에서 낙하운동에 따른 가속도 탐구
	역학적 시스템과 안전	일상생활에서의 충돌 안전장치 사례 탐구
	지구환경변화와 인간생활	로렌츠 방정식을 활용하여 3차원 대기의 대류과정을 탐구
	에너지의 전환과 효율적 이용	에너지 효율 높일 수 있는 방안 탐구
	전기에너지의 생산과 수송	전기자동차 에너지 효율 탐구
수학	다항식(다항식의 연산)	수식의 간소화 및 수학적 기호의 역사 탐구
	다항식(다항식의 연산)	곱셈의 기호가 생기면서 수학은 어떤 변화가 일어났을지 탐구
	다항식(인수분해)	아이젠슈타인 판정법을 이용한 정수, 계수, 다항식 탐구
	도형의 방정식(평면좌표)	세 좌표가 주어졌을 때 삼각형의 넓이 탐구
	집합과 명제(명제)	칸토어의 역설과 러셀의 역설을 활용한 무한집합 탐구

핵심 키워드로 알아보는 수학교육학

수학, 중등학교, 교원, 대수학, 미분, 기하학, 해석학, 함수, 대수, 확률, 정수론, 도형, 변환, 벡터, 예제, 리만, 다각, 부합, 표현론, 추상, 방정식, 공간, 분포, 선형, 곡선, 수치, 유클리드

ⓐ DBpia에서 가장 많이 검색된 논문

㉠ 삼각함수 개념의 역사적 분석, 대한수학교육학회

㉡ 미래 시대의 수학교육 방향에 대한 연구, 대한수학교육학회

㉢ 미적분의 기본정리에 대한 고찰 : 속도 그래프 아래의 넓이와 거리의 관계를 중심으로, 대한수학교육학회

ⓡ 부정적분과 정적분의 관계에 관한 고찰, 대한수학교육학회

ⓜ 수학적 추론과 연결성의 교수·학습을 위한 소재 연구 : 도형수, 파스칼 삼각형, 피보나치 수열을 중심으로, 대한수학교육학회

ⓑ 시사를 활용한 탐구활동

수학교육

자연현상 및 사회현상에 내재된 본질을 파악할 수 있는 논리적 분석력, 종합적 판단력 등을 향상시킬 수 있는 학과

인공지능 수학교육

인공지능을 활용하여 개별화된 맞춤 수학 교육이 가능하도록 도움을 주는 교육

산업수학

수학적 이론과 분석방법을 활용하여 세상의 문제를 해결하거나 산업의 부가가치를 창출하는 활동

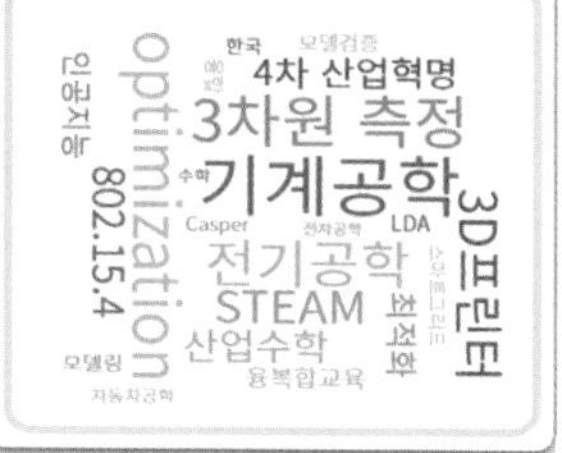

출처 : 사이언스on(KISTI)

논문

주제기반 설계 모형에 따른 수학-윤리 연계.융합수업 자료 개발 연구(2022)

학업성취도 예측 요인 분석 및 인공지능 예측 모델 개발-블렌디드 수학수업(2022)

수학 교수,학습을 위한 인공지능 플랫폼 분석 연구(2022)

특허

수학학습장치 및 방법(2021)

포물면 관찰 체험 학습기구(2022)

테셀레이션 모형 체험 학습기구(2022)

보고서

맞춤형 수학 교육을 위한 Explainable 학습자 수준 분석 AI 플랫폼 개발(2022)

딥러닝 기반의 수학 문장제 풀이 기술 개발(2022)

기학습된 언어 모델을 활용한 서술형 수학 문제 풀이 모델 개발(2022)

 동향	허준이 "한국 수학 발전 위해 역할...행복하고 기쁘다 " (2022) 교사 출신 박진영 스탠퍼드 연구조교수, 이산수학계 난제 해결(2022) '수포자'가 알려주는 '누구에게나 쉬운 머신러닝'(2021)

출처 : 사이언스on(KISTI)

수학교육학에서 수강하는 대표 과목

[수학교육학과 대학에서 이수하는 교과]

교양필수	수학 논리 및 논술, 교육방법 및 교육공학, 학교폭력예방의 이론과 실제
전공필수 및 전공선택	해석개론, 이산수학, 미분방정식 개론, 선형대수학, 정수론, 수학교육과 교육공학, 확률론, 기하학일반, 현대대수학, 다변수함수론, 수학교육론, 위상수학, 복소해석학, 미분기하학, 수리통계, 수치해석 등

[수학교육학과 진학에 도움이 되는 교과]

교과영역	교과(군)	공통과목	선택 과목	
			일반선택	진로선택
기초	국어	국어	화법과 작문, 독서, 문학, 언어와 매체	심화국어, 고전읽기
	수학	수학	수학Ⅰ, 수학Ⅱ, 확률과 통계, 미적분	기하, 실용수학, 수학과제 탐구, 고급수학, 심화수학, 인공지능수학
	영어	영어	영어회화, 영어Ⅰ, 영어Ⅱ, 영어 독해와 작문	진로영어
	한국사	한국사		

탐구	사회	통합사회	사회문화, 생활과 윤리, 윤리와 사상, 동아시아사	사회문제탐구, 사회과제연구
	과학	통합과학 과학탐구 실험		과학과제탐구
생활 교양	기술·가정		기술·가정, 정보	정보과학, 창의경영, 인공지능 기초
	교양		교육학, 논리학, 심리학, 환경, 실용경제, 논술, 철학, 진로와 직업	

※ 별색 : 핵심 권장 과목, 밑줄 : 배우면 좋을 과목

과학교육학 진로 로드맵

과학교육학 합격자 선배들의 진로 로드맵과 세특

물리실험 중에는 속도나 각도 등을 변화시키면서 포물선 운동의 결과를 학습하는 역학실험, 슬릿의 폭을 달리하면서 회절 무늬의 결과를 확인해 보는 광학실험 등이 있다. 이러한 물리 실험을 직접 하는 것보다 컴퓨터 시뮬레이션을 돌려보면 적은 노력으로 여러 차례 실험해 볼 수 있고, 정확한 결과를 얻을 수 있다는 이점이 있다. 컴퓨터 시뮬레이션은 실제 세계의 어떤 현상들을 직접 경험할 수는 없지만, 그 현상 속에서 경험할 수 있는 무수한 행동의 모의 상황을 설정한 것이다. 따라서 컴퓨터 시뮬레이션은 교육 목적을 위해 만들어진 컴퓨터 조작 프로그램으로, 조작이 가능한 실제 상황의 모델과 이론적 체제로 구성되어 학습자가 주어진 상황을 여러 방식으로 조작하여 특정 목표에 도달할 수 있도록 돕는다. 컴퓨터 시뮬레이션은 현실의 모방이나 재생을 통하여 실세계를 경험하게 하는 강력한 도구이다. 컴퓨터 시뮬레이션 교육은 물리과정에서 학습이해도, 사고력, 안정성, 능동적인 수업 참여도를 높일 수 있다.

계산화학은 다양한 분야에서 활용되는데 특히 촉매반응 개발에 활발히 사용되고 있다. 탄화수소(탄소와 수소만으로 이뤄진 결합물)에서 수소를 없애는 탈수소반응의 한 예로 주변에서 흔히 볼 수 있는 타이타늄(Titanium, Ti) 촉매를 활용한 올레핀 합성을 들 수 있다. 올레핀은 플라스틱, 고분자 화합물, 의약품 등에 활용되는 석유화학산업 분야 주요 소재다. 올레핀은 탄화수소가 수소를 잃으면서 탄소(C) 두 개의 이중결합(C=C)을 통해 생성된다. 보통 올레핀은 800℃의 고온으로 석유를 증기 분해(stem cracking)하여 제조한다. 매우 높은 열과 에너지를 투입해야 하고, 반응 중 탄소-탄소 결합이 끊어져 올레핀 화합물이나 다른 탄화수소들이 합성되는 단점이 있다. 또한, 석유 대신 천연가스에서 올레핀을 합성하려면 이산화탄소와 같은 온실가스가 발생해 오염과 공해문제가 뒤따른다. 탄소-수소결합을 끊는 반응성을 높이고자 금속촉매인 이리듐(Iridium), 로듐(rhodium), 루테늄(ruthenium) 등을 활용하는데, 희토류 금속촉매는 비용이 너무 비싸 실제 산업에는 활용하기 어렵다는 단점이 있다. 이에 반해 타이타늄 촉매는 싸고 독성이 없기 때문에 앞으로의 활용가치가 크다. 타이타늄은 지각에 9번째로 많이 함유된 원소이고, 금속 중 네 번째로 많다. 가격도 비싼 전이금속에 비해 수십 배 저렴하다는 장점이 있다. 예를 들어 이리듐은 1g에 약 40만 원이고, 타이타늄은 1g에 약 1만 7천 원이다. 이리듐이 이렇게 비싼 이유는 우주에서 떨어진 운석에 포함된 광물이라고 하여 신의 물질이라 불리기 때문이다.

2022년 노벨 화학상을 수상한 '생체직교 클릭 화학'은 블록처럼 쌓아서 만들 수 있다는 장점과 화학반응을 통해 만들어지는 부산물이 나오지 않는 특징이 있다. 이전에는 화학물질을 만들 때 많은 시간과 비용이 소모됐는데, '클릭 화학'은 분자 구성을 빠르고 효율적으로 결합하는 방법이다. 그러나 이처럼 클릭 화학을 통해 만들어진 물질을 신약과 같은 형태로 바로 생명체에 사용하긴 어렵다. 독성 등 다양한 위험 요인이 있기 때문이다. 버토지 교수는 클릭 화학을 생명체에 적용할 수 있는 개념을 고안해 냈다. 살아 있는 유기체 안에서 클릭 반응이 작동하는 방법을 알아낸 것이다. 버토지 교수는 이러한 개념을 통합한 '생체직교 클릭 화학'을 통해 신약을 개발하고 DNA 단위에서 새로운 치료방안을 만들 수 있게 되어 노벨상을 수상하게 되었다. 특히, 효과가 좋은 표적 항암제를 만드는 데 활용될 수 있다.

2001년 인간유전체 사업의 완성으로 폭발적인 관심을 모으고 있는 유전체나 단백체 연구에 도움을 주는 등 수많은 생명과학 연구에 컴퓨터가 이용되고 있다. 이와 같이 주로 컴퓨터만을 이용하여 생명과학 현상을 연구하는 분야를 계산생물학이라고 한다. 또는 생물정보학(Bioinformatics)이라고도 한다. 1980년대부터 분자동력학 모의실험을 필두로 시작된 컴퓨터 모의실험 분야, 그리고 1990년대부터 정착된 컴퓨터를 이용한 신약 설계분야, 그리고 인간게놈프로젝트 이후 급속한 발전을 거듭하고 있는 생물정보학 분야 등이 현대 계산생물학을 이루는 세 가지 주요 연구분야다. 컴퓨터의 성능이 발달할수록, 실험데이터의 형태가 복잡해질수록, 생물학 연구에서 계산생물학의 수요는 계속 증가할 것이다. 1997년에는 CNDO(Complete Neglect of Differential Overlap)라는 양자역학계산 프로그램을 개발한 포플(Pople)에게 노벨상이 수여되었고, 2013년에도 CHARMM이라는 분자동력학 모의실험 프로그램을 개발한 공로로 하버드대 카플러스(Karplus) 교수에게 노벨상이 주어졌다. 이는 학계뿐만 아니라 세상이 컴퓨터를 이용한 분자 상태의 모의실험을 인정한다는 의미다.

[과학교육학 진로 로드맵]

구분	고등1	고등2	고등3
자율 활동	과학캠프에 참여하여 물리와 공학의 공통점을 알게 됨, 저자초청 강연 후 인공지능 시대의 교사는 어떤 직업인지에 대해 탐구	'그림자는 왜 완전 검은색이 아닐까?'라는 주제로 이중슬릿 실험과 광전효과 실험 진행, '온라인 수업이 사회를 변화시킬 수 있는가?'를 주제로 논설문 작성	'부분과 전체'의 제 3장의 내용인 '현대물리학에서 이해와 개념'을 읽고 이해의 개념 설명
동아리 활동	파노평면을 활용한 보드게임 '도블'의 원리를 파악하고 최적화 전략을 토론	제논의 역설에 대해 '왜 실제 상황과 맞지 않을까?'를 탐구, 프랙탈을 수학의 등비수열과 연결하여 탐구	특수상대성 이론 부분의 교수지도안 작성, 과학 교육 웹진을 제작하여 미래과학교육 전망
진로 활동	통합도서읽기 활동에서 '현대 문명과 인간'이라는 주제로 '변신', '과학 콘서트'를 읽고 발표 진행	자기주도 도우미 앱 'WWW'를 기획, 과학 전공자의 글쓰기 능력의 필요성을 느끼며 실험보고서 작성	진로독서토론 활동에서 '신의 입자'를 읽고 핵의 주요 내용과 느낀 점을 발표함, '일반상대성 이론', '특수상대성 이론과 쌍둥이 역설' 탐구
특기 활동	충격량이 일정한 낙하하는 달걀의 충격량을 줄이는 종이 구조물 제작	'열전냉각소자를 활용한 열역학 법칙의 이해' 탐구	플랑크의 복사 법칙과 플랑크 상수 탐구

[창의적 체험활동]

구분		창의적 체험활동상황
2학년	자율 활동	진로 글쓰기 활동에서 **'온라인 수업이 사회를 변화시킬 수 있는가'**를 주제로 논설문을 작성함. 온라인 수업의 한계를 통계 자료에 근거해 지적하며 학교 교육이 온라인 수업으로 대체될 수 없다는 주장을 펼침. 학급 내 1인 1프로젝트 활동에서 **'그림자는 왜 완전 검은색이 아닐까?'**라는 주제로 빛의 파동성과 입자성을 입증하기 위한 이중슬릿 실험과 광전효과 실험을 진행하여 발표함. 실험의 선행 연구를 확인하고, 실험의 전 과정을 자율적으로 진행하며 실험을 통해 광전효과를 확인하는 것뿐만 아니라 편광판을 활용해 빛의 세기에 따른 실험 결과를 처리하여 비교함.

2학년	동아리 활동	물리교사를 희망하여 물리와 수학의 연관성을 친구들과 후배들에게 잘 전달하기 위한 수업 지도안을 작성해 매번 고민하여 수업을 구현함. 실생활 속 융합동아리 과제에서 부원들과 **제논의 역설을 통해 실생활 관계**를 알아봄. 이론적으로 성립하는 것처럼 보이는 제논의 역설에 대해 왜 실제 상황과 맞지 않는지를 생각해보고, 철학적, 0으로의 수렴, 물리학의 양자역학 관점으로 해석함. 물리학과 수학을 융합해 뉴턴 운동법칙에 대해 조사해보고 등속도 운동, 등가속도 운동 그래프를 미적분을 통해 해석하는 모습이 인상적임. 또한 화학과 생명과학에서 볼 수 있는 프랙탈을 수학의 등비수열과 연결하고, 실제 프랙탈 카드를 만들어 봄.
	진로 활동	전문가 특강 **'인공지능과 삶'**이라는 강의를 듣고, 교육계열을 희망하는 학생들과 함께 **'사교육 의존 문제해결'**이라는 프로젝트를 진행함. 자기주도 도우미 앱 'WWW'를 기획하여 사교육의 문제를 해결하고자 노력함. 인공지능과 오픈소스 앱을 이용하여 계획과 보상을 주는 시스템을 만들어냄. 팀 내에서 인공지능 프로차트 제작, 문제 상황에 효과적으로 대응하는 역할을 하며 리더십과 소통, 협업 능력이 돋보인 학생임. 특히, 교육적 문제에 대한 깊은 관심과 자신의 경험을 바탕으로 앱을 기획하며, 그 앱을 보완하여 더 나은 자기주도 프로그램을 만들고 싶다는 소감을 발표함. 온라인 과학 특강에 참여하여 과학을 전공하는 사람도 글쓰기 능력이 필요함을 알게 되었다고 함. 특히, 정확한 개념과 이론이 바탕이 되지 않으면 오개념이 생길 수 있다는 사례와 함께 **'질량 부피 측정을 통한 에탄올의 밀도 결정'**의 실험보고서를 형식에 맞게 정확하게 작성하는 모습을 보여줌.
3학년	자율 활동	공학과 자연과의 만남 북클럽 동아리 회장으로서 책 선정을 위해 동아리원들과 의논하고 토론 활동을 주도함. **'부분과 전체'**의 제 3장의 내용인 '현대물리학에서 이해와 개념'에 대한 부분에 주목하여 '이해'의 개념을 설명하기 위한 관점에 대해 배웠다는 독서 기록을 작성함. 이 개념을 '물리'와 '교육'에 적용할 때, 지적 성장을 위한 발판으로 삼기 위해 자신의 이해 역량을 길러야겠다는 소감문을 작성함.
	동아리 활동	좌우명 시뮬레이션 학습에서 **'나에게 배움은 퍼텐셜이다'**를 자신의 배움에 대한 좌우명으로 정함. 누구나 배움을 통해 발전할 수 있는 잠재력이 있다고 이야기하며 배움의 가치를 강조하고 배움을 실천할 구체적인 방안을 마련하기 위해 자기주도적인 학습이 필요하다고 어필함. 또한 현장에서 학생들에게 자신이 가진 신념을 함께 이야기해보고 싶다는 미래지향적인 생각을 함. **특수상대성 이론 부분의 교수지도안**을 작성해보며 실제 수업을 구상하고, 디딤영상으로 제작하여 집중력을 높임. 과학 교육 웹진을 제작하여 미래과학교육에 대한 자신의 생각을 담았고, 자신과 타인의 성장 도모가 앞으로 교육에서 필요하다고 어필함.
	진로 활동	진로독서토론 활동에서 **'신의 입자'**를 읽고 핵의 주요 내용과 이 책의 저자가 전달하고자 하는 내용과 느낀 점을 발표함. 표준모형에서 힘의 매개입자, 힉스입자가 존재해야 하는 이유에 대해 자세히 설명하고, 이 도서를 통해 물리학의 시작과 그에 대한 기본적인 내용을 알 수 있었다고 함.

학년	영역	내용
3학년	진로활동	진로탐색활동에서 **'일반상대성 이론'**, **'특수상대성 이론과 쌍둥이 역설'**을 주제로 어려운 내용을 잘 분석해 발표함. 물리학 이론에 대한 정확한 이해를 바탕으로 중력과 관성력의 등가원리, 시공간의 곡률, 시간팽창, 관성좌표계, 광속 불변의 원리 등의 개념을 쉬운 예시를 들어 공식을 유도하면서 설명함. 친구들의 질문에 답변을 잘하며 발표를 준비하며 많은 노력을 했음을 알 수 있었음.

[교과 세특]

구분		세부내용 및 특기사항
1학년	과학	화학결합모형 만들기 활동에서 원소들의 성질에 따라 형성되는 결합의 종류를 추론하여 이온결합과 공유결합 모형으로 완벽하게 표현함. DNA모형 관찰 수행평가에서 DNA의 구조적 특징을 이해하여 DNA 구조의 규칙성과 DNA가 기본적인 단위체의 다양한 조합을 통해 형성됨을 설명함. 또한 수평방향으로 던진 종이비행기의 운동을 통해 등속도 운동과 등가속도 운동을 실생활에 적용함. 충격량이 일정한 낙하하는 달걀의 충격량을 줄이는 종이 구조물 제작을 과학탐구실험에서 재현함. 과학적 의사소통능력이 뛰어난 학생으로 모둠활동이 잘 이루어지도록 하는 리더십이 뛰어남. 기름야자농장 건설의 경제적 이익과 환경 파괴적 측면을 둘러싼 논쟁에서 균형 잡힌 시각으로 자신의 견해를 밝히고, 그 근거를 설득력 있게 제시함. 교내 정원생태계에서 생물과 비생물을 구별하고, 조사한 생물들을 생태계에서의 기능에 따라 체계적으로 분류함.
2학년	수학Ⅰ	잡지 만들기 활동에서 물리학Ⅰ의 빛의 전반사에 대해 학습한 내용을 기반으로 사인법칙과 코사인법칙 등의 수학적 개념을 이용하여 **'미션 임파서블 속 빛의 전반사'**라는 주제를 정함. 빛의 전반사에 대한 개념을 설명하고 영화 속 전반사의 사례를 잡지에 넣어 삼각함수 활용 문제를 만들어냄. 실생활 문제를 구성할 때 여러 수학적 사실들과 과학법칙을 기반으로 한 문제를 보며 이후 교사가 되었을 때 융합적 문제를 잘 출제하리라 예상함.
	물리학Ⅰ	물리 교과 페임랩 활동에서 슈뢰딩거의 고양이 예시를 활용하여 **'양자컴퓨터 속 양자기호'**를 주제로 선정하여 일반컴퓨터와 양자컴퓨터의 정보처리 방식에 대해 설명하며 재미있게 구성하려는 노력이 보임. 물리실험에 참여하여 **'열전냉각소자를 활용한 열역학 법칙의 이해'**를 주제로 펠티어 소자와 카르노 기관의 냉각 효율값을 비교하고 분석하는 실험을 하면서 소형 냉각소자의 구조 및 동작 원리를 이해함. 또한 흡열 및 발열과정을 압력-부피 그래프로 설명하고 열역학 제1법칙을 활용하여 영구기관이 존재할 수 있는지에 대한 본인의 생각을 논리적으로 정리함. 또한, 전기장과 자기장의 개념을 정리하고 유사점과 차이점을 탐구하여 개인적으로 '맥스웰 방정식'에 대한 심화보고서를 작성하는 열정적인 학생임.

2학년	수학II	수학 독후 활동에서 **'물리가 쉬워지는 미적분'**을 읽고 물리공식을 정리함. 미분계수를 순간속도로 설명하며 도함수를 속도-시간 그래프로 이해하고, 삼각함수의 미분과 합성함수의 미분을 엮어 코리올리의 힘과 원심력에 대해 설명하는 부분이 인상적이라는 독후감을 제출함. 특히, 작은 것과 작은 것을 곱했을 때 교과서의 내용처럼 무시할 수 있다는 것을 증명하기 위해 곱의 미분을 활용함. 크기가 다른 정사각형 2개와 직사각형 2개를 활용하여 만든 조각에서 h를 0으로 보내는 시행을 하여 곱의 미분공식이 나오는 과정에서 작은 정사각형은 무시될 수 있음을 확인함.
3학년	확률과 통계	수학적 확률을 배운 후 **'신은 주사위 놀이를 하지 않는다'**를 읽고, 독후감을 제출함. 열역학 제2법칙, 빅뱅 우주론 등 기초 이론을 소개하고 다중 우주 이론, 인간 원리 등을 소개하며 우주와 생명체 탄생의 확률을 이야기함. 양자역학 이론 속에 담겨있는 확률 개념에 대해 심화탐구를 진행하여 물질의 파동성을 소재로 하이젠베르크의 불확정성 원리, 슈뢰딩거 방정식 등의 개념을 설명함. 이후 입자의 파동 함수값와 입자의 존재 확률을 분석하여 확률밀도함수를 탐구함. 정규분포를 활용하여 실험이나 이론에서 발생할 수 있는 측정오차, 계통오차의 평균이 이루는 분포를 정규분포근사로 해석함. 엔트로피 개념과 물리학과 통계의 개념을 이용한 융합 학습을 꾸준히 하는 학생임.
	물리학II	관심있는 물리학 개념 정리 활동에서 **'물리학 에너지 총정리'**를 주제로 보존력과 비보존력의 합력의 개념을 이용하여 일과 에너지 관계를 나타냄. 큐브를 활용하여 무게중심에 따른 구조물의 안정성을 설계하여 힘의 평형뿐만 아니라 돌림힘까지 보장되어야 한다는 내용을 자세히 설명함. 또한 중력파 현상을 전하를 띤 물체가 가속운동 시 방출하는 파동이라고 설명함. 또한 진자 운동에서 시간에 따른 물체의 위치를 투영된 등속 원운동의 그림자의 모습과 대조시켜 그래프로 표현하여 진자운동의 물리적 해석을 보다 정량적으로 실시하는 모습이 인상적임.
	융합과학	과학자 이야기 활동에서 평소 관심이 많았던 양자역학에 기여한 막스 플랑크에 대해 조사함. 플랑크의 복사법칙과 플랑크 상수에 대해 설명하고, 플랑크 상수가 고전역학과 양자역학의 경계에 있는 아름다운 상수라고 이야기하는 장면이 인상적임. 또한 개인적으로 탈출속도에 대해 탐구함. 제1 탈출속도와 제2 탈출속도의 정의와 유도 과정을 자세히 설명하고 교과서에 없는 제1 탈출속도와 제2 탈출속도의 공식유도과정을 물리II에서 배운 개념과 연결하여 확장시킴. 어려운 내용인데도 쉽게 설명하려 노력하는 모습이 보임. 단순히 설명만 하는 것이 아니라 질의응답을 통해 두 속도공식의 유도 과정을 설명하는 모습에서 과학적 탐구력이 강한 학생으로 보임.

➔ 과학교육학계열 추천도서와 탐구 주제 찾기

[과학교육학 추천도서]

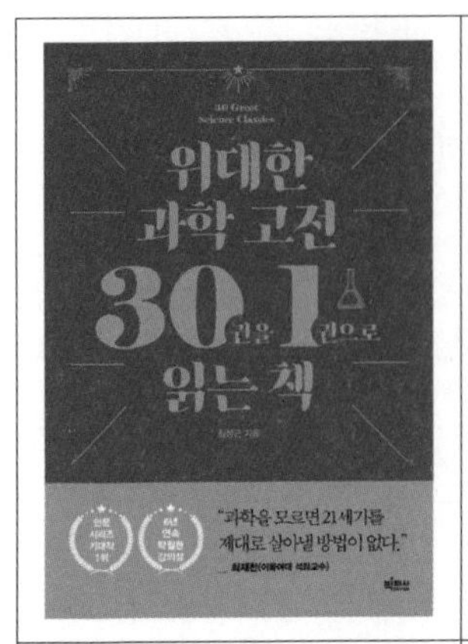

[과학교육학 탐구 주제 찾기]

과목	단원	탐구 주제
통합 사회	자연환경과 생활	자연에서 배우는 청색기술 사례 탐구
	환경문제 해결을 위한 다양한 노력	과학기술의 발전으로 환경문제 해결 가능성 탐구
	자원과 지속가능한 발전	도시 광산을 활용할 자원 탐구

통합 과학	우주의 시작과 원소의 생성	입자가속기로 원자 생성원리 탐구
	원소들의 화학결합과 물질의 생성	레고처럼 쌓이는 화학물질 제조 탐구
	신소재의 개발과 이용	탄소동소체로 개발 가능한 신소재 탐구
	역학적 시스템	인터페이스를 이용한 역학적 에너지 보존 탐구
	생명시스템에서의 화학변화	분자생물학 차원에서 생명시스템 이해 탐구
	화학반응과 산화환원반응	사과로 배우는 산화 환원 반응
	에너지 전환과 효율적 이용	인터렉티브 아트로 배우는 에너지 전환 탐구
	발전과 지구환경 및 에너지 문제	핵융합 발전과 핵분열 발전의 비교 탐구
수학	방정식과 부등식(복소수)	양자역학의 파동계산에 복소수를 활용하는 방법 탐구
	도형의 방정식(원의 방정식)	태양계 행성의 공전 궤도 탐구
	도형의 방정식(원의 방정식)	지진의 원인과 진앙지 탐구
	함수(무리함수)	지진 해일 속도를 계산하여 대피시간 공지 탐구

➔ 핵심 키워드로 알아보는 과학교육학

교육학, 영재, 잠재력, 교사, 교육학, 중등학교, 임용, 평가, 사물, 관찰력, 적용, 공통, 실험, 탐구, 고분자, 에너지, 화학, 유전, 분광법, 물리학, 열역학, 식물, 암성, 생물, 동물, 대기

ⓐ DBpia에서 가장 많이 검색된 논문

㉠ 4차 산업혁명시대의 미래교육 예측과 전망, 과학기술정책연구원

㉡ GMO에 대한 소비자 인식, 한국식품과학회

㉢ 뇌기반 학습과학:뇌과학이 교육에 대해 말해주는 것은 무엇인가, 한국인지과학회

㉣ 과학기술자의 사회적 책임과 윤리, 과학기술정책연구원

㉤ 우리나라의 법과학연구 및 과학수사 실태와 발전방안, 한국형사법무정책연구원

ⓑ 시사를 활용한 탐구활동

과학교육

자연 내 사물의 구조나 성질, 운동방식 등 보편적인 진리나 법칙에 대해 연구하는 학과

화학교육

화학교과와 관련된 전문 지식을 제공하고, 화학교사를 양성하는 학과

물리교육

물리학 전공지식과 교과 내용에 관한 이론과 실험, 실습을 통해 물리현상을 이해하도록 도와주는 학과

출처 : 사이언스on(KISTI)

논문

- 초등 과학영재 사사과정에서 과학 탐구기능 교육의 필요성에 대한 고찰(2022)
- 생물 과제의 자기조절 활동에서 나타나는 중등학생의 연령별 두뇌 활성(2022)
- 중등 과학영재가 경험한 음악-과학 GI-융합교육 프로그램의 창의적 문제해결...(2022)

특허

- 교육용 과학수사 키트 및 학습방법(2018)
- 전자기력의 과학원리 교육을 위한 코일건 형태의 학습교구(2016)
- 자동차의 전방 감지기능에 관한 과학원리 교육용 학습교구(2016)

보고서

- 창의융합적 사고를 가르치고 평가할 수 있는 실천적 역량을 가진 예비교사...(2022)
- 예비 연구자의 문제발견역량 강화를 위한 대학실험교육 개선 연구(2021)
- 인공지능, 증강현실과 3D프린팅을 적용한 반응기 설계의 효율성 증대(2022)

동향

- 노벨물리학상 수상자의 '학생'이 본 스승의 수상(2022)
- 과학창의재단 "한국형 사이언스미디어센터 설립해야"(2022)
- 누리호가 바라본 지구는 평평하지 않았다(2022)

출처 : 사이언스on(KISTI)

과학교육학에서 수강하는 대표 과목

[과학교육학과 대학에서 이수하는 교과]

교양필수	일반물리학, 일반물리학실험, 일반생물학, 일반생물학실험, 일반화학, 일반화학실험, 일반지구과학, 일반지구과학실험, 인공지능교육환경과 미래교사, 학교폭력예방의 이론과 실제
전공필수 및 전공선택	유기화학, 통합과학교육론, 통합과학 교과교재연구 및 지도법, 학교밖 과학교육의 이해, 대기과학, 초연결사회와 과학교육, 물리학특론, 수리물리학, 양자역학, 열 및 통계물리, 전산물리, 파동 및 광학, 세포학, 생물화학, 유전학, 동물생리학, 발생학, 생태학, 식물생리학 등

[과학교육학과 진학에 도움이 되는 교과]

교과영역	교과(군)	공통과목	선택 과목	
			일반선택	진로선택
기초	국어	국어	화법과 작문, 독서, 문학, 언어와 매체	심화국어, 고전읽기
	수학	수학	수학Ⅰ, 수학Ⅱ, 확률과 통계, 미적분	기하, 실용수학, 수학과제 탐구, 인공지능수학
	영어	영어	영어회화, 영어Ⅰ, 영어Ⅱ, 영어 독해와 작문	진로영어
	한국사	한국사		
탐구	사회	통합사회	사회문화, 생활과 윤리, 윤리와 사상, 동아시아사	사회문제탐구, 사회과제연구
	과학	통합과학 과학탐구실험	물리Ⅰ, 화학Ⅰ, 생명과학Ⅰ, 지구과학Ⅰ	물리Ⅱ, 화학Ⅱ, 생명과학Ⅱ, 지구과학Ⅱ, 과학과제연구, 고급물리학, 고급화학, 고급생명과학, 물리학실험, 화학실험, 생명과학실험
생활 교양	기술·가정		기술·가정, 정보	정보과학, 창의경영, 인공지능 기초
	교양		교육학, 논리학, 심리학, 환경, 실용경제, 논술, 철학, 진로와 직업	

※ 별색 : 핵심 권장 과목, 밑줄 : 배우면 좋을 과목
〈지원학과에 맞는 과목을 많이 이수하는 것을 추천한다.〉

➔ 기술(가정)교육학 합격자 선배들의 진로 로드맵과 세특

현실 세계의 물리적인 데이터를 컴퓨터 화면에 동일하게 가상화하고, 시뮬레이션할 수 있으며 데이터로 분석된 각종 자료를 현실 사물에 다시 적용하여 최상의 결과를 얻을 수 있게 하는 디지털 트윈 기술이 적용되고 있다. 또한 블록체인을 통하여 학습자의 각종 기록을 기밀성과 무결성을 보장하며 보관할 수 있다. 디지털 트윈은 제너럴일렉트릭(GE)사에서 최초로 만든 개념으로써 현실 세계의 물리 개체를 컴퓨터 화면에 동일하게 가상화한 매체이다. 디지털 트윈은 현실 사물로부터 수집한 데이터를 기반으로 하여 디지털 트윈 플랫폼에서 가상 사물로 변환하고 시뮬레이션을 실시한다. 이렇게 분석된 각종 자료를 현실 사물에 다시 적용하여 모양 및 성능이 일치하도록 가상화 모델을 만드는 데 사용된다. 교육 현장에서는 안전한 실습 및 작업에 사용할 수 있다.

출처 : GE의 디지털 트윈(좌), 지멘스의 디지털 트윈(우)

하드웨어나 소프트웨어를 개발하는 과정에서의 디지털 트윈은 개발 단계 중 요구분석 단계와 시스템 설계 단계에서부터 개발 대상 콘텐츠와 동일한 콘텐츠를 가상의 공간에 구현하여 시스템 실행단계 및 시스템 유지보수 단계에서 발생할 수 있는 다양한 문제점을 미리 파악하여 시스템 개발 단계에 적용하여 우수한 콘텐츠를 개발할 수 있게 한다. 덴소 로봇을 활용하여 가상환경에서 실습하고, 평가에 활용하기 위하여 실행 단계와 유지보수 단계에서의 개발 평가결과를 블록체인에 저장할 수 있다.

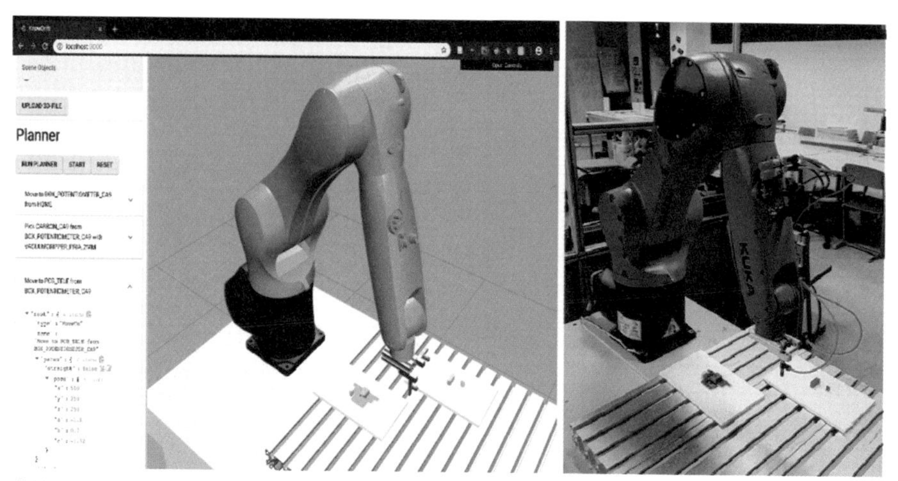

출처 : Cloud-Based Digital Twin For Industrial(https://www.wardlivia.top/)

디지털 트윈의 두 가지 핵심 요소는 동적 시뮬레이션 모델과 라이브 시스템의 현재 상태를 반영하는 데이터이다. 모델과 데이터를 사용하면 실험, 분석 및 통신을 위한 강력한 디지털 트윈 소프트웨어를 구축할 수 있으므로, 만약의 질문을 던지고, 시스템 동작을 이해하며, 여러 수준에서 검증할 수 있다. 디지털 트윈 기술은 이미 제조, 물류 산업이 그 이점을 누리고 있으며, 비즈니스 프로세스를 보호하고 개발하는 데 도움이 된다. 또한 이해하기 쉽고 소통하기 쉬운 통찰력을 제공하여 신뢰를 구축하고 의사결정을 지원하는 데 도움이 된다.

AnyLogic은 클라우드 플랫폼이 완벽하게 작동하는 유일한 시뮬레이션이다.

AnyLogic Cloud 는 병렬 모델 실행, 쉬운 공유 및 개방형 RESTful API를 제공하여 모델 구축을 지원한다. AnyLogic은 가입 또는 개인 설치를 통해 클라우드 액세스를 제공하며, 클라우드 서비스 공급자 또는 사내에서 플랫폼을 선택할 수 있다. AnyLogic은 Flowchart, State-chart, Action Chart, Stock 및 Flow 다이어그램에 대한 기본 지원은 물론 시뮬레이션 모델 개발자에게 더 많은 자유를 제공하는 장점이 있다.

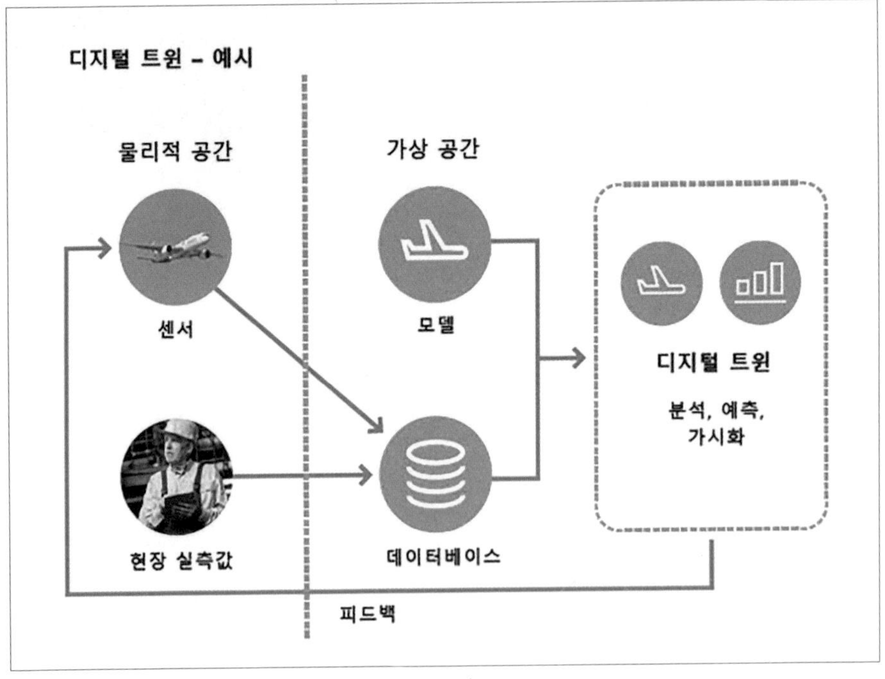

출처 : https://www.anylogic.kr/features/digital-twin/

[기술가정 교육학 진로로드맵]

구분	고등1	고등2	고등3
자율 활동	학급 특색 활동으로 실시한 독서토론 활동을 통해 하브루타 교육의 중요성을 알게 됨.	멘토-멘티 활동에서 수학과 암기과목이 어려운 학생들을 대상으로 멘토 활동을 함, 생태 전환 교육포럼 활동에 참가함.	진로 탐색 활동에서 교사관이 '학생의 입장에서 이해하고 공감하는 교사'라고 발표함, '공감 상담소'를 만들어 청소년 상담을 진행함.
동아리 활동	수학, 과학, 기술가정 교과서를 분석하며 학습 목표와 형성평가를 재구성함.	수학교과와 기술 가정교과를 선택하여 수업안을 작성함.	'늘어가는 학교폭력 대책이 있을까?'라는 내용으로 탐구함, '처음 시작하는 비폭력 수업'을 읽고 외국의 사례 비교함.
진로 활동	교육관 발표활동을 진행함. 멘토-멘티 활동을 통해 진정한 교사의 역할을 알게 됨.	'자신이 쓴 미래' 활동에서 새로운 교과서 제작의 필요성을 인지하고, 기술가정 교과를 재구성함.	SNS를 활용하여 다양한 학생들 상담을 진행함, 전문인 초청 강연에서 '미래의 변화'라는 강연을 듣고 미래 로봇교사와 미래 교사의 역할을 탐구함.
특기 활동	교과 관심사 설명하기 활동에서 1:29:300의 법칙을 주제로 설명함.	'중국의 과학기술과 교육'을 참고하여 나라별 과학기술 교육에 대한 에세이를 작성함.	'교사를 위한 아들러 심리학', '교사의 인문학', '교사는 무엇으로 사는가?' 등 다양한 도서를 읽고 교사 역할을 알게 됨.

[창의적 체험활동]

구분		창의적 체험활동상황
1 학 년	자율 활동	학급 특색 활동으로 실시한 독서토론 활동에서 **'부모라면 유대인처럼 하브루타로 교육하라'**를 읽고 자신의 교육관을 발표함. 하브루타 교육을 받은 경험으로 질문의 중요성을 강조하고 토론을 할 때 상대방의 배려가 중요하다고 어필함. 현재 본인이 하고있는 멘토-멘티 활동이 하브루타 교육과 비슷하다고 생각하여 그 활동을 하기 전 수업 질문을 통해 학습을 진행하기 위한 수업안을 작성함.

2학년	자율활동	멘토-멘티 활동을 2년간 진행하면서 예비교사가 되기 위한 역량을 하나씩 준비했다고 소감문을 작성함. 수학과 암기과목을 어려워하는 친구 3명의 멘토가 되어 **수학의 개념과 고난도 문제 풀이 방법, 암기과목에서 마인드 맵을 활동하는 방법을 자세히 설명**해 줌. 특히 암기할 내용들을 같이 정리하고 서로 문답식으로 공부하면서 멘티의 성적이 향상되어 뿌듯함을 느꼈다고 함. 또한 **생태 전환 교육포럼 활동에 참가하여 미래세대를 위한 환경교육의 방향에 대해 강의**를 듣고 토론 활동에 참가함. 생태전환 교육의 현장 안착과 발전을 위한 심층 토론을 진행함.
	동아리활동	교사를 희망하는 학생으로 수업안 작성하기 시간에 중학생을 대상으로 한 수학교과와 기술가정교과를 선택하여 작성함. **수학교과에서는 학생들이 제일 어려워하는 파트를 중학생을 대상으로 설문하고 증명법을 선택**함. 피타고라스 정리를 다양한 방법으로 증명하고 프로그래밍을 활용하여 게임을 만들어 수업을 진행함. 수포자 방지를 위한 지자체의 수학 문화관을 건의하고 게임을 활용한 수학교육 구성이 필요하다고 어필함. 또한 **기술가정교과에서 학생들이 암기를 어려워한다는 것을 알고, 목차를 이용한 마인드맵 활동을 제안**하고 청소년기 발달 특징을 사례로 들어 설명함. 또한 내용과 연관 지어 '나의 호르몬 알아보기' 활동을 하면서 재미있게 구성함.
	진로활동	**'자신이 쓴 미래' 활동에서 새로운 교과서 제작의 필요성을 인지**하고, 기술가정 교과를 재구성함. 최근 사례들을 이용한 내용들이 많지만, 청소년의 이야기를 다룰 때 현재 청소년들의 문화가 추가되어야 하고, 정보통신교육에서는 미디어를 활용한 장단점이 활용되어야 한다고 목차를 다시 구성함. 또한 기술가정을 배움으로써 삶의 이점에 대한 소개도 필요하다고 함. 이후 **아이비교육과 관련된 강의**를 듣고, 우리나라 교육에 필요한 과정인지로 토론 활동을 진행함. 먼저 아이비교육에 대해 설명하여 학생들이 토론에 쉽게 참여하도록 도움.
3학년	자율활동	진로 탐색 활동에서 본인의 교사관을 '학생의 입장에서 이해하고 공감하는 교사'라고 발표함. 이에 **'교사와 부모를 위한 긍정 훈육'**이라는 도서를 읽고 완벽함보다는 사랑과 기쁨을 가르치는 것이 중요함을 알고 학생과 부모, 교사의 라포 형성의 필요성을 이야기함. 특히 '금쪽같은 내새끼' 프로그램에 나오는 사례들을 이야기하며 공감과 훈육의 차이를 정확하게 이해했으며, 공감과 훈육은 분리되어야 한다는 것을 알게 되었다고 함. 이를 바탕으로 **'공감 상담소'를 열고, 교육관련 학생들과 모여 청소년들의 상담을 진행**함. 코로나로 인해 많은 학생들이 참석하지는 않았지만, 입시 스트레스를 겪고 있는 학생들과 공감하며 상담을 진행함.
	동아리활동	**'늘어가는 학교폭력 대책이 있을까?'를 주제로 탐구를 진행**함. 학교폭력이 교실에 어떤 영향을 미치는지, 교사가 학교폭력에 어떻게 대처하고 있는지에 대한 자료를 정리함. 학교폭력을 예방하기 위해서는 교사나 학생들이 교내의 불평등과 괴롭힘을 인식하는 것이 중요하다는 의견과 소리함을 만들어 학생의 목소리를 들을 수 있어야 한다는 의견을 제시함.

3학년	동아리활동	시사 논술활동에서 많은 교육 관련 글을 작성하면서, 그 중에서도 학교폭력에 관심을 가지고 학교폭력 교육은 존재하지만 해결되지 않는 문제와 그 해결법을 자세히 서술함. **'처음 시작하는 비폭력 수업'**을 읽고 우리나라의 경우 다른 나라에 비해 학교폭력 피해 학생이 자살하는 경향이 높다는 것을 알게 되었고, 세계는 학교폭력에 어떻게 대처하는지 설명함. 이후 우리나라 학교폭력이 나아가야 할 점을 외국 사례를 참고하여 보완하여 설명함.
	진로활동	진로 또래 상담활동을 위해 관심 있는 모둠원을 구성하여 활동함. **SNS를 활용하여 교내의 학생들 외 다양한 학생들을 대상으로 줌으로 상담을 진행**함. 상담을 하면서 특성화고 학생들의 고민과 초·중학생들이 가지는 고민에 대해서도 알게 되었으며, 훗날 많은 학생들을 대할 때 도움이 될 것이라 생각했다고 함. 아직은 고민 해결보다는 들어주는 역할이지만 함께 고민하고 이야기를 하는 것만으로도 도움이 되는 사람이 있다는 것을 알았다고 함. **전문인 초청 강연에서 '미래의 변화'라는 주제로 강연을 듣고 미래 로봇교사와 미래 교사의 역할에 대해 글을 작성**함. 앞으로 다가올 로봇시대의 로봇교사는 학생들의 개인별 수업을 위한 데이터를 분석하고 인간 교사는 학생들이 자신의 의견을 제시할 수 있는 환경을 조성하여 새로운 학교를 만들어 나가야 한다는 의견을 어필함.

[교과 세특]

구분		세부내용 및 특기사항
1학년	기술가정	10분 교과 관심사 설명하기 활동에서 교과에서 배운 **1:29:300의 법칙을 주제로 설명**함. 산업재해는 갑자기 발생하는 것이 아니라 작은 사고의 징후들이 존재한다는 것을 어필함. 대형사고 발생까지 여러 단계의 사건이 도미노처럼 일어난다는 사례를 들며 주제를 설명함. 특히 우리나라에서 산업재해가 얼마나 일어나는지 적극적으로 조사한 모습이 인상적임.
2학년	영어 I	영어 에세이 활동에서 **'중국의 과학기술과 교육'을 참고하여 나라별 과학기술 교육에 대해 글쓰기 활동**을 함. 특히 디지털 교육의 중요성을 강조하면서 에듀테크 교육의 방향성에 대한 본인의 의견을 어필함. 어려운 영어 문장을 사용하기보다는 학우들이 이해할 수 있는 글을 써서 자신 있게 표현함.
	윤리와 사상	'생활 속 문제 해결 아이디어'에서 최근 증가하고 있는 음식물 쓰레기 문제의 심각성을 확인하고 관련 기사를 스크랩하여 정리함. **음식물 쓰레기를 퇴비로 만드는 미생물에 관한 이야기를 영상으로 만들어 재미있게 구성**함. 또한 학교 급식 시설의 음식물 쓰레기 문제를 해결하기 위해 남는 음식이 없게 하도록 급식실에 제안함. 음식이 부족할 경우, 대체할 수 있는 유통기간이 긴 간단한 음식 사용을 제안한 점이 인상적임.

2 학 년	프로그래밍	'알파고가 바둑같이 복잡한 게임을 어떻게 수행할 수 있는가'에 대한 의문을 가지고 컴퓨터가 연산자를 통해 산술식, 관계식, 논리식을 빠르게 처리함을 알게 됨. 이후 산술, 비교, 논리의 기능을 활용할 수 있도록 연습함. 또한 최근 문제가 되었던 **랜섬웨어에 대해 조사**함. 대비책으로 소프트웨어의 보안 취약점 패치만 즉시 적용해 줘도 랜섬웨어에 의한 피해는 방지할 수 있고, 중요한 파일은 주기적으로 별도의 저장소가 필요하다고 어필함. 랜섬웨어 대비책 보안기술로 주목받고 있는 양자암호 통신을 탐구함. 송신자와 수신자만 해독할 수 있고, 해킹 시도에 노출되면 신호 자체가 왜곡, 변질되어 원본 해석이 불가능한 특성을 갖춰 보안이 가능하다는 사실을 발표함.
3 학 년	영어 독해와 작문	지문 해석하기 활동에서 교육관련 **부적응 학생 지도에 대한 지문을 선택**하여 지문 속 다의어들의 쓰임을 정리하고 해석함. 의사소통 부재로 인한 부적응 사례를 보고 그 문제에 공감하며, 낙인을 찍지 않고 포기하지 않는 교사가 되겠다는 포부를 발표 마지막에 어필함. 이후 미래 교육에 대해 고민하면서 **'교실이 없는 시대가 온다'**라는 도서를 읽고, 인공지능 시대에 어떤 교사가 필요한지, 학습 조력자로서의 자신의 역할을 독후감으로 제출함.
	교육학	'나의 진로 로드맵 작성하기' 활동에서 멘토링 활동을 하면서 가르친다는 것의 흥미를 느껴 진로를 변경하여 교사의 직업을 선택했다고 설명함. 특히 자신처럼 진로가 변경되는 학생을 위해 자신의 경험이 도움이 될 것이라고 강조하며, 꿈을 응원하는 교사가 되고 싶다고 설명함. 이후 **'나는 미래에 어떤 교사가 될 것인가?'를 주제로 선택하여 미래 교사가 어떤 역할을 담당할지 생각하면서, 인공지능 교사와 협업하여 개인 맞춤형 수업이 진행될 수 있도록 하는 교사가 필요하다고 어필**함. 이때 교사가 학생 개개인의 잠재능력을 파악하고 진로를 의논하는 조력자, 고민을 해결해주는 상담사가 되어야 하는 이유를 현 교육의 문제점을 들어 설명하는 부분이 인상적임. **'교사를 위한 아들러 심리학'**, **'교사의 인문학'**, **'교사는 무엇으로 사는가?'** 등 다양한 도서를 읽고 교사 역할의 중요성을 알게 되었다고 함.
	생명과학 II	**'유전자 발현'에 대한 주제로 발표 수업을 준비**하면서 유전자 발현과 그 조절 과정에 대해 자세히 탐구하고, 학우들에게 쉽게 전달하기 위해 노력하는 모습을 보인 학생임. 유전자 발현 조절에 관한 내용으로 학우들이 쉽게 알고 있는 제2형 당뇨 마우스를 사례로 들어 호기심을 자극함. 제2형 당뇨 마우스에서 운동 강도에 따라 유전자 발현이 미치는 영향과 난소 절제 비만 쥐의 유산소 운동에 따른 유전자 발현 연구와 전망에 대해 설명함. 특히 운동 강도 차이로 인해 골격근 내 유전자 발현이 영향을 받는다는 내용과 유산소 운동으로 인한 만성 대사성 질환을 개선하는 역할을 발표하며 규칙적인 운동이 유전자 발현에도 영향을 준다는 사실을 이해하기 쉽게 마인드맵으로 정리함. 이후 **유산소 운동의 중요성을 이야기하며 교내에서 할 수 있는 운동 모임을 기획**함.

➔ 기술(가정)교육학계열 추천도서와 탐구 주제 찾기

[기술(가정)교육학 추천도서]

[기술(가정)교육학 탐구 주제 찾기]

과목	단원	탐구 주제
통합 사회	자연환경과 생활	자연에서 배우는 청색기술 사례 탐구
	환경문제 해결을 위한 다양한 노력	플라스틱으로 원유 생산 가능성 탐구
	자원과 지속가능한 발전	도시광산을 활용할 자원 탐구
통합 과학	우주의 시작과 원소의 생성	입자가속기로 할 수 있는 과학 실험 종류 탐구
	원소들의 화학결합과 물질의 생성	열가소성 수지 중 열에 강한 화합물 탐구
	신소재의 개발과 이용	탄소동소체로 개발 가능한 신소재 탐구
	역학적 시스템	롤러코스터를 활용한 역학적 에너지 보존 탐구
	생명시스템에서의 화학변화	태아 주차별 안정성 탐구
	화학반응과 산화환원반응	화학전지로 이해하는 산화 환원 반응
	에너지 전환과 효율적 이용	파워반도체의 종류에 따른 에너지 전환 탐구
	발전과 지구환경 및 에너지 문제	핵융합 발전과 핵분열 발전의 비교 탐구
수학	방정식과 부등식(복소수)	교류회로의 전파 및 푸리에 변환을 활용하여 실생활 문제 탐구
	함수(함수)	함수의 좌표를 이용한 위치 표현하는 방법 탐구
	집합과 명제(집합의 연산)	급식 식단의 영양소를 벤다이어그램으로 탐구

➔ 핵심 키워드로 알아보는 기술(가정)교육학

발명, 제조, 교사, 중등, 고교, 열기관, 유체, IoT, AI, 전자, 연료, 수송, 기계, 유압, 가공, 자동차, 진동, 통신, 연구관, 장학사, 글로벌, 일반교양, 통계, 실습, 최신, 평가

ⓐ DBpia에서 가장 많이 검색된 논문

㉠ 중학교 '기술·가정'과 '적정기술 문제해결 능력'을 위한 문제의 구조화 수준에 따른 협동적 문제기반 학습의 설계, 대한공업교육학회

㉡ 수정 델파이 기법을 이용한 2015개정 실과(기술·가정) 교육과정의 개선 방향 탐색, 대한공업교육학회

㉢ 학교 소비자교육의 내용분석 : 기술·가정 교과서의 '청소년의 소비생활' 단원을 중심으로, 한국생활과학회

㉣ 기업가 정신 고취를 통한 기술창업 활성화 방안, 과학기술정책연구원

㉤ 증강현실을 이용한 복원영상의 박물관 교육분야 활용방안, 한국콘텐츠학회

ⓑ 시사를 활용한 탐구활동

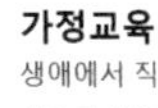

가정교육
생애에서 직면하게 될 실생활의 문제를 중심으로 살아가는데 필요한 실천적 지식,태도 및 능력을 길러주기 위한 일반교육

기술교육
현대 문명 사회를 살아가는데 필요한 기술적 지식,태도 및 능력을 길러주기 위한 일반교육

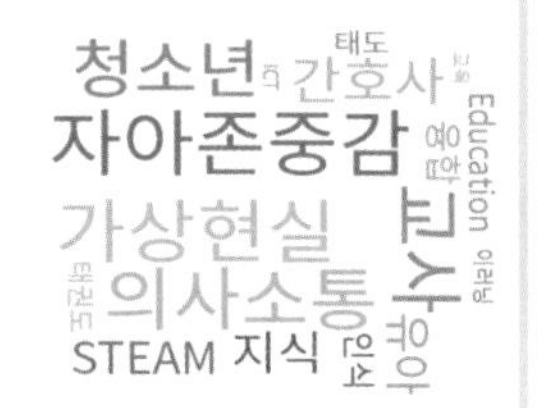

환경교육
생태계에 대한 종합적 지식을 습득하고 올바른 가치관을 정립하여 환경 교육인으로서의 자질을 배양하고, 환경오염에 관한 자연과학적 지식을 습득하여 환경오염의 예방과 처방에 기여

출처 : 사이언스on(KISTI)

논문

- 중학생 대상 지구환경을 위한 지속가능한 식생활교육 프로그램 (2022)
- 고등학교 기술가정과 선택과목 운영 실태 및 요구 (2020)
- 학습자들의 능동적 참여를 위한 중학교 가정과 의생활 영역 수업 모듈연구(2020)

특허

- 드론 시뮬레이터(2021)
- 디지털 트윈기술을 이용한 스마트양식장 교육 시스템 및 방법(2022)
- 3차원 입체 콘텐츠 기반 실감형 인터랙티브 기술교육서비스 제공시스템 ...(2008)

보고서

On/Off-line연동 교육플랫폼의 AR기반 UI/UX체계 실증 연구(2022)

개인적·사회적 웰빙을 위한 수준별 Eco-friendly 환경교육 프로그램 개발(2011)

사용자 중심의 교육시설 디지털 트윈 구축을 위한 정보 통합 프로세스 개발(2022)

동향

Co-creation, 메타버스 플랫폼 활성화를 위한 전략 (2021)

메타버스, 노는 공간 넘어 미래 제시해야 (2021)

스마트 공장 혁신에서 중요한 것은 '인재' 다 (2020)

출처 : 사이언스on(KISTI)

기술(가정)교육학에서 수강하는 대표 과목

[기술·가정교육학과 대학에서 이수하는 교과]

구분	교과
교양필수	에너지기술, 열유체역학, 제도와설계, 토목기술, 컴퓨터기술, 컴퓨터실습, 공업역학, 기술교육의 이해
전공필수 및 전공선택	기술교육론, 기술교과 수업방법 및 평가, 기술 논술, 기술교과 교육과정 및 시설, 기술교재 및 연구, 기계기술, 전기기술, 건축기술, 정보통신기술, 재배사육기술, 자동차기술, 기술과 발명, 전기실습, 토목실습, 전자통신기술, 건축실습, 정보통신응용, 열기관, 열기관실습, 전자실습, 제조실습, 피지컬 컴퓨터팅의 이해 등

[기술·가정교육학과 진학에 도움이 되는 교과]

교과영역	교과(군)	공통과목	선택 과목	
			일반선택	진로선택
기초	국어	국어	화법과 작문, 독서, 문학, 언어와 매체	심화국어, 고전읽기
	수학	수학	수학Ⅰ, 수학Ⅱ, 확률과 통계	미적분, 수학과제 탐구
	영어	영어	영어회화, 영어Ⅰ, 영어Ⅱ, 영어 독해와 작문	진로영어
	한국사	한국사		

탐구	사회	통합사회	사회문화, 생활과 윤리, 윤리와 사상, 동아시아사	사회문제탐구, 사회과제연구
	과학	통합과학 과학탐구 실험	물리학Ⅰ, 화학Ⅰ, 생명과학Ⅰ, 지구과학Ⅰ	물리학Ⅱ, 화학Ⅱ, 생명과학Ⅱ, 지구과학Ⅱ, 과학과제연구, 융합과학탐구
생활 교양	기술·가정		기술·가정, 정보	정보과학, 창의경영, 인공지능 기초
	교양		교육학, 논리학, 심리학, 환경, 실용경제, 논술, 철학, 진로와 직업	

※ 별색 : 핵심 권장 과목, 밑줄 : 배우면 좋을 과목

환경교육학 진로 로드맵

환경교육학 합격자 선배들의 진로 로드맵과 세특

기후위기와 더불어 인구의 도시 집중과 도시화로 인한 개발은 자연 서식처 파괴, 생물다양성 감소와 생태계 파괴 등을 가져오고 대기오염의 증가, 열섬현상, 도시민의 건강 문제 등에도 악영향을 주게 된다. 이는 도시 거주민의 건강과 삶의 질에 밀접한 영향을 주며, 도시의 사회·경제적 발전에도 부정적인 영향을 끼치게 된다. 이에 따라 전 세계적으로 도시의 생물다양성 증진을 위한 복원과 관련된 정책들을 다양하게 시행하고 있다.

도시 생물다양성(Urban biodiversity)은 도시에 있는 생물의 다양성과 풍요로움을 의미한다. 생태계 유형 및 범위(예: 호수, 초지, 습지 및 숲)와 그 안에 있는 동식물종의 유형 및 풍부도 측면에서 가장 일반적이고 간단하게 측정된다.

도시생태계를 이해하려면 인간의 활동과 자연과의 상호관계를 고려해야 한다. 특히, 인간의 활동으로 인한 소음, 미세먼지, 매연, 쓰레기, 오수와 같은 오염물질 배출과 콘크리트 건물 및 아스팔트 포장으로 인해 발생하는 열섬과 같은

국지적인 미기후는 생물의 서식환경에 악영향을 미치게 된다.

자연생태계	도시생태계
생물요소+미생물요소	광범위한 인위적 교란으로 인공요소가 지배적
독립영양계	종속영양계
자기조절 및 유지	자기조절능력 상실, 자연(생물군집, 환경) 변형
균형 잡힌 물질순환과 에너지 흐름	외부에서 지속적인 에너지 및 물질 공급 소비 위주 에너지와 물질 소모
먹이연쇄 복잡	먹이연쇄 단순

출처 : 자연생태계와 도시생태계의 비교(환경부)

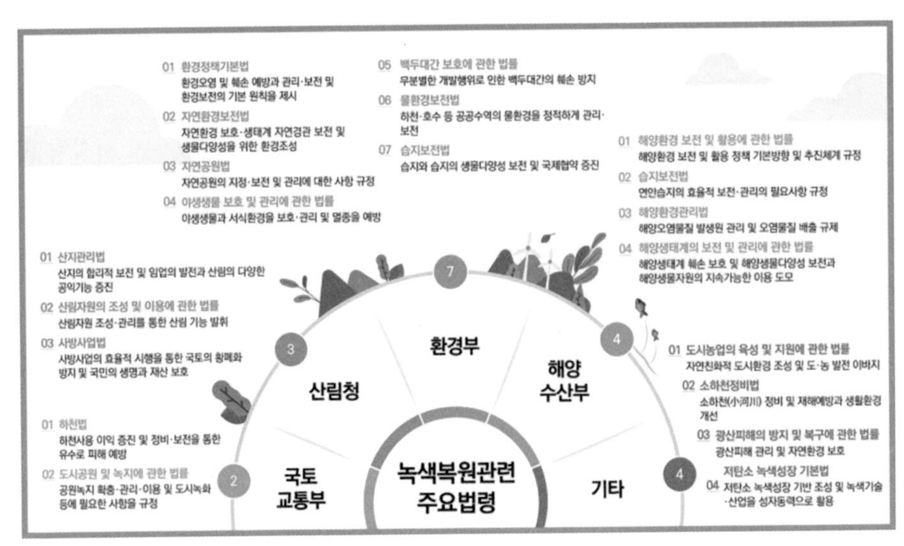

출처 : 녹색복원과 밀접한 주요 법령(환경부)

도시공간 내에서도 녹지공간은 다양한 경관과 휴식공간을 제공하고, 도시 열섬현상 저감, 습도 조절, 대기질 개선, 탄소흡수, 홍수 및 가뭄 예방, 신체적 활동 증가 및 정신 건강 개선 등의 효용성 및 공익성이 높다. 따라서 국내에서도 생물

다양성협약의 전략인 보호지역 면적 확대와 관련하여 도시공원과 같은 도시숲 조성과 훼손지 복원을 통한 녹지공간 조성 및 하천, 습지 등 다양한 보호지역을 확보해야 한다. 그러기 위해서는 다양한 법령이 수립되어야 한다.

전 세계가 코로나-19 팬데믹을 겪으며 사회적 거리두기, 재택근무 등으로 인해 실내에 머무르는 시간이 늘어나면서, 자연스럽게 실내공기질 관리의 중요성을 깨닫게 되었다. 실내공기오염은 전 세계적으로 가장 큰 환경보건 위해 요소이며 전 세계 사망자 중 7.7%(약 230~38만명)가 실내공기오염과 연관이 있다. 구체적으로 실내공기오염은 뇌졸중, 허혈성 심장병, 만성 폐쇄성 폐질환(COPD) 및 폐암 등을 일으킬 수 있다.

출처 : 실내 공기질 관리 종합정보망

코로나-19 팬데믹 이후 환경보건 분야별 중요도 변화 면에서 다중이용시설의 실내공기질(85.7%)의 중요도가 가장 크게 증가했다고 나타났다. 뒤이어 기후변화(68.6%), 대기오염(65.7%)으로 조사되었다. 우리 주변에서 어떻게 변화되고 있는지 조사하여 탐구주제를 선정하여 탐구해볼 수 있다.

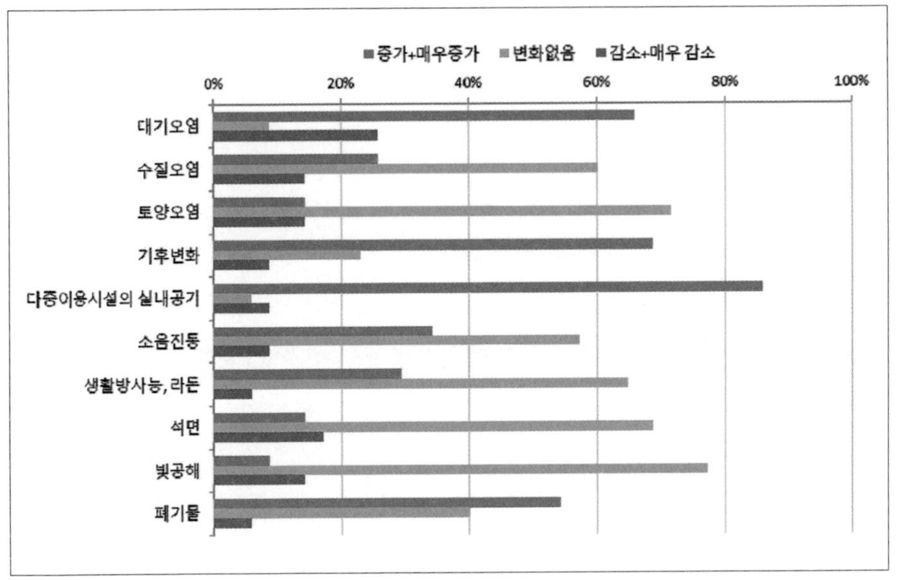

출처 : 실내공기질 관리 쟁점 및 개선방향(한국환경연구원)

코로나-19 팬데믹 이후 미세먼지 관리 분야 중에서도 실내공기질 관리 강화(74.3%)의 중요성이 가장 크게 증가했다. 실내공기질 관리 분야에서는 어린이집, 학교 등 민감계층 이용시설 관리(88.6%), 환기설비 이용 실효성 제고(82.9%), 지하역사 공기질 개선사업 추진(74.3%) 순으로 중요도가 증가했다.

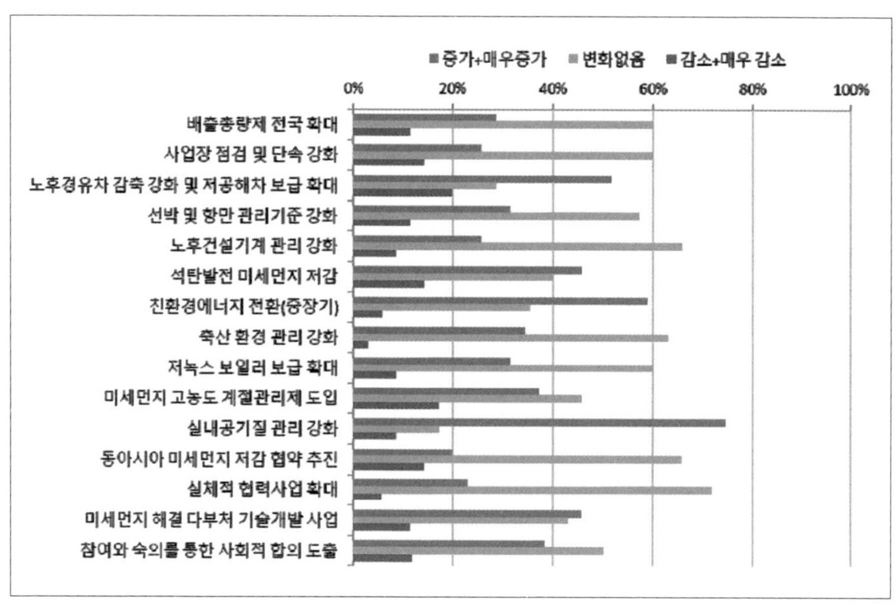

출처 : 실내공기질 관리 쟁점 및 개선방향(한국환경연구원)

국내 음식물쓰레기 분리배출 및 자원화 정책은 국가 주도하에 신속히 진행된 정책으로 시민들의 적극적인 참여를 통해 가능했으며 세계적으로도 선도적인 정책으로 인정받고 있다. 가정 내에서 불법 개조된 음식물 분쇄기를 이용함에 따라 수질오염 우려 등의 문제가 제기되면서 2021년 5월에 분쇄기 사용을 금지하는 법안이 발의되었고, 이후 가정에서의 불법 사용을 단속할 수 있도록 관리를 강화하고 건물 단위의 공동 고형물 회수시스템을 허용하는 내용이 담긴 법안이 2021년 11월 발의되었다.

이후 분리 배출된 음식물쓰레기의 재활용률은 97% 수준이며, 재활용 방식은 사료화 및 퇴비화가 주를 이루고 있다. 음식물쓰레기 자원화 방식별 비중은 사료화 51%(건식사료화 36%, 습식사료화 14%, 가축먹이 1%), 퇴비화 26%, 바이오가스화가 14% 순으로 나타났다.(2021년 12월 31일 기준)

[환경교육학 진로로드맵]

구분	고등1	고등2	고등3
자율 활동	수학 학습 멘토링 참여, 학급 꾸미기 활동에서 환경공학자가 되기를 희망하는 특기를 발휘하여 각종 전시물과 게시판을 좋은 구도로 배치	수학 학습 멘토링 활동 중 멘토로 활동하면서 학생들의 부족한 세부적인 내용까지 피드백을 제공하고 앞으로 어떤 내용을 공부해야 할지 알려주는 '학업로드맵'을 제공하여 성적 향상에 기여함.	급식실을 오가며 악취로 고통받는 친구들을 보면서 정화설비의 노후와 급식 잔반량 증가 현상을 분석하고, 잔반량 줄이기 캠페인을 진행함.
동아리 활동	시에르핀스키 삼각형 만들기 활동을 통해 프랙탈을 알게 된 후, 구름, 해안선, 인공지능, 우주분야 등 다양한 분야에 활용됨을 알게 됨.	미적분의 연계학습으로 진행한 공업수학체험 프로젝트에 참여함, '환경을 지켜준 과학기술'을 주제로 전기를 사용하지 않은 정수기, 플라스틱으로 원유를 얻는 기술 등을 소개하여 과학기술 개발의 중요성을 강조함.	포장재 폐기물 증가에 따른 환경문제 해결을 위한 효율적인 포장방안 탐구를 주제로 탐구 활동을 진행함, 찾아가는 자원순환 교실을 통해 환경을 생각하는 소비에 대해 교육을 받고 쓰레기 문제의 심각성을 알리는 환경 신문을 제작함.
진로 활동	건축과 환경의 상호관계에 대해 탐구함, 전공 탐색 활동으로 내 고장의 건축물을 조사하면서 목조건물이 친환경적이면서 역사적, 미적 가치를 지니고 있음을 알게 되었다고 함.	진로 탐색 도서활동 중 '업사이클 환경놀이'와 '기후변화와 환경의 미래'를 읽고 궁금증을 심층적으로 해결하는 모습을 보여줌.	동아리 활동 중 수질오염측정 실험과 토양 성분분석 실험 이후 오차를 분석함. 인공지능과 아두이노를 접목하여 1시간 단위로 측정할 수 있도록 코딩하는 등 컴퓨팅 사고력을 보여줌.
특기 활동	빅데이터 통계 소프트웨어 프로그램에 참여하여 데이터 분석능력을 높여나감. 이후 생태복원을 통한 지구환경 개선 사례를 분석하고 생태복원의 중요성을 발표함.		수업량 유연화 주간에 실시한 1.5도 낮추기 프로젝트에 참여하여 탄소배출 감소를 위한 실천방안을 탐구함.

[창의적 체험활동]

구분		창의적 체험활동상황
1학년	자율활동	학급 꾸미기 활동에서 환경공학자가 되기를 희망하고 학급 환경부장을 맡아 각종 전시물과 게시판을 좋은 구도로 배치하는 활동에 적극적으로 참여함. 특히, 친환경적인 재료를 활용하여 환경오염을 유발하지 않으려고 재료 선정에서부터 구도까지 책임감 있게 임무를 수행하는 모습을 보여줌.
	진로활동	전공 탐색 활동으로 내 고장의 건축물을 조사하면서 목조건물이 가장 친환경적임을 알게 되었다고 함. 또한 재활용률이 높은 철골 구조물의 필요성을 언급함. 특히, 목재는 100년 이상 사용할 수 있으며 친환경적이고, 역사적 가치도 있으며, 미적 가치까지 지니고 있어 한옥호텔 및 게스트하우스가 크게 인기를 얻었던 사례를 들어 그 가치를 전달하였음.
2학년	동아리활동	과학기술의 양면성에 대해 토론을 하면서 과학기술의 발전으로 환경을 지킬 수 있는 사례를 확인하고, **'환경을 지켜준 과학기술'**을 주제로 탐구활동을 진행함. 전기를 사용하지 않은 정수기, 플라스틱으로 원유를 얻는 기술 등을 소개하여 과학기술 개발의 중요성을 강조함
	진로활동	진로탐색 도서활동으로 **'업사이클 환경놀이'**를 읽고, 버려지는 제품에 가치를 더해 새로운 제품으로 재탄생하는 업사이클의 중요성과 새로운 산업이 될 것임을 알게 됨. 리사이클과 업사이클로 환경을 보호할 수 있다는 것을 알고 **'기후변화와 환경의 미래'**라는 책을 추가로 읽고 궁금증을 심층적으로 해결하는 모습을 보여줌.
3학년	자율활동	급식실을 오가며 악취로 고통받는 친구들을 보면서 정화설비의 노후와 급식 잔반량 증가로 악취가 심각해졌다고 분석함. 행정실에 방문하여 배수시설과 정화조 설비 문제점을 해결할 수 있는 방안에 대해 논의를 실시하고 공사비가 나올 때까지 시간이 걸린다는 것을 확인함. 학급회의를 통해 악취를 줄일 수 있는 방법으로 잔반을 줄이면 이 문제를 어느 정도 해소할 수 있을 것이라는 의견을 수렴하고, **잔반량 줄이기 캠페인을 진행**하고 포스터를 게시하여 학생들의 행동 개선을 장려하는 열정적인 학생임.
	동아리활동	포장재 폐기물 증가에 따른 환경문제 해결을 위한 효율적인 포장방안 탐구를 주제로 탐구활동을 진행함. 현재 판매되고 있는 제품 포장의 문제점을 분석하고 과대포장 문제의 해결책을 찾아보면서, 폐지를 충격 완화재로 활용할 때의 효능성을 탐구하면서 생각보다 많은 양이 활용되고 있다는 것을 알게 됨. 새로운 형태의 포장 재료를 탐구하는 모습을 보여줌. 찾아가는 자원 순환교실을 통해 쓰레기 문제의 심각성과 환경을 생각하는 소비에 대해 교육을 받고 환경 신문을 제작함. 생활 속 자원순환 실천 4R을 소개하며, 과학기술의 발전으로 독가스를 제거하고 그 열로 에너지 효율을 2배로 극대화한 사례를 소개함.
	진로활동	동아리 활동으로 수질오염 측정실험과 토양 성분분석 실험 이후 실험결과의 오차를 분석하면서 인공지능과 아두이노를 접목하여 지속적인 결과를 얻으면 좋을 것 같다는 아이디어를 얻게 됨. 이후 알고리즘을 설계하면서 1시간 단위로 측정할 수 있도록 코딩을 하는 등 컴퓨팅 사고력을 보여줌.

[교과 세특]

구분		세부내용 및 특기사항
1학년	국어	설득하는 글쓰기 활동에서 **'GMO식품의 위험성'**을 주제로 자신의 주장을 논리적으로 펼친 설득력있는 글을 작성하여 GMO식품이 포함되었는지 확인할 것을 알려줌. 진로독서 발표활동으로 **'10대와 통하는 환경과 생태이야기'**를 읽고, 환경문제의 심각성을 재인식하고 청소년이 실천할 수 있는 방법을 찾아 포스터를 만들어 게시판에 공지하고 캠페인까지 진행하는 등 지식을 습득하는 것에 그치지 않고 변화에 앞장서는 모습을 보임.
	통합사회	소비자의 역할을 학습한 후 관련 기사를 검색하며 **그린 컨슈머의 중요성**을 알게 되고, 소비자가 실천할 때 환경을 보호할 수 있다는 것을 알게 되었다고 발표함. 친환경 주택, 그린카, 친환경 농산물, 고효율 가전제품 선택 등 우리 주변에서 실천할 수 있는 사례까지 소개하여 모든 학생이 그린 컨슈머가 되도록 기여함.
2학년	언어와 매체	매체의 수용 활동으로 **'온실가스 배출 없는 수소에너지'** 광고를 시청하고 광고의 예술성, 사회적 영향력, 홍보 효과를 중심으로 분석하고 광고의 주체적 자세에 대해 팀별 학습지를 작성하고 발표함. 매체의 생산활동으로 '의약품의 안전한 폐기 수질개선' 광고를 제작함. 특히, 환경에 대한 경각심을 일깨우고자 '당신은 살인자'를 카피하여 의약품의 올바른 폐기의 중요성을 알려줌.
	문학	한 학기 한 권 읽기 활동으로 '위베르씨 내일의 지구를 말해주세요' 책을 선정하여 **'갯벌 생태계의 경제적 가치'**를 주제로 갯벌을 보호해야 하는 이유를 한국의 갯벌이 유네스코 세계유산에 등재되었다는 사실을 근거로 소개함. 환경생태공학에 관심을 가지고 인간과 공존할 수 있는 지속 가능한 개발의 중요성을 깨닫고, 이런 연구원이 되고 싶다는 포부를 밝힘.
	화학 I	화학결합을 학습한 후, 공유결합 물질과 이온결합 물질에 따라 계면활성제의 특징이 다르다는 것을 알게 됨. 또한 계면활성제의 위험성을 깨닫고, 계면활성제 사용으로 인한 수중 생태계 파괴 영상을 보여주면서 계면활성제를 적게 사용하고 천연 계면활성제를 사용할 것을 주장함.
3학년	화학 II	새집증후군 심각성 기사를 확인한 후, 새집증후군을 유발하는 물질을 파악하고 그 원인물질을 제거할 때 공기청정기보다 베이크아웃으로 제거하는 것이 더 중요하다는 것을 파악함. 나노 소재가 인간과 환경에 미치는 영향을 탐구하면서 **'환경 독성학'**을 접하고 폼알데하이드가 건축, 페인트, 접착제 등 폭넓게 활용되어 새집증후군 및 호흡기 질환을 유발하게 됨을 알게 됨. 또한 그 위험성이 심각하다는 것을 엿볼 수 있는 사례로 ppm농도를 소개함. 광촉매인 TiO2를 활용한 형광등, LED등을 통해 새집증후군 물질을 제거할 수 있음을 알게 됨. 이후 광촉매 페인트로 미세먼지를 흡착시켜 미세먼지 저감 원리를 조사하여 발표하는 모습을 보임.
	정보과학	지능형 전력망인 스마트그리드로 에너지 낭비를 줄이고 전력 생산량을 줄일 수 있는 이점이 있음을 소개함. 폐 전기자동차 배터리를 ESS로 재활용하여 가정용 에너지 저장장치로 활용한다면 에너지 수입량을 줄일 수 있다는 점을 알려줌.

3학년	개인별 세특	수업량 유연화 주간으로 실시한 **1.5도 낮추기 프로젝트**에 참여하여 탄소배출 감소를 위한 실천방안에 대해 탐구함. 대중교통을 활용하기보다 매일 휴지통 비우기, 스마트폰 메모리 정리하기를 통해 에너지 낭비를 줄이고, 이로 인해 데이터센터 에너지 효율을 높일 수 있다는 것을 파악함. 이후 210명을 대상으로 캠페인 활동을 통해 학생들의 메일과 스마트폰 메모리 정리 활동을 진행하여 에너지 절약과 탄소배출 감소에 기여함.

환경교육학계열 추천도서와 탐구 주제 찾기

[환경교육학 추천도서]

[환경교육학 탐구 주제 찾기]

과목	단원	탐구 주제
통합 사회	통합적 관점의 이해	ESG경영을 실행한 우리 기업 조사
	환경문제해결을 위한 다양한 노력	PET병을 재활용한 원사 활용 사례 탐구
	산업화와 도시화	도시화로 인한 환경문제 탐구
	자원과 지속가능한 발전	도시 광산으로 인한 환경 개선 효과 탐구
과학	지질시대의 환경과 생물	지구 대멸종 원인 탐구
	생물다양성과 보전	지역사회 생물 다양성을 확보하기 위한 탐구
	생태계 구성요소와 환경	생태하천 복원 우수사례 탐구
	생태계 평형	도시 숲 조성 및 복원이 생태계에 미치는 영향 탐구
	지구환경변화와 인간생활	새집증후군으로 인한 인체에 미치는 영향 탐구 탄소저감기술이 생태계에 미치는 영향 탐구
	발전과 지구환경 및 에너지 문제	친환경발전으로 인한 이산화탄소 저감 효과 탐구
수학	방정식과 부등식(복소수)	미생물의 세포구조를 볼 수 있는 전자 현미경 탐구
	경우의 수(경우의 수와 순열)	환경 탐사선의 항해 중 사용하는 신호 깃발 경우의 수 탐구
	함수(여러가지 함수)	온도와 바람의 세기를 활용한 오염물질의 이동속도 탐구

핵심 키워드로 알아보는 환경교육학

환경, 교사, 오염, 문제, 교육학, 화학, 수질, 해양, 생태학, 폐기물, 교육자, 미생물학, 정책, 직업, 사명감, 중등

ⓐ DBpia에서 가장 많이 검색된 논문

㉠ 따뜻하고 지속가능한 사회를 위한 적정기술, 경기연구원

㉡ 대체식품 현황과 대응과제, 한국농촌경제연구원

㉢ 기후변화와 침입외래종의 생태계기반관리 전략, 한국환경정책학회

㉣ 우리나라 초·중등학교에서의 지속가능발전교육 교사 인식과 실천 사례, 한국환경교육학회

㉤ 한국에서 재생에너지 확대를 위한 정책적 과제, 강원대 비교법학연구소

ⓑ 시사를 활용한 탐구활동

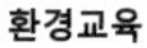

환경교육

지구환경문제의 궁극적인 해결방법은 현세대와 차세대의 모든 세계인이 지구환경에 대한 올바른 가치관을 가지고 실천할 때 가능하며, 이를 담당할 수 있는 환경교사 양성

지속가능한발전

미래 세대가 그들의 필요를 충족할 수 있는 능력을 저해하지 않으면서 현재 세대의 필요를 충족하는 발전

재활용

쓰다 버린 물건을 원료나 재료로 하여 원래의 용도 또는 그것에 가까운 용도의 제품으로 다시 만들어 쓰는 것

출처 : 사이언스on(KISTI)

논문

중학생 대상 지구환경을 위한 지속가능한 식생활교육 프로그램(2022)

생태시민성 기반 환경교육 교재 개발(2022)

지리교육에서 지속가능한 사회를 위한 적극적 시민성 함양의 환경교육 연구(2022)

특허

버섯 균사체 및 맥주 홉 찌꺼기를 이용한 생분해성 친환경 포장재의 제조방법...(2022)

가상 소화기 장치, 그리고 이를 이용한 입체 3D시뮬레이션 가상 소화기...(2014)

친환경 소재로 제조된 의류(2022)

보고서

도시 생태계 서비스 통합 유지.관리 기술 개발(2022)

한국의 친환경 효율성 분석과 동북아 친환경 협력 메커니즘 개발(2022)

생물다양성 핫스팟 지역 생물자원 발굴.분류(2022)

 동향	UNEP 세기말까지 최대 2.6도 상승…기후변화 급진적 대응해야(2022)
	기후 변화, 식습관을 바꿔야 할까(2020)
	'생물다양성' 보전하고 '생물주권'도 지킨다(2021)

출처 : 사이언스on(KISTI)

환경교육학에서 수강하는 대표 과목

[환경교육학과 대학에서 이수하는 교과]

교양필수	환경철학, 환경학개론, 기초환경화학 및 실험, 환경생물학
전공필수 및 전공선택	수질환경학, 환경교과교육론, 환경생태학, 환경교과교재 및 연구법, 환경교과 논리 및 논술, 토양환경학, 대기환경학, 환경화학, 환경사회학, 지속가능발전교육론, 환경지리학, 환경보건학, 공업과 환경, 자연보호와 복원, 환경기본통계, 소음진동학, 자원과 폐기물관리학, 환경분석, 환경정책과 법, 환경독성학, 사회환경교육 현장실습 등

[환경교육학과 진학에 도움이 되는 교과]

교과영역	교과(군)	공통과목	선택 과목	
			일반선택	진로선택
기초	국어	국어	화법과 작문, 독서, 문학, 언어와 매체	심화국어, 고전읽기
	수학	수학	수학 I, 수학 II, 확률과 통계	실용수학, 미적분, 기하, 수학과제 탐구
	영어	영어	영어회화, 영어 I, 영어 II, 영어 독해와 작문	진로영어
	한국사	한국사		

탐구	사회	통합사회	사회문화, 생활과 윤리, 윤리와 사상, 동아시아사	사회문제탐구, 사회과제연구
	과학	통합과학 과학탐구 실험	화학 I, 생명과학 I, 지구과학 I	화학 II, 생명과학 II, 지구과학 II, 과학과제탐구, 융합과학탐구
생활 교양	기술·가정		기술·가정, 정보	정보과학, 창의경영, 인공지능 기초
	교양		교육학, 논리학, 심리학, 환경, 실용경제, 논술, 철학, 진로와 직업	

※ 별색 : 핵심 권장 과목, 밑줄 : 배우면 좋을 과목

PART
4

교육 시사 분석을 통한 면접 대비

인공지능 교사

AI 교사는 인공지능 기술을 바탕으로 교사의 역할 중 일부를 담당하는 교수 매체로 정의되고 있다. 인간 교사의 경우 학습자와 감정적인 상호작용, 교육활동에 대한 가치판단, 인공지능이 수행하는 학습에 대한 설계 및 운영, 관계를 바탕으로 한 상담에서 그 역량을 최적으로 발휘할 수 있다. 반면 인공지능 교사의 경우 알고리즘화 할 수 있고, 데이터 축적이 비교적 용이한 기계적인 학습, 개별화 학습, 정형화된 논의, 학습의 다양화, 정형화된 평가를 최적으로 수행할 수 있다.

뉴질랜드에서는 인공지능 수학교사 '에이미'가 고등학교 10곳에서 수학을 가르치고 있다. 에이미는 세계 최초의 대화형 수학 인공지능 개인 교사로 활용되고 있다. 이 인공지능 교사는 학생들의 수학 학습 과정에서의 부족한 수학적 지식과 학생이 알아야 하는 것을 가르쳐주고, 학생의 문제풀이 과정의 오류에 대한 개인별 맞춤 피드백을 제공한다. 또한 교사들에게는 인공지능 교사와 학습한 학생들의 개별 평가에 대한 즉각적인 채점 결과와 학습 과정을 보여주어 학생의 집중도를 높여주며, 맞춤형 학습이 가능토록 도와준다.

일본에서는 인공지능 로봇 '뮤지오'가 학생들의 영어 발음 교정과 회화 학습을 돕고 있다. 뮤지오는 미국의 드라마나 영어교재를 통해 회화를 학습한 인공지능이 학습자와 예문을 통한 회화 연습뿐만 아니라 학습자와의 소통 과정을 학습함으로써 자유로운 대화가 가능하도록 도와준다.

구분	튜터형 AI 교사	또래 멘토형 AI 교사	비서형 AI 교사
수준 진단	있음	있음	있음
AI 교사에 의한 학습과정 사전 설계 여부	- 시나리오 있음. - 학습과정, 도달점이 사전에 설계	- 시나리오 있음 - 학습과정, 도달점이 사전에 설계	- 시나리오 없음 - 학습과정이 사전에 설계되어 있지 않음
학생 질문 가능	할 수 없음	할 수 있음	할 수 있음
학생의 질문에 대한 AI 교사의 반응	학생 질문이 없어 반응 불필요	해답제시 즉각적인 피드백	문제해결을 위한 지원
평가(피드백 포함)	평가	평가	평가하지 않음
도우미 활용	없음	있음	있음
과정 중에 인간 교사와의 상호작용	전제 시 되지 않음	전제 시 되지 않음	전제 시 되지 않음
다른 학생들과의 상호작용	전제 시 되지 않음	전제 시 되지 않음	학생 요구에 따라 발생 가능성 있음
프로그램 결과 사용	모두 가능	모두 가능	모두 가능

출처 : AI 수학교사의 3가지 유형 특성 비교(YNMS, 2019)

튜터형 인공지능 교사와 또래 멘토형 인공지능 교사는 인공지능 활용 학습의 일반적인 장점인 일대일 맞춤형 개별학습과 반복 학습이 가능하다. 튜터형 인공지능 교사는 인간 교사가 의도하는 방식으로 학습이 가능하다. 하지만 제시되는 동영상 강의 내용의 범위 밖의 학습자의 질문에 대해서는 다루기 어렵다는 한계가 있다.

또래 멘토형 인공지능 교사는 튜터형 인공지능 교사에 비해 다양한 질문과 그에 따른 즉각적인 피드백이 가능하나, 제시되는 문제가 제한적이고 사전에 계획된 프로그램에서만 가능하다는 한계점이 있다. 그러나 학습자가 질문과 답변을 하는 과정에서 다양한 사고가 가능하고, 학습자의 요구를 반영할 수 있으며, 시행착오를 경험하는 과정에서 자기 학습 성찰을 경험할 수 있는 장점이 있다. 또한 인공지능 교사가 또래 멘토의 역할을 함으로써 실제 친구 사이에서 발생할 수 있는 갈등 및 부작용을 방지할 수 있는 이점이 있다.

비서형 인공지능 교사는 학습자에게 답을 직접적으로 바로 제공하기보다는 관련 있는 자료 검색을 대신해 주는 역할을 한다. 이 유형은 완전한 학습자기주도형으로 학습자가 자기주도적으로 문제를 해결할 수 있게 하고 프로그램화하기 어려운 비정형 문제를 해결하기에도 적합하다. 그러나 학습자의 능력에 따라 학습주제 내용에서 완전히 벗어나는 경우가 있을 수 있고 학습의 과정과 결과에서 학생별 편차가 생길 수 있는 제한점이 있다.

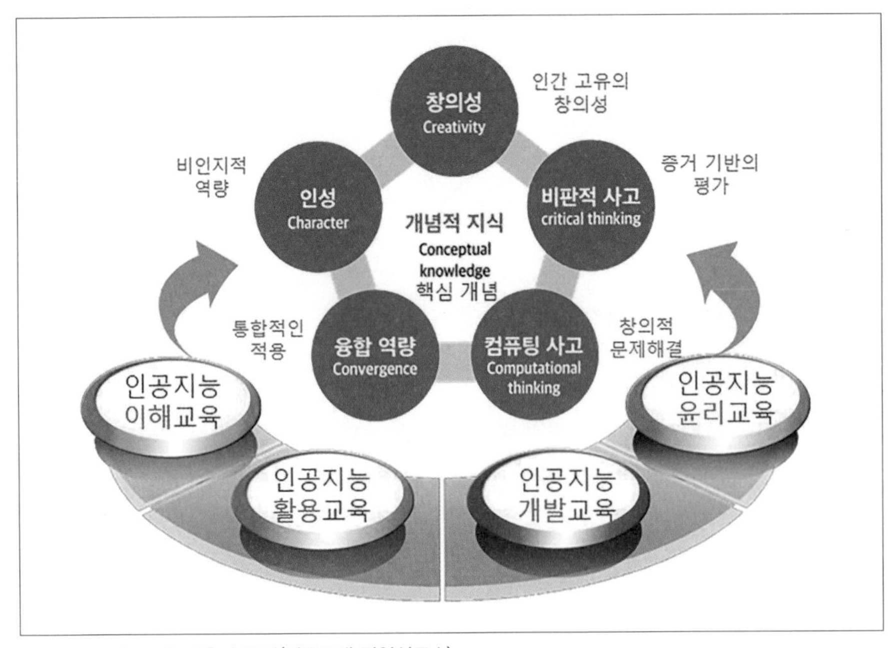

출처 : 인공지능 교육 내용과 목적(전주교대 정영식교수)

디지털 교과서

서책형 교과서에 비해 디지털 교과서의 가장 큰 차이와 장점은 학생과 교재 간 상호 작용성에 있다. 즉, 디지털 교과서는 원하는 콘텐츠를 쉽게 찾고, 상호작용이 제대로 구현되는 효과가 있다. 멀티미디어의 효과적 활용은 매체 풍요도를 높임으로써 학습자들과 디지털 교과서와의 상호작용성을 높여주면서 사용자 경험(User Experience)도 같이 발전하게 되었다.

뉴미디어의 등장과 함께 상호작용성(interactivity)이 각광받기 시작했다. 상호작용성은 크게 세 가지로 구분할 수 있다. 첫째, 프레임워크는 상호작용성을 과정 관련(process-related) 변인으로 정의하는 접근이다. 이는 둘 또는 그 이상의 참여자가 서로 정보를 전달하는 방식에 초점을 맞추어 상호작용성을 뉴 미디어 고유의 특징이 아니라 모든 미디어가 가지고 있는 일반적 속성으로 본다. 둘째는 상호작용성을 고정된 미디어 속성으로 정의하는 접근이며, 상호작용을 가능케 하는 기술적 특징에 초점이 맞춰져 있다. 그러나 상호작용성의 높은 기술이 반드시 효율적인 결과를 가져오는 것은 아니라는 연구 결과도 제시되었다. 이에 따라 사용자의 경험을 통한 주관적인 인식에 역점을 둔 인지된 상호작용성이 더 큰 관심을 받게 되었다. 마지막으로, 상호작용성을 인지 관련(perception related) 변인으로 정의하는 접근은 사용자의 경험과 자기보고(self-report) 방법 등을 통한 상호작용성 인식에 초점을 맞추고 있다.

정보처리이론에서 발전한 매체 풍요도 이론(Media Richness Theory)은 미디어의 상호작용 속성에 따라 커뮤니케이션의 효율성이 달라지며, 수행 과업에 맞는 최적의 미디어를 선택해야 한다고 주장한다. 매체 풍요도는 커뮤니케이션을 하는 상대방에게 주어진 시간 내에 정보를 전달할 수 있는 능력이라고 정의된다. 이러한 매체 풍요도는 다음의 4가지 속성에 따라 그 정도가 결정된다. 첫째는 즉각적인 피드백을 할 수 있는 능력으로 상대방에게 전달하고자 하는 의미가 정확히 전달되었는지를 즉시 확인할 수 있다. 둘째는 다양한 맥락적 단서(contextual cues)를 전달할 수 있는 능력으로 제스처, 억양, 상징 등 다양한 비언어적 단서들을 전달함으로써 명확한 커뮤니케이션을 가능케 한다. 셋째는 언어의 다양성(language variety)으로 다양한 자연어를 통해 수치나 공식 외에 깊고 넓은 아이디어를 전달함으로써 커뮤니케이션의 질을 향상시킨다. 넷째는 개인화(personal focus) 능력으로 감성적 정보의 전달이나 상대방 니즈나 관점에 맞춘 서비스를 통해 만족도 높은 커뮤니케이션을 가능케 한다.

디지털교과서의 상호작용성은 학생의 학습 태도에 긍정적인 영향을 미치는 주요 요인이므로, 디지털 교과서 개발 시 학생의 학습 태도를 긍정적으로 바꾸기 위해서는 상호작용성을 효과적으로 구현하는 방향으로 기획되고 사용성이 개선되어야 함을 확인하였다. 그러나 디지털교과서의 고정된 상호작용성이 중요한 것이 아니라 사용자인 학생이 이를 어떻게 느끼고 활용하는지가 중요하므로 통합적인 사용자 경험을 무시한 기능을 무분별하게 추가하는 데 비용과 시간을 낭비하지 말아야 할 것이다. 무엇보다 수업이라는 사용 맥락을 충분히 고려해 이에 필요한 사용자 경험을 디자인하고 이에 적합한 상호작용성이 구현되어야 할 것이다.

통합학급은 다양한 교육적 요구를 지닌 학생들로 구성되며 모든 학급 구성원들의 다양한 교육적 요구를 한 명의 교사가 충족시키기에는 어려움이 있다. 모든 학생들의 교육적 요구를 최대한 충족시키고 교육 성과를 제고하기 위해서는 교육을 담당하는 여러 주체들(통합학급교사, 교과교사, 특수교사, 특수교육 보조인력, 학부모, 학교관리자 등)간의 협력이 중요하다.

통합학급교사도 장애학생의 행동 특성, 학습 태도 등을 관찰하고 익숙해질 시간이 필요하다. 이 기간에 통합학급 교사는 장애학생의 행동 특성이나 현행 학습 수준, 생활 태도 등에 대해 관찰하고, 추후 1년 동안 사회적·교육과정 통합의 측면에서 통합교육의 성과를 극대화할 수 있도록 일반학생들과의 관계 형성을 위해 노력하는 등 교육의 여러 측면에서 기초를 다질 수 있다.

특수교사 역할	일반교사 역할
- 교사/학부모 간담회 실시 - 통합학급 정보 수집 - 통합학급 교사가 필요로 하는 지원 파악 및 제공 - 장애학생 특성, 교육적 진단 및 평가 결과 정보 제공 - 통합교육 지원을 위한 특수교육실무원 등의 보조 인력 교육 및 감독 - 관리자에게 행정적, 재정적 지원요청 - 동 학년 모임, 교사학습동아리 등 참석	- 통합학급 정보 제공 - 통합학급에서의 장애학생 관찰 정보제공 - 교육상담 - 자리배치 - 전반적인 학급 규칙을 익힐 수 있도록 교수 - 또래도우미 운영계획 수립 및 실행 - 학부모 상담 - 장애이해교육 - 교사간담회 참여 및 정보 공유

출처 : 초중등학교 통합교육 실행 가이드북(세종시교육청)

장애학생이 학년 초에는 통합학급에서 모든 수업과 활동에 참여하여 새로운 학급의 규칙을 배우고 급우들과 관계를 맺으며 통합학급이 자신의 학급이라는 소속감을 형성할 필요가 있다. 일반학생도 장애학생이 통합학급의 구성원이라는 것을 인식할 필요가 있다. 학급의 학생들이 하루 일과를 함께하며 장애학생이 학급의 동등한 구성원임을 인식하도록 노력해야 한다.

통합학급 활동	특수교사 지원 및 협의사항
- 자리배치	- 장애학생 특성을 고려한 적절한 자리배치에 대한 안내
- 장애학생 특성에 맞는 물리적 환경 및 학습 환경 구성	- 장애학생의 현행 학습수준, 행동특성, 약물 복용사항 및 건강상 유의점 등에 대해 안내
- 장애학생 관찰 및 파악(학습면, 생활면)	- 특수교사 : 쉬는 시간, 점심시간 등에 장애학생의 통합학급을 방문하여 장애학생의 적응여부 파악 및 행동 관찰, 교사 및 또래와 대화 등 - '특수교육 보조인력'이 장애학생을 관찰하고 적절한 지원을 제공할 수 있도록 교육 및 모니터링 제공
- 학급규칙 제정 및 교수	- 학급규칙 교수
- 1인 1역할 부여	- 1인 1역할에 대한 안내
- 생활지도	- 생활지도 방법 안내
- 또래도우미 운영방안 협의 및 교육	- 또래도우미 운영 가이드라인 제공
- 학부모 상담	- 개별학부모 상담 - 학부모 간담회 개최
- 장애이해교육	- 통합학급을 대상으로 한 장애이해교육 실시 지원

출처 : 초중등학교 통합교육 실행 가이드북(세종시교육청)

개별화 교육지원팀은 특수교육 대상 학생의 교육적 요구에 적합한 교육을 제공하기 위하여 보호자, 특수교사, 일반교사, 진로 및 직업교육 담당교사, 특수교육 관련 서비스 담당자 등으로 구성된 팀을 일컫는 것으로, 개별화 교육계획

(IEP) 수립 및 특수교육 대상학생의 선정 취소, 배치 변경, 기타 특수교육 대상학생의 교육 및 학교생활과 관련된 여러 사안에 대해 함께 문제를 해결하는 협의체이다. 개별화 교육지원팀은 법정위원회로써 매 학년 시작 후 2주 이내에 구성하며 개별화 교육지원팀의 총괄 책임은 학교장이, 업무 담당자는 특수학급교사로 한다. 개별화 교육지원팀은 매 학기 시작 후 30일 이내에 특수교육대상자에 대한 개별화 교육계획을 작성해야 하며, 이를 위해 회의를 소집한다. 지원팀은 보호자, 특수교육교원, 일반교육교원, 진로 및 직업교육 담당교원, 특수교육 관련 서비스 담당인력 등으로 구성된다.

일반학생, 학부모, 교사들이 장애는 불쌍하고 도움이 필요하다는 소극적인 입장이 아닌 장애를 개개인의 특성 중 하나로 인식하여 장애인도 사회구성원으로 함께 더불어 살아갈 수 있다는 긍정적이고 적극적인 태도를 갖게 하고, 장애인이 필요로 하는 지원과 배려에 공감하도록 교육할 필요가 있다. 장애학생과 또래학생 간 관계를 개선시키고 증진시킬 뿐만 아니라 장애학생의 인권, 학습권, 교육권 등 각종 권리를 보호하고 존중받을 수 있도록 한다. 공동체 의식을 형성하고 공동체의 삶과 가치에 기반한 사회를 이루기 위하여 인간의 다양성과 존엄성을 인정받을 수 있도록 교육한다.

통합운영학교

통합운영학교란 초등학교와 중학교, 고등학교 중에서 시설·설비와 교원을 공동으로 활용하는 학교급이 다른 두 개 이상의 학교를 말한다. 각기 학교급이 다른 두 개 또는 세 개의 학교를 통합하여 운영하는 학교이다. 세계 여러 나라는 사회문화적 배경과 교육적 맥락 속에서 공통적이면서도 각기 다른 학교급 간의 통합학교 제도를 도입하여 적용하고 있다. 학교급 간의 통합학교는 '학제로써 통합'의 위상을 갖기도 하고, 학제 상으로는 분리한 상태에서 '운영 차원에서 통합'의 형태를 띄기도 한다. 대표적으로 핀란드는 초등학교와 중학교의 9년제 통합학교로 단일의 종합학교 제도를 운영하고 있다.

교육부는 2009년 11월 제도 도입 이후 최초로 통합운영학교 육성계획을 수립하여 지원하였다. 「초·중등교육법」 제30조에서는 효율적인 학교운영을 위하여 필요한 경우 지역의 실정에 따라 초등학교 및 중학교, 중학교 및 고등학교 또는 초등학교, 중학교 및 고등학교의 시설, 설비 및 교원 등을 통합하여 운영할 수 있다고 규정하고 있다. 법률에 근거하여 정의하자면 통합운영학교란 각기 학교급이 다른 학교의 운영을 통합하는 학교이다.

초등학교와 중학교 통합운영학교 유형은 학생 수의 급격한 감소 지역에서 학교 규모의 적정화를 시도하고, 폐교 위기에 선제적으로 대응하기 위한 공립학교 모형으로 자리 잡고 있다. 도시 재개발 단지에서 충분한 학교 부지 확보가 곤란한 경우, 부득이하게 채택하고 있는 운동장 공유형 통합운영학교 모형이기도 하다.

중학교와 고등학교 통합운영학교 유형은 세 가지로 구분할 수 있다. 먼저 체육, 국제 등의 특정 분야 인재 육성을 위한 학교로써 중학교와 고등학교를 통합운영하여 중등교육 계열성 심화과정을 운영하는 학교이다. 중학교와 고등학교 교육과정의 강한 연계와 통합을 통하여 독자적 성격을 가진 학교로 존립할 수 있다. 전국적으로 체육중·고등학교가 안정적인 유형으로 자리잡고 있다. 국제, 예술 분야 중·고등학교 유형의 전망은 미지수이다. 다음으로 병설 사립 중·고등학교들이 학교운영의 효율화를 도모하기 위하여 통합운영학교로 전환한 학교 유형을 상정할 수 있다. 셋째로 공립 중·고등학교 병설형 통합운영학교를 들 수 있다. 특정 지역에서 중학교와 고등학교를 존속시키는데 기여할 수 있는 유형이다. 또한 고교 학점제가 도입될 경우, 중, 소규모 고등학교들은 고등학교 단계에서 추가적인 교사의 확보 부담을 줄이면서 중학교와 고등학교 교원의 인력풀제를 통해 다양한 교과목의 개설이 가능하다.

학교 통폐합 정책목표는 학교 수 줄이기와 학교 규모의 영세성 극복에 있다. 학교 적정규모화 정책의 일환으로 시도하는 동일한 학교급끼리의 '횡적 통합'은 통학구역을 넓힘으로써 학생들의 등하교 상의 불편을 초래하는 반면에, 상이한 학교급의 '종적 통합'은 통학구역을 확장시키지 않으면서 학교 수를 줄일 수 있다. 두 개 이상의 학교가 횡적 또는 종적으로 통합되면 그만큼 학교 수가 줄어들고 학교의 규모는 커진다. 통합운영학교는 기본적으로 학교급이 다른 2개 이상의 학교에 한 사람의 교장을 배치하고, 하나의 행정실을 두어 관리한다. 아울러 운동장, 강당, 급식실, 특별교실 등을 부분적으로 공동활용할 수 있다. 그렇기 때문에 그만큼 재정적 절감을 도모할 수 있다. 특히 도시지역에서 학교부지 확보가 곤란한 형편에선 학교 운동장의 공동 활용은 엄청난 편익으로 간주할 수 있다. 재정적 입장뿐만 아니라 사회적 입장에서 학교 통폐합은 지역공동체에 활력을 부여할 수 있다. 학교가 어차피 모든 촌락마다 소재하기에는 한계가 있고, 학교 통폐합은 몇 개의 소규모학교가 소재한 촌락으로 분할되어 서로 단절된 마을공동체를 규모가 큰 지역공동체로 통합하여 학생과 학부모, 그리고 지역주민들에게 상호 교류의 지평을 넓힐 기회를 제공할 수 있다는 것이다. 아울러 학교와 지역사회의 관계도 한층 긴밀하고 강력하게 발전할 수 있다. 물론 1면 1학교 이상의 조건은 유지해야 한다는 데 동의한다.

인구절벽시대 교육시설 활용

세계 최저 수준의 출산율과 함께 유소년 인구와 학령인구의 지속된 감소는 생산연령인구 감소로 학교의 공동화, 통폐합, 교원 수요 감소 등의 문제를 야기한다. 또한 다문화 교육의 수요도 높아지는 현상이 뚜렷해지고 있다.

미래학교의 구축 방향은 유비쿼터스 기반 맞춤형 학습관리가 가능한 '스마트 학교', '글로벌 및 지역사회와 연계된 학교', 환경 친화적이고 에너지 감축을 고려한 '생태 지향적 학교', 창의적이고 협력적인 학습활동을 지원하는 '즐거운 학교'로 나아가고 있다.

언제 어디서나 다양한 학습경험을 제공하는 '그린 스마트 미래학교'는 노후학교의 그린화, 스마트화, 시설복합화 등을 추진한다. 이때 기술과 교육의 만남을 추구하는 에듀테크를 활용할 수 있는 다양한 디지털 환경을 구축하게 된다. 다양한 수업이 가능한 교실로 융합교육, 메이커스페이스 등을 구축하며, 디지털 장비, 스마트기기 등을 통해 미래형 교수·학습이 가능한 ICT 기반 스마트교실을 비전으로 삼고 있다. 특히, 실시간 또는 녹화 강의 등 원격교육이 가능한 스튜디오형 공간 구축을 추진하고 있다.

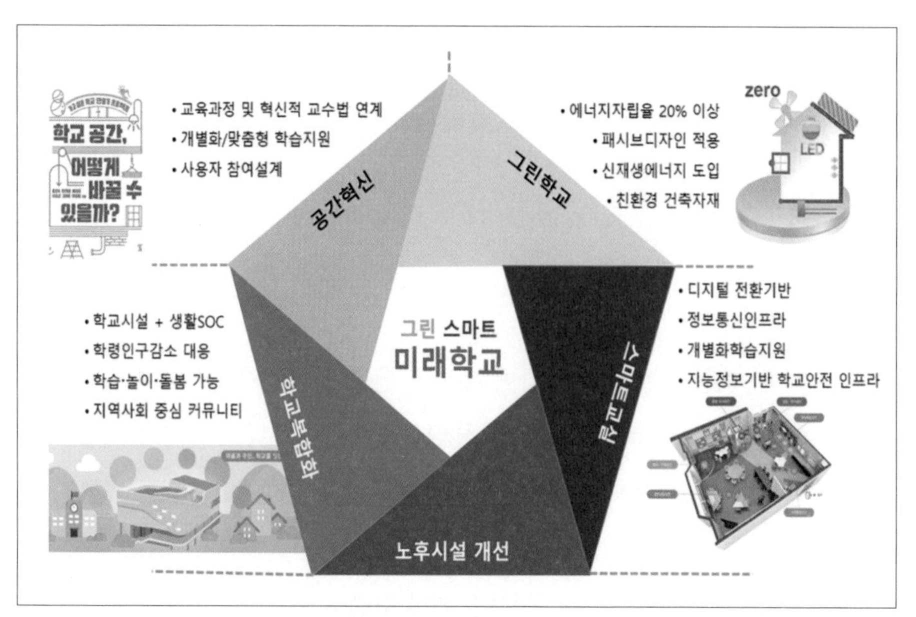

출처 : 그린 스마트 미래학교 추진전략(광주교육정책연구소, 2020)

〈에듀테크 활용 사례 예시〉

- 구글 G-suite을 활용한 학습 지원 및 관리(과정중심평가)
- MS-Teams를 활용한 학습 지원 및 관리(과정중심평가)
- 원격영상진로멘토링 사이트를 활용한 진로 교육
- 화상교육(회의) 프로그램을 활용한 화상 교육
- 에듀테크를 활용한 자기주도적 학습 활동 지원
- 위두랑 연계 과정 중심 평가를 위한 포트폴리오 활용
- 칸아카데미를 활용한 수학 교육
- 증강현실, 가상현실 학습 콘텐츠를 활용한 교육
- 학급, 학교 SNS를 활용한 소통 및 학습 지원
- 소프트웨어교육 관련 콘텐츠를 활용한 코딩 교육

- 실시간 퀴즈를 활용한 평가 연계(카훗, 소크라티브, 퀴즈앤, 퀴짚, 띵커벨 등)
- 원노트를 활용한 과정 중심 평가 및 협업
- 스마트펜을 활용한 교수 학습 자료 제작 및 학생 평가
- 원격 수업 콘텐츠 제작을 통한 학생 수업 지원

미래 교육정책 방향을 살펴보면, 경직된 학교 체제를 유연한 체제로, 표준화된 학교 교육과정을 벗어나 특성화와 네트워크화된 교육과정 운영으로, 지역사회 내 분절되고 고립된 학교를 통합된 복합 시공간으로, 중앙의 획일화된 접근에서 벗어나 지역의 민관협력 거버넌스를 통한 의사결정으로, 지역 중심으로서의 대학 공공성 강화 등 5가지를 제안하였다. 지자체와 마을의 협력에 기반한 공교육 혁신은 인구절벽 시대에 지방자치와 교육자치를 모두 아우르는 중요한 정책을 시행하려고 한다. 이러한 거버넌스로는 혁신교육지구(미래형 교육자치 협력지구)와 마을 교육공동체를 들 수 있다. 혁신교육지구와 마을 교육공동체는 학교에서 벗어나 지역과 마을, 즉 학교를 둘러싸고 있는 거버넌스들간의 협업을 통하여 공교육을 혁신하고자 한다.

학교시설 복합화의 목적은 첫째, 교육 시설의 효율적 이용에 있다. 학교시설을 지역민과 공동으로 활용함으로써 학교시설의 이용률을 높이고, 지역사회의 부족한 교육·체육·문화·녹지·보육·복지·공공시설 확보에 기여할 수 있다. 둘째, 예산 투자의 효율성 확보에 있다. 교육청은 학교 부지 내 유휴 토지를 지방자치단체에 무상으로 제공하고 지방자치단체는 다양한 시설 등을 건축하여 학생 및 주민의 생산적 복지에 기여할 수 있다. 또 교육청은 학생 이용시설 건축에 필요한 재원을 절감할 수 있고, 지방자치단체는 주민 이용시설 부지 확보에 소요되는 경비와 노력을 줄일 수 있다. 세 번째는 평생교육을 고려한 학교시설의 사회

화에 있다. 학교시설을 평생교육의 장으로 활용하여 학교를 지역사회의 중심시설로 확장할 수 있다. 또 학생들을 위한 어학, 정보화 교육 시설 등과 같은 다양한 시설을 구비함으로써 학교시설의 정보화 및 현대화 요구를 수용함과 동시에 학부모의 사교육비 경감을 도모할 수 있다.

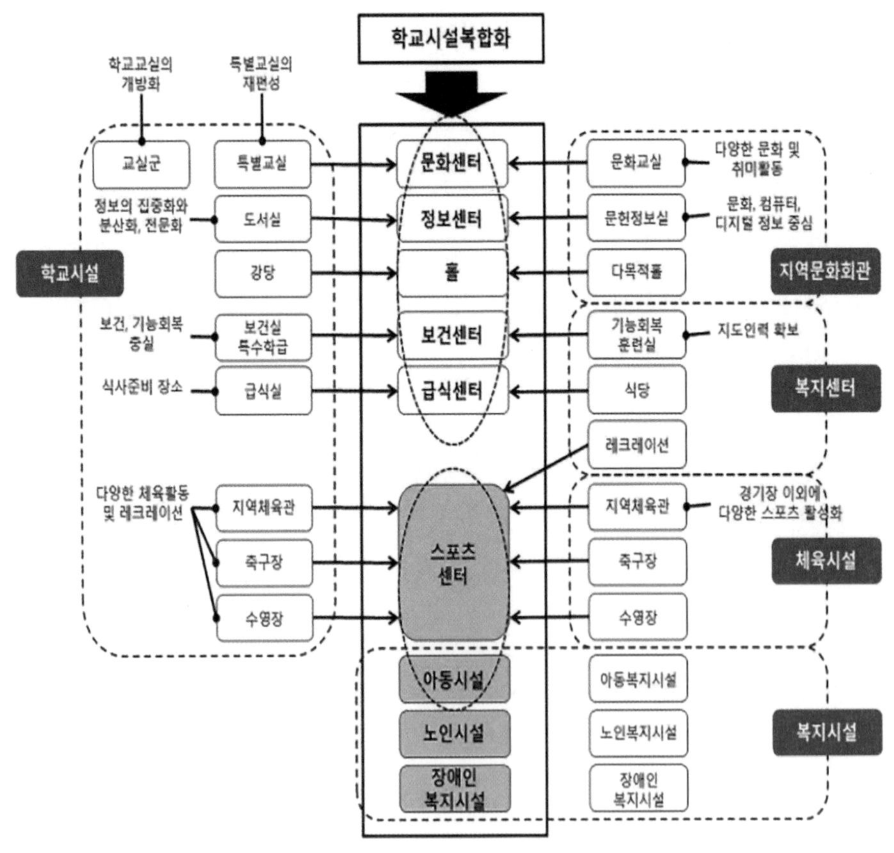

출처 : 학교시설 복합화 개념도(광주교육정책연구소, 2020)

진로교육 집중학기제

학생에게 다양한 진로교육을 학교급별로 집중적으로 제공함으로써 학생이 변화하는 직업세계에 능동적으로 대처하고 자신의 소질과 적성을 실현하여 개인의 행복한 삶과 국가경제 및 사회의 발전에 기여하는 것을 목적으로 운영된다. 창의적 체험활동 중 진로활동 확대, 진로 관련 과목 집중편성 및 교과연계 진로교육을 실시하고 있다. 주당 최소 수업시수를 초등 3시간(1~2학년 4시간), 중등 3시간, 고등 4시간으로 운영하여 집중학기제를 확대하고 있다.

구분	자유학기제	진로교육 집중학년·학기제
운영목적	교과 수업 혁신 및 학생 중심 활동 운영을 통한 학생의 꿈·끼 교육 강화	진로체험교육과정 연계 운영을 통한 학생의 진로설계역량 강화
운영시기	중학교 1학년 1학기, 1학년 2학기, 2학년 1학기 과정 중 한 학기	초·중·고 모든 학년 또는 학기 중 특정 학년 또는 학기
수업내용	교과별 핵심성취기준 중심 학생 참여형 수업 (토의·토론, 실험·실습, 프로젝트) 등 운영	진로 관련 내용 재구성을 통한 교과연계 수업 운영
평가방법	과정중심 평가	지필평가+과정중심 평가

출처 : 진로교육 5개년 기본계획(교육부, 2016)

진로교육 집중형은 학년 말이나 진로체험주간 등의 특정한 시기에 진로교육을 집중적으로 운영하는 모형이다. 특히, 학년 말 교과운영이 취약한 시기에 활용할 수 있어 교육과정 운영의 효율화를 가져올 수 있는 장점이 있다.

<table>
<tr><th>방식</th><th>시간 운영 방법</th><th>특징</th></tr>
<tr><td>정일제</td><td>한 학기 또는 한 학년 동안 매주 동일한 요일, 동일한 시간에 운영</td><td>매주 고정 시간표를 활용하는 경우에 적합하며, 운영의 안정성을 보장함</td></tr>
<tr><td>격주제</td><td>한 학기 또는 한 학년 동안 격주로 운영</td><td>동아리 활동 및 실기 실습 관련 교육과 같이 주당 2시간 이상의 활동이 요구되는 경우에 적합하며, 운영의 안정성을 보장함</td></tr>
<tr><td>전일제</td><td>하루 동안 교과 활동 없이 창의적 체험활동 시간으로 운영</td><td>주제 중심 통합 편성 및 발표회, 체육대회, 일일형 현장체험학습 등에 활용될 수 있음</td></tr>
<tr><td rowspan="2">집중제
집중제</td><td>전일제의 연장선에서 2일 이상을 교과 활동 없이 창의적 체험활동 시간으로 운영</td><td>숙박형 현장체험학습에 해당하며, 등하교형과 캠프형 중에서 선택하여 운영할 수 있음</td></tr>
<tr><td>특정 주, 월, 분기, 기간에 집중적으로 시간을 운영하되 해당 기간 동안 교과와 창의적 체험활동으로 함께 운영</td><td>6학년 졸업 직전 2개월 간 창의적 체험활동을 진로활동 중심으로 전환기 집중 프로그램을 운영하는 경우 등에 활용할 수 있음</td></tr>
</table>

출처 : 2015 개정 교육과정 창의적 체험활동(교육부)

<table>
<tr><th colspan="2">방식</th><th>시간 운영 방법</th><th>특징</th></tr>
<tr><td rowspan="2">초4</td><td>1학기</td><td rowspan="2">- 진로에 대한 관심이 높아짐
- 비교적 넉넉한 시간적 여유
- 진로체험 중심의 진로교육 가능
- 진로에 대한 관심이 높아짐
- 비교적 넉넉한 시간적 여유
- 진로체험 중심의 진로교육 가능</td><td rowspan="2">- 진로체험 이외 다양한 방법의 진로교육을 실시하기에는 시기상조임
- 진로체험 이외 다양한 방법의 진로교육을 실시하기에는 시기상조임</td></tr>
<tr><td>2학기</td></tr>
<tr><td rowspan="2">초5</td><td>1학기</td><td rowspan="2">- 자신의 특성을 진로와 연결하여 사고할 수 있게 됨
- 6학년에 비해 시간적 여유가 있음
- 진로체험 이외 학생 자신의 특성을 파악할 수 있는 다양한 방법 적용 가능
- 자신의 특성을 진로와 연결하여 사고할 수 있게 됨
- 6학년에 비해 시간적 여유가 있음
- 진로체험 이외 학생 자신의 특성을 파악할 수 있는 다양한 방법 적용 가능</td><td rowspan="2">- 자신의 특성을 이해하여 관심 있는 직업을 탐색하더라도 현실적인 요소에 대한 고려 없이 직업을 선택함
- 자신의 특성을 이해하여 관심 있는 직업을 탐색하더라도 현실적인 요소에 대한 고려 없이 직업을 선택함</td></tr>
<tr><td>2학기</td></tr>
</table>

초6	1학기	- 자신의 특성을 진로와 연결하여 사고할 수 있게 됨 - 5학년에 비해 좀 더 현실적인 시각을 갖고 직업을 바라보게 됨 - 진로정보에 대한 이해 정도 및 습득 수준이 높아지게 됨	
	2학기	- 초등->중학교 진학 준비 시기 - 중학교 진학준비로 진로에 대한 관심이 높아지는 시기임 - 좀 더 현실적인 시각을 갖고 직업을 바라보게 됨 - 진로정보에 대한 이해 정도 및 습득 수준이 높아지게 됨	- 중학교 진학준비에 대한 부담이 있을 수 있음

출처 : 진로교육 집중학년·학기제 운영 모델 연구(교육부, 서울대학교, 2016)

4차 산업혁명 시대의 학교의 미래

4차 산업혁명을 배경으로 한 교육학 연구의 대부분은 학생이 습득할 것이 지식에서 역량으로 변화하고 있다는 점, 이에 따라 프로젝트 기반의 학습, 동기와 흥미 유발 및 학습 효과 제고를 위한 게임화 도입, 디지털 기기의 활용 등 교수학습 방식의 변화를 비롯하여 평가 방식이 변화하여야 한다는 점, 교육이 학생에 맞추어 개별화되어야 한다는 점, 학생의 주문에 의한 교육도 이루어져야 한다는 점 등을 연구하고 있다.

4차 산업혁명 시대의 교육은 기계나 매체가 교사의 역할 일부를 맡게 될 수 있다. 교사의 역할을 기계에 맡기느냐의 여부는 사회적 판단이 필요할 것이다. 사회가 어떠한 방향을 잡느냐에 따라 기계에 의해 대체되는 교사 역할의 수준과 폭이 달라질 수 있을 것이다. 효율성을 제일의 가치로 추구하게 되면 지식 교육에서나 기본적인 태도 및 습관 형성에 로봇과 같은 기계(인공지능)가 활용될 수 있을 것이다. 지식교육의 경우 내용이 정해지면 교사와의 불편한 상호작용 없이 모듈화하여 학습의 효율을 높이는 데 활용될 것이다. 인간과 인간 사이에 빅데이터 처리 알고리즘이 내장된 초지능을 가진 인공지능이 있고, 학습자를 위한 맞춤형 학습이 진행될 것이다. 온라인 학습 시스템은 학습자가 특정 문제를 푸는 데 걸리는 시간, 자주 틀리는 문제의 유형, 오답률, 문제를 풀기 위해 방문한 사이트 등을 파악하여 학습 성취를 높이는 데 활용된다. 여기서 더 나아가 여러 센서를 탑재한 사물인터넷을 통해 학습자의 모든 반응들을 데이터화할 경우 학습자의 행동 예측은 물론 성향, 적성, 진로 등에 대한 판단을 제공할 수도 있을 것이다.

한국의 학교는 외형이나 운영 면에서 공장이나 교도소에 곧잘 비유된다. 전국적으로 같은 모양의 학교, 같은 크기의 교실, 표준화된 교육과정을 반영한 교과서로 정해진 시간 내에 진도 나가기 수업, 효율적으로 정답 및 오답을 처리하는 평가 등이 비유의 적절성을 드러낸다. 이러한 체제 속에서 학생들은 정해진 지식을 습득하고 정확성을 기하며 표준에 어긋나지 않는 태도를 길렀었다. 그런데 4차 산업혁명 시대에는 과거 공장과 달리 사물인터넷, 빅데이터 기술 등을 결합하여 제조과정을 제어하는 스마트팩토리가 등장했다. 만들어진 상품이나 상품을 이용하는 고객의 경험을 사물인터넷(IoT) 등을 통해 모니터링하여 새로운 가치를 창출하고 있다. 이에 발맞춰 학교교육체제는 학습자 중심의 개별화교육, 학습자 주문형 교육이 가능한 네트워킹 시스템을 구축하여 학습자 개인의 요구, 주문에 유연하게 대응할 수 있도록 발전하고 있다. 학습자 요구의 다양성 수용을 고려하면 기존 학교 체제만으로는 불가능할 것으로 예상된다. 스마트팩토리 모델은 교육과정의 단계별로 교수-학습 과정을 모니터링하여 학습의 질을 높이고 학습자가 학습 후, 혹은 졸업 후의 상황까지 모니터링하여 필요한 것을 제공할 수 있는 시스템으로 발전하고 있다.

정보화 사회에서 발전되는 기술들은 보다 평등한 기회를 사회에 제공할 것으로 기대되고 있다. 인터넷을 통해 무료로 제공되는 다양한 지식과 정보들은 이것에 접근하기 힘들었던 계층으로 하여금 학습조건의 차이로 인한 불평등을 극복하게 할 것으로 기대하고 있다. 그러나 인터넷과 컴퓨터가 없는 계층들은 이러한 지식과 정보를 얻을 수 없게 되어 오히려 기존의 불평등이 더욱 심화될 수 있는 우려가 제기된 후, 국가는 디지털 디바이스를 제공하고 있다. 과학기술을 개발하거나 능숙하게 활용하는 사람들과 이를 두려워하고 제대로 사용할 줄 모르는 사람들의 불평등은 '기술계급사회'를 만들 수도 있기에 이를 줄이기 위해 노력하고 있다.

계층 간 격차의 심화로 중산층이 감소하고 양극화가 심화될 것으로 예상되고 있다. 다양한 중산층이 현격히 줄고 하층 계층이 증가한다는 것은 교육계에서 학습자 구성도 변화되어야 한다는 것을 의미한다. 중산층을 평균으로 전제하고 이루어지는 교육과정 개발, 교수-학습의 진행 등이 전면적으로 재검토되어야 함을 의미한다. 현재의 체제 속에서 현재의 방식으로 교육이 이루어진다고 가정한다면 계층 간 불평등이 심화되고 양극화될 것이기 때문이다.

교사는 '학생중심 학습을 위한 촉진자'로서 그 역할이 강조될 것이다. 구체적으로 교사는 학생들의 팀 과제 구상하기, 학생들의 문화적 인종적 다양성이 커지는 상황에서 포용적 학습 환경 조성하기, 교실 활동 관리하기 등과 같은 일에 많은 시간을 할애할 것이다. 이는 가르치는 일보다는 학생 개개인의 학습을 돕는 것이 주된 역할이 될 것이다.

4차 산업혁명은 네트워크의 발달로 인한 초연결성의 상황 속에서 지식의 공유성이 극대화되고, 이것은 교육내용의 조직 방식에도 변화를 초래하고 있다. 예컨대, 유튜브, 블로그와 같은 공유 지식의 저장방식이 보편화되면서 전통적인 교육과정에서 교과 지식을 연속성과 계열성에 따라 조직하던 방식이 급격하게 무너지고 있다. 연속성보다는 '동시성', 계열성보다는 '공존', 통합성보다는 '해체'에 기반을 두고 있다. 이를 위해 역량기반 교육과정은 역량이 특정 교과를 통해서 길러지는 것이 아니라 여러 교과 영역을 통해 함양된다는 점에서 교과의 통합적 운영이 강조되고 있다. 이는 우리 사회에서 융합은 창의와 함께 "창의·융합", 창의 융합(형) 인재라는 말로 널리 사용되고 있는 것과 연관이 있다.

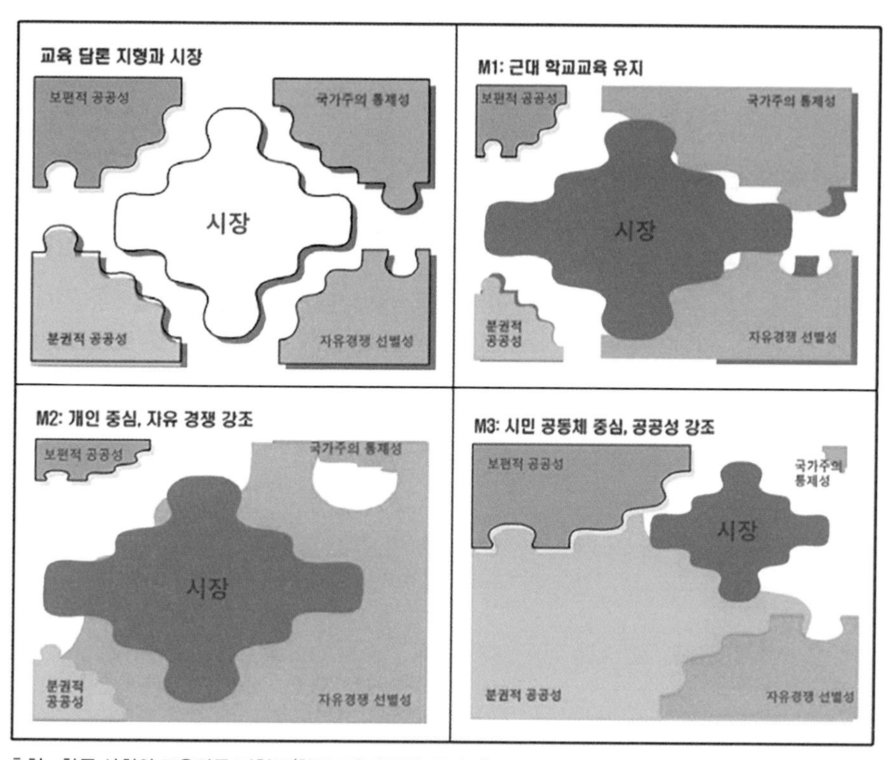

출처 : 한국 사회의 교육담론 지형들(한국교육개발원, 류방란)

구분	Mode 1	Mode 2	Mode 3
특징	- 근대 학교교육 체제 전형으로서 관료화된 학교교육 틀 유지 - 혁신적인 변화보다는 점진적이고 지엽적인 개선	- 사회적 효율성을 추구하며 자유 경쟁 원리의 적용을 통해 학교교육의 전면적 혁신 추구	- 분권적 공공성 실현을 위한 시민 공동체 주도의 학교교육 혁신 추구
학생	- 미성숙한 존재로서 타율적 관리의 대상 - 교육과정 개발 시 배제된 존재	- 창의성 등 실행 역량을 갖춘 개인 - 학습 주체로서의 학생:학생 주도성 강조 - 자신의 적성과 진로에 따른 맞춤형 교육과정 설계자 - 학습의 소비자이자 선택과 책임의 주체	- 사회적 대화 참여자로서의 학생 - 공동체의 선에 기여하는 책임을 지닌 시민
	- 근면 성실한 국민 지적 수월성 추구	- 스마트한 능동적 개인 융합적 창의성 추구	- 스마트한 공참여적 시민 사회적 참의성 추구
교사	- 공교육 제도 내 지식교육의 권위자 - 학생 학업성취도 평가 및 성적 관리자	- 학생중심 학습을 위한 촉진자로서의 교사	- 앎의 과정과 실천을 이끄는 지혜를 갖춘 전문가로서의 교사
교육 내용	- 학문으로부터 파생된 교과 - 교과중심 교육과정	- 교과지식 습득, 이론지식을 넘어 수행능력, 역량 강조 - 분과를 넘어 융합적 설계방식으로 전환	- 수행능력을 넘어 자질과 성향 강조 - 사회적 대화를 통한 실천 역량 강조
학교	- 독점적 정규 학습 기관:고립된 형태 - 관료적 학습 조직:선형적, 위계적 구조	- 학습네트워크 중 하나:교육기관의 구심점 역할 약화 - 탈관료적 유동적, 수평적 구조	- 유연하고 수평적이며 개방적인 사회적 학습센터 - 학습생태계의 핵심으로서의 학교 "관계를 통한 앎으로 차별화된 배움터

출처 : 미래 학교교육의 세 갈래 방향(한국교육개발원, 류방란)

전 국민을 위한 개인 맞춤형 교육

개인화를 넘어선 '초개인화'를 키워드로 하는 교육 패러다임이 전환되고 있다. 초개인화는 아마존 같은 기업의 마케팅 활동, 넷플릭스 등 미디어 서비스의 핵심 트렌드로 '실시간으로 소비자의 상황과 맥락을 파악하고 이해해 소비자가 가장 원하는 경험, 서비스, 상품을 제공하는 기술'을 말한다. 초개인화 기술의 핵심 키워드는 '데이터'로, 소비자의 상황과 맥락을 파악하고 이해하기 위해서 방대한 데이터 수집과 분석, 그리고 이를 위한 자동화된 인공지능 기반의 초개인화 플랫폼을 필요로 한다. '소비자'를 '학습자'로, '상품'을 '교육'으로 대체하면, 교육의 초개인화에 대한 정의가 될 수 있다.

초개인화 교육은 '데이터를 활용한 보다 고도화된 개인 맞춤형 교육, 보다 구체적으로는 나의 특성, 상황, 수준에 따라 교육이 다양한 모습으로 찾아오고, 시간이 지날수록 내게 더 맞춰지는 교육'을 말한다. 사실 개인화는 교육에서 지속적으로 지향해온 교육 방법으로, 초개인화 교육은 데이터 기반의 '보다 고도화된' 개인 맞춤형 교육이라는 차이점이 있을 뿐이다. 데이터 기반의 초개인화 교육은 학습 분석이라는 하나의 응용 학문영역으로 특화되어왔다. 학습 분석은 '학습과 학습이 일어나는 환경에 대한 이해와 그 최적화를 위해 학습자와 그들의 맥락에 대한 데이터를 측정·수집·분석·보고하는 활동'이다. 학습 분석은 교수·학습 활동과 관련 데이터의 수집·저장·처리와 분석, 그리고 시각화(visualization)

를 매개로 하는 피드백이 순환되는 흐름으로 진행된다. 아래 그림은 이러한 학습 분석의 흐름에 따라 초개인화 교육을 위해 요구되는 요건 혹은 요소를 보여준다. 학습 분석의 결과로 제시되는 맞춤형 정보 또는 처방은 교육 수요자인 학습자(micro)는 물론, 공급자인 교수자를 포함한 교육기관(meso) 입장에서도 유용하다.

〈그림〉 학습 분석 기반 초개인화 교육의 흐름과 요건

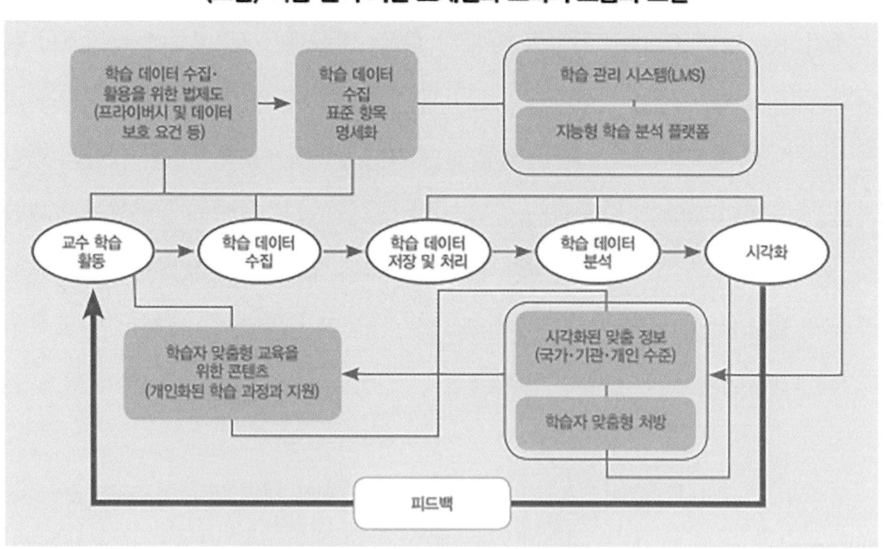

출처 : 학습 분석 기반 초개인화 교육의 흐름과 요건(한국교육개발원, 손찬희)

하루가 다르게 변화하는 사회 속에서 평생교육의 중요성이 나날이 강조되고 있다. 지식과 기술의 거대한 증가 추세로 학교 교육만으로는 생활 패턴의 변화, 기술의 혁신 속도를 따라갈 수 없기 때문이다. 고령화 사회에 접어든 우리나라에서도 평생교육의 필요성은 확산되고 있는 추세이다. 많은 사람들이 제2의 인생을 준비하기 위해 다양한 공부를 계속해서 이어나가고 있다. 헌법 제31조 제5

항에 '국가는 평생교육을 진흥하여야 한다.'의 '평생교육법' 등을 통해 법률로 국가에서 무료로 지원해 주는 곳이 있다. 바로 국가평생학습포털 '늘배움'(https://www.lifelongedu.go.kr/)이다.

4차 산업혁명시대를 대비해 빠르게 변화하는 것에 적응할 수 있는 대안으로 나노 디그리 모델을 제시하고 있다. 나노 디그리는 일반적인 4년제 혹은 2년제 제도권 대학의 형식이 아니다. 특정 분야, 특정 기술에 한정해 단기간 학습과 훈련과정을 제공한다. 나노 디그리의 시작은 2011년 온라인 공개강좌(MOOC) 서비스의 제공 시점이라고 볼 수 있지만 2014년 유다시티(Udacity)를 중심으로 본격화됐다. 일반 MOOC와 나노 디그리의 가장 큰 차이점은 기업과 연계한 강의라는 점이다. 나노 디그리는 유수 기업과의 연계로 강의 기획부터 인증까지 협력해 정규 학위의 대안으로써의 역할을 하고 있다. 유다시티 나노 디그리 졸업생들은 구글과 아마존, AT&T 등에 취업하고 있다. 취업을 목적으로 한 특정 분야의 학문이기 때문에 기업의 의견을 적극적으로 수용해 기업이 요구하는 교육과 훈련 과정을 담았다. 각 기업과 협업하기도 하지만 기업이 직접 강좌에 참여하기도 한다. 평균 6개월에서 1년 과정으로 개설되는 나노 디그리는 사회와 산업의 빠른 변화를 요구하는 기술을 반영한 형태로 운영 중이다. 실제 유다시티가 지원하는 나노 디그리 과목은 Artificial Intelligence(AI), Deep Learning(딥러닝), Machine Learning Engineer(머신러닝 엔지니어), Robotics Software Engineer(로보틱스 소프트웨어 엔지니어) 등 4차 산업혁명 시대에서 주목받는 분야들이다. 나노 디그리의 강점은 무엇보다 비용이다. 나노 디그리의 평균 이수 비용은 199달러 수준이다. 추가 서비스를 제공하는 유다시티의 '나노 디그리 플러스'는 299달러다. 이처럼 나노 디그리는 IT분야의 취업과 이직 등에 특화돼 있으면서도 저렴한 비용으로 이수할 수 있다는 점에서 각광을 받고 있다.

부록

고교학점제 들여다보기

고등학교의 유형

3학년 학생들은 고등학교 진학을 앞두고 중요한 선택을 해야만 한다. 고등학교 선택은 자신의 진로에 큰 영향을 미칠 수 있으므로 합리적인 결정을 내릴 수 있도록 사전에 고등학교의 유형을 아는 것이 매우 중요하다. 여기에서는 '고입정보포털-하이스쿨'(http://www.hischool.go.kr/)에서 구분한 고교 유형에 따라 고교 정보를 소개하고자 한다.

구분		설립 목적	교육과정	전형	모집 단위
일반계 고등학교(일반고)		특정 분야가 아닌 다양한 분야에 걸쳐 일반적인 교육 실시	교과군 174학점(필수 이수 94학점) + 창체활동 18학점	선지원 후추첨(서울)	시·도 지역
자율형 고등학교(자율고)	자율형 사립고	학교의 건학 이념에 따라 교육과정 및 학사운영 등을 자율적으로 운영	교과군 174학점 중 필수 이수 단위 94학점 + 창체활동 18학점	자기주도학습 전형	전국/시·도 지역
	자율형 공립고	공립고등학교를 대상으로 교육감이 교육제도 개선 및 발전을 위해 필요하다고 인정하여 지정·고시	교과군 174학점 중 필수 이수 단위 94학점 + 창체활동 18학점	서울의 경우: 2021년 일반고로 전환	시·도 지역
특수 목적 고등 학교(특목고)	외국어고	외국어에 능숙한 인재 양성	교과군 174학점 중 보통교과 85, 전공 관련 전문교과Ⅰ 72학점 이상 편성 전문교과Ⅰ의 60% 이상을 전공 외국어로, 전공 외국어 포함 2개 외국어로 과목 구성	자기주도학습 전형	시·도 지역
	국제고	국제 전문 인재 양성	교과군 174학점 중 보통교과 85, 전공 관련 전문교과Ⅰ 72학점 이상 편성 전문교과Ⅰ의 50% 이상을 국제계열 과목으로 편성	자기주도학습 전형	시·도 지역

특수 목적 고등 학교 (특목고)	과학고	과학 인재 양성	교과군 174학점 중 보통교과 85, 전공 관련 전문교과I 72학점 이상 편성	자기주도학습 전형	시·도 지역
	예술·체육고	예술인 양성을 위한 예술계열 고등학교 체육인 양성을 위한 체육계열 고등학교	교과군 174학점 중 보통교과 85, 전공 관련 전문교과I 72학점 이상 편성	내신, 실기, 면접 등	전국/ 시·도 지역
	산업수요 맞춤형고 (마이스터고)	유망분야의 특화된 산업수요와 연계하여 예비 마이스터 양성	교과군 174학점 중 보통교과 66, 전문교과II 86학점 이상 편성	내신, 인·적성검사, 면접 등	전국
특성 화고	직업 특성화고	특정 분야(특정 직업)의 인재 양성	교과군 174학점 중 보통교과 66, 전문교과II 86학점 이상 편성	면접, 실기, 내신 등	전국/ 시·도 지역
	대안 특성화고	공교육의 문제점을 보완하고자 학습자 중심의 자율적인 프로그램을 운영, 대안교육 실천	학교 설립 목적 및 특성에 따라 자율적인 교육과정 편성 및 운영	내신, 추천서, 면접, 실기 등 중학교 교육과정 수준	전국/ 시·도 지역
기타 학교	영재학교	타고난 잠재력 계발을 위해 특별한 교육이 필요한 영재를 대상으로 능력과 소질에 맞는 교육 실시	해당 교육기관의 교육 영역 및 목적에 적합한 교육과정 운영	추천 및 선정심사위원회 심의	전국

고등학교 유형별 입학전형(서울지역 중심)

우리는 앞에서 학생 스스로 고등학교 선택 기준을 세우고, 본인에게 적합한 고등학교를 선택할 수 있도록 고등학교 유형에 대해 알아보았다. 실질적으로 고등학교 진학을 준비하기 위해서는 각 학교의 인재상이나 선발방법이 서로 다르므로 입학전형을 아는 것이 중요하다. 특히 매년 변화되는 입시 상황이 있으므로 반드시 입학전형을 꼼꼼하게 살피고 학교 홈페이지, 학교 설명회 등을 참고하여야 한다.

[2023학년도 서울특별시 고등학교 입학전형 주요 일정]

<table>
<tr><th>구분</th><th colspan="3">학교계열</th><th>입학원서 접수</th><th>합격자 발표일</th></tr>
<tr><td rowspan="10">전기고등학교</td><td colspan="3">과학고</td><td>2022. 8.29.(월) – 8.31.(수)</td><td>2022.12.2.(금)</td></tr>
<tr><td colspan="2" rowspan="2">서울체고</td><td>특별</td><td>2022.10.24.(월) – 10.25.(화)</td><td>2022.10.28.(금)</td></tr>
<tr><td>일반</td><td>2022.11.1.(화) – 11. 2.(수)</td><td>2022.11.8.(화)</td></tr>
<tr><td colspan="3">예술계고(서울미고 포함)</td><td>2022.10.14.(금) – 10.19.(수)</td><td>2022.10.28.(금)</td></tr>
<tr><td colspan="3">산업수요맞춤형고(마이스터고)
(특별/일반)</td><td>2022.10.17.(월) – 10.20.(목)</td><td>2022.11.2.(수)</td></tr>
<tr><td colspan="2" rowspan="2">특성화고</td><td>특별</td><td>2022.11.25.(금) – 11.28.(월)</td><td>2022.12.1.(목)</td></tr>
<tr><td>일반</td><td>2022.12.2.(금) – 12.5.(월)</td><td>2022.12.6.(화)</td></tr>
<tr><td colspan="3">관악예술과</td><td>2022.11.21.(월) – 11.23.(수)</td><td>2022.11.25.(금)</td></tr>
<tr><td colspan="3">추가모집(염광고 등)</td><td>2022.12.5.(월) – 12.7.(수)</td><td rowspan="2">2022.12.7.(수)
2022.12.7.(수)</td></tr>
<tr><td colspan="3">추가모집(특성화고)</td><td>2022.12.6.(화)– 12.7.(수)</td></tr>
<tr><td rowspan="9">후기고등학교</td><td rowspan="8">학교장 선발고</td><td colspan="2">한국삼육고, 한광고</td><td>2022.12.6.(화) – 12.7.(수)</td><td>2022.12.9.(금)</td></tr>
<tr><td colspan="2" rowspan="2">외국어고·국제고</td><td>2022.12.7.(수) – 12.9.(금)</td><td rowspan="2">2022.12.23.(금)
2022.12.23.(금)</td></tr>
<tr><td>면접대상자 자기소개서 온라인 제출 기간 12.12.(월) ~ 12.14.(수)</td></tr>
<tr><td rowspan="4">자사고</td><td rowspan="2">경희고 등 17교</td><td>2022.12.7.(수) – 12.9.(금)</td><td rowspan="4">2023.1.2.(월)
2023.1.2.(월)
2023.1.2.(월)
2023.1.2.(월)</td></tr>
<tr><td>면접대상자 서류 제출 기간 12.16.(금) – 12.19.(월)</td></tr>
<tr><td rowspan="2">하나고</td><td>2022.12.7.(수) – 12.9.(금)</td></tr>
<tr><td>면접대상자 자기소개서 온라인 제출 기간 12.15.(목) – 12.19.(월)</td></tr>
<tr><td colspan="2">예술·체육중점학급</td><td>2022.12.7.(수) – 12.9.(금)</td><td>2022.12.21.(수)</td></tr>
<tr><td colspan="3">교육감 선발고
(일반고)</td><td>2022.12.7.(수) – 12.9.(금)</td><td>2023.1.6.(금)</td></tr>
</table>

<table>
<tr><td rowspan="3">후
기
고
등
학
교</td><td rowspan="2">추가
모집</td><td>한국삼육고, 한광고,
예술·체육중점학급</td><td>2023.1.6.(금) - 1.9.(금)</td><td>2023.1.11.(수)</td></tr>
<tr><td>자사고·외국어고·국제고</td><td>2023.1.12.(목) - 1.13.(금)</td><td>2023.1.18.(수)</td></tr>
<tr><td colspan="4">■ 교육감 선발고 결과 발표
- 배정학교 발표 : 2023.2.2.(목)
※ 교육감 선발 후기고 합격일에는 후기고 배정대상자를 발표하는 것임
- 입학 등록: 2023.2.2.(목) - 2.3.(금)
■ 교육감 선발고 입학 전 배정
- 인터넷 접수: 2023.2.5.(일) - 2.7.(화)
- 서류 제출: 2023.2.6.(월) - 2.9.(목)
- 배정학교 발표: 2023.2.20.(월)
- 입학 등록: 2023.2.20.(월) - 2.21.(화)</td></tr>
</table>

[영재고: 서울과학영재학교 입학전형]

시기	전기
선발방식	1단계: 서류평가(학생부, 자소서, 추천서) 2단계: 영재성 및 사고력 검사, 창의성·문제해결력 검사 3단계: 과학영재캠프, 서울시 25개구 지역 인재 우선 선발
내신 반영	학생부II(원점수, 표준편차), 교과 세특 포함
학생부 반영	학생부 출력 시 제외 항목 없음
제출 서류	원서, 자기소개서, 관찰소견서 A 또는 B
면접	정원 외 2단계에서 영재성 및 사고력 검사, 창의성·문제해결력 검사와 함께 집중 관찰 및 면접 실시
해당 학교	서울과학영재학교, 한국과학영재학교, 경기과학영재학교, 대구과학영재학교, 대전과학영재학교, 광주과학영재학교, 세종과학예술영재학교, 인천과학예술영재학교 8개교 중 1개교만 지원 가능
기타	의예, 치의예, 한의예, 약학계열 희망자 지원 시 불이익

[과학고]

시기	전기
선발방식	자기주도학습 전형 1단계: 서류평가(학생부, 자소서, 추천서, 수학·과학 성적 평가) 및 출석 면담, 2단계: 소집 면접
내신 반영	수학, 과학(2학년 1학기~3학년 1학기), 2단계 통과자는 3학년 2학기 포함
학생부 반영	학생부II(수상제외, 원점수, 표준편차 제외, 영재기록사항제외, 3학년 행동특성 및 종합의견 제외), 교과 세특 포함
제출 서류	원서, 학생부II 고입용, 자기소개서 입력, 교사추천서 입력
면접	1단계 출석 면담(대상자 1.5배수 내외), 2단계 소집 면접
해당 학교	한성과학고, 세종과학고 - 지방 과학고 지원 불가
기타	사회통합전형 20%, 의예, 치의예, 한의예, 약학계열 희망자 지원 시 불이익

[외국어고, 국제고]

시기	후기
선발방식	자기주도학습전형, 1단계: 영어 160점+출결 감점 / 2단계: 1단계 점수+면접 40점
내신 반영	1단계 동점자 처리: 3학년 2학기부터 2학년 1학기까지 순차적으로 국어, 사회 성취도 반영
학생부 반영	영어, 국어, 사회(국사 포함) 성취도(수강자수), 교과 세특 제외, 3학년 종합의견 제외
제출 서류	응시원서, '외고·국제고 입시용' 학생부II, 면접 대상자 자기소개서 온라인 작성 제출
면접	면접 매우 중요, 학과에 따라 1개 또는 2개의 면접실 배치, 교과 지식 질문은 없으나 서류의 내용을 토대로 확실하게 준비할 것, 학생 답변에 대한 추가 질문 가능
해당 학교	대원외고, 대일외고, 명덕외고, 서울외고, 이화여자외고, 한영외고/서울국제고
기타	사회통합전형 20%, 국제고 40%, 2, 3학년 영어 성취도 중요, 특례는 정원 외 2%이고 해당 학생이 많아 유불리를 잘 생각하고 지원할 것

[서울형 자사고]

시기	후기
선발방식	자기주도학습전형, 성적 제한 없이 정원의 1.5배수 추첨 → 면접
내신 반영	없음
학생부 반영	'서울 방식 자사고 입시용' 출력(수상경력, 교과학습발달상황, 3학년 종합의견 제외)
제출 서류	원서, 면접 대상자는 자기소개서 온라인 제출, 학생부 II 제출
면접	대부분 5분 이내에 3~4개 질문, 면접 시 질문지가 있는 경우가 많음 면접 실시 여부 반드시 확인
해당 학교	경희고, 대광고, 배재고, 보인고, 선덕고, 세화고, 세화여고, 이대부고, 이화여고, 중앙고, 신일고, 양정고, 중동고, 한대부고, 현대고, 휘문고
기타	사회통합전형 20%

[전국단위 자사고]

시기	후기
선발방식	자기주도학습전형, 1단계 교과성적 및 출결, 2단계 면접(평가요소는 학교별 상이)
내신 반영	학교별 반영 과목과 비율이 다름
학생부 반영	'서울 이외 방식 자사고 입시용'(수상경력, 3학년 종합의견, 3학년 교과 세특 제외)
제출 서류	원서, 학생부II, 자기소개서 온라인 제출,
면접	학교별로 면접 평가 방법과 내용이 다름(예: 인재상, 창의 융합, 인성, 독서 등)
해당 학교	하나고, 상산고, 인천하늘고, 현대청운고, 용인외대부고, 북일고, 김천고, 포항제철고, 광양제철고
기타	사회통합전형 20%

고등학교 교육과정의 이해

- 고등학교 교육과정은 교과(군)와 창의적 체험활동으로 편성한다.
- 고등학교 교육과정의 총 이수 학점은 192학점이며 교과(군) 174학점, 창의적 체험활동 18학점(306시간)으로 나누어 편성한다. 단, 특성화고와 산업수요맞춤형고는 창의적 체험활동을 18학점(288시간)으로 편성한다.
- 학교는 학생이 3년간 이수할 수 있는 과목을 학년별, 학기별로 편성하여 학생과 학부모에게 안내하도록 한다.

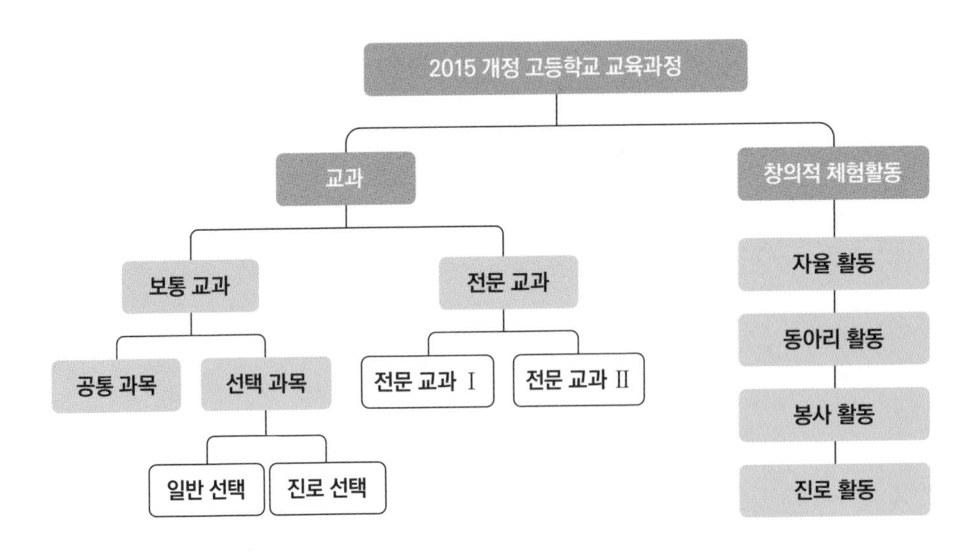

- 교과는 보통 교과와 전문 교과로 구분한다.
- 보통 교과의 영역은 기초, 탐구, 체육·예술, 생활·교양으로 구성하며, 교과(군)는 국어, 수학, 영어, 한국사, 사회(역사/도덕 포함), 과학, 체육, 예술, 기술·가정/제2외국어/한문/교양으로 한다.

• 보통 교과는 공통 과목과 선택 과목으로 구분한다. 공통 과목은 국어, 수학, 영어, 한국사, 통합사회, 통합과학(과학탐구실험 포함)으로 하며, 선택 과목은 일반 선택 과목과 진로 선택 과목으로 구분한다.
• 전문 교과는 전문 교과Ⅰ과 전문 교과Ⅱ로 구분한다.
• 전문 교과Ⅰ은 과학, 체육, 예술, 외국어, 국제 계열에 관한 과목으로 한다.
• 창의적 체험활동은 자율활동, 동아리활동, 봉사활동, 진로활동으로 한다.

[전문 교과 Ⅰ]

교과(군)	과목			
과학 계열	심화 수학Ⅰ 고급 물리학 물리학 실험 정보과학	심화 수학Ⅱ 고급 화학 화학 실험 융합과학 탐구	고급 수학Ⅰ 고급 생명과학 생명과학 실험 과학과제 연구	고급 수학Ⅱ 고급 지구과학 지구과학 실험 생태와 환경
체육 계열	스포츠 개론 체조 운동 체육 전공 실기 기초 스포츠 경기 체력	체육과 진로 탐구 수상 운동 체육 전공 실기 심화 스포츠 경기 실습	체육 지도법 개인·대인 운동 체육 전공 실기 응용 스포츠 경기 분석	육상 운동 단체 운동
예술 계열	음악 이론 합창	음악사 합주	시창·청음 공연 실습	음악 전공 실기
	미술 이론 입체 조형	미술사 매체 미술	드로잉 미술 전공 실기	평면 조형
	무용의 이해 무용 음악 실습	무용과 몸 안무	무용 기초 실기 무용과 매체	무용 전공 실기 무용 감상과 비평
	문예 창작 입문 고전문학 감상 극 창작	문학 개론 현대문학 감상	문장론 시 창작	문학과 매체 소설 창작
	연극의 이해 연극 감상과 비평	연기 영화의 이해	무대기술 영화기술	연극 제작 실습 시나리오
	영화 제작 실습	영화 감상과 비평		
	사진의 이해 사진 표현 기법	기초 촬영 영상 제작의 이해	암실 실기 사진 영상 편집	중급 촬영 사진 감상과 비평

외국어 계열	심화 영어 회화 I 심화 영어 독해 I 전공 기초 독일어 독일어 독해와 작문 II 전공 기초 프랑스어 프랑스어 독해와 작문 II 전공 기초 스페인어 스페인어 독해와 작문 II 전공 기초 중국어 중국어 독해와 작문 II 전공 기초 일본어 일본어 독해와 작문 II 전공 기초 러시아어 러시아어 독해와 작문 II 전공 기초 아랍어 아랍어 독해와 작문 II 전공 기초 베트남어 베트남어 독해와 작문 II	심화 영어 회화 II 심화 영어 독해 II 독일어 회화 I 독일어권 문화 프랑스어 회화 I 프랑스어권 문화 스페인어 회화 I 스페인어권 문화 중국어 회화 I 중국 문화 일본어 회화 I 일본 문화 러시아어 회화 I 러시아 문화 아랍어 회화 I 아랍 문화 베트남어 회화 I 베트남 문화	심화 영어 I 심화 영어 작문 I 독일어 회화 II 프랑스어 회화 II 스페인어 회화 II 중국어 회화 II 일본어 회화 II 러시아어 회화 II 아랍어 회화 II 베트남어 회화 II	심화 영어 II 심화 영어 작문 II 독일어 독해와 작문 I 프랑스어 독해와 작문 I 스페인어 독해와 작문 I 중국어 독해와 작문 I 일본어 독해와 작문 I 러시아어 독해와 작문 I 아랍어 독해와 작문 I 베트남어 독해와 작문 I
국제 계열	국제 정치 한국 사회의 이해 현대 세계의 변화	국제 경제 비교 문화 사회 탐구 방법	국제법 세계 문제와 미래 사회 사회과제 연구	지역 이해 국제 관계와 국제기구

① 전문 교과 I 과목의 이수 학점은 시·도 교육감이 정한다.
② 국제 계열 고등학교에서 이수하는 외국어 과목은 외국어 계열 과목에서 선택하여 이수한다.

➔ 국어, 수학, 영어, 사회, 과학 교과의 주요 선택 과목

[국어]

과목	배우는 내용 및 특성
화법과 작문	다양한 주제의 글을 바탕으로 효과적으로 소통하는 능력을 기르도록 하는 과목. 화법과 작문의 본질/화법의 원리와 실제/작문의 원리와 실제/화법과 작문의 태도. 이 과목과 '언어와 매체' 중 한 과목을 수능(국어)에서 선택함
독서	'국어'의 읽기 영역을 심화·확장한 과목으로, 다양한 주제와 유형의 글을 폭넓게 읽어 삶을 풍부하게 하는 과목. 독서의 본질/독서의 방법/독서의 분야/독서의 태도. 이 과목은 수능(국어)에서 공통과목임

언어와 매체	언어와 매체의 본질을 이해하고 이를 실제 의사소통에 활용하는 능력과 태도를 기르는 과목. 언어와 매체의 본질/국어의 탐구와 활용/매체 언어의 탐구와 활용/언어와 매체에 관한 태도. 이 과목과 '화법과 작문' 중 한 과목을 수능(국어)에서 선택함
문학	문학과 관련한 다양한 활동을 바탕으로 문학 작품을 창작. 감상하는 능력을 기르고 문학에 대한 소양과 태도를 기르는 과목. 문학의 본질/문학의 수용과 생산/한국 문학의 성격과 역사/문학에 대한 태도. 이 과목은 수능(국어)에서 공통과목임
심화 국어	'국어'에서 학습한 결과를 바탕으로 심화된 학문 탐구 능력을 향상시키기 위한 진로 선택 과목. 논리적 사고와 의사소통/비판적 사고와 문제 해결/창의적 사고와 문화 활동/윤리적 사고와 학문 활동
고전 읽기	'국어'에서 학습한 결과를 바탕으로 다양한 고전을 읽으며 더욱 수준 높은 교양을 갖추고 다양한 분야의 진로에 필요한 지혜와 소양을 기르는 과목. 고전의 가치/고전의 수용/고전과 국어 능력/고전과 삶

[수학]

과목	배우는 내용 및 특성
수학Ⅰ	지수로그함수, 삼각함수, 수열 3개의 핵심 개념 영역을 학습함으로써 수학의 규칙성과 구조의 아름다움을 음미하고, 수학의 지식과 기능을 활용할 수 있는 과목
수학Ⅱ	사회 및 자연 현상을 이해하기 위한 수학적 개념인 함수의 극한과 연속, 미분, 적분에 관련된 원리와 법칙에 대해 학습하는 과목
미적분	미적분학을 '수학Ⅱ'에 이어 심화 학습하여 사회.과학 현상에 접목될 수 있도록 지수함수, 로그함수, 삼각함수의 영역까지 미적분의 개념을 확장하여 학습하는 과목
확률과 통계	데이터 중심의 현대 정보화 사회에서 데이터를 이해하고 활용하는 기본 소양을 기르는 과목. 사건이 일어날 가능성을 수치화한 확률뿐 아니라 자료를 수집, 정리, 해석하는 통계에 대해 학습하는 과목
기하	이차곡선, 평면벡터, 공간도형과 공간좌표에 관하여 학습하며 기하적 관점에서 심화된 수학 지식을 이해하고 활용하도록 하는 과목
경제 수학	수학의 지식과 기능을 활용하여 실생활에서 접할 수 있는 경제 및 금융의 기본 개념을 이해하는 과목
수학과제 탐구	수학과제 탐구 방법을 익히고 자신의 관심과 흥미에 맞는 수학과제를 선정하여 탐구하는 과목. 수학과제 탐구의 목적과 절차, 연구 윤리를 학습하고, 이를 토대로 이전에 학습한 수학 내용을 더 깊이 탐구하거나 다른 교과와 수학을 융합한 흥미로운 주제를 선택하여 탐구하는 과목
인공지능 수학	4차 산업혁명의 핵심 분야 중 하나인 인공지능을 이해하고 활용하기 위한 과목. 인공지능과 관련된 수학적 지식과 함께 인공지능이 자료를 수학적으로 표현하고 분류하고 예측하며 최적화를 통해 합리적으로 의사결정 하는 과정에 대해 학습하는 과목

[영어]

과목	배우는 내용 및 특성
영어 회화	실생활이나 학업과 관련한 상황에서 자주 사용하는 영어 표현을 학습하고, 자신의 생각이나 의견을 적절하게 표현하는 영어 의사소통 능력을 기르는 과목
영어 I	실생활에 필요한 의사소통 능력을 향상하고 학습자의 진로 및 전공 분야와 관련한 실용적인 정보와 기초 학문 영역의 지식 및 정보를 다루는데 필요한 영어 의사소통 능력을 기르는 과목
영어 독해와 작문	실생활의 다양한 주제와 학업과 관련한 표현을 중심으로 학습자의 진로와 전공 분야에 따라 다양한 글을 이해하며 자신의 생각을 글로 표현하는 능력을 기르는 과목
영어 II	실생활의 다양한 상황에서 필요한 의사소통 능력을 향상하고 학습자들의 진로 및 전공 분야와 관련된 영어 이해 능력과 표현 능력을 기르는 과목
영어권 문화	글로벌 시대에 영어로 의사소통할 수 있는 능력을 기르고, 영어를 사용하는 다양한 문화적, 언어적 배경의 사람들과 의사소통을 위한 문화적 소양, 타인에 대한 배려, 세계 시민 의식을 기르는 과목
진로 영어	다양한 직업 및 진로에 관한 정보를 이해하고 다양한 적성, 흥미, 진로, 전공에 따라 미래 진로 탐색 및 설계의 기회를 제공하는 과목
영미 문학 읽기	영어로 된 문학 작품의 독서와 감상을 통하여 영어 이해 및 표현 능력을 심화하고 인문학적 상상력과 창의력을 바탕으로 한 영어 독서 능력을 향상하는 과목

[사회]

과목	배우는 내용 및 특성
한국지리	우리 국토에 대한 올바른 인식과 이해를 통해 국토의 소중함을 배우는 과목이며 우리나라의 지형과 기후, 도시, 인구분포 및 농업·공업·서비스업, 교통 등의 자료 분석을 통해 종합적인 사고력을 증진시키는 과목
세계지리	세계의 자연환경과 인간의 활동으로 형성된 문화, 종교, 산업 등의 인문환경을 바탕으로 각 지역의 현상과 사건들을 경험 중심적인 적절한 사례를 중심으로 학습하여 세계시민의 역할을 학습하는 과목
세계사	세계 여러 지역의 문화적 특징과 역사적 형성 과정을 비교의 관점에서 탐구하도록 하고, 지역 간의 교류와 갈등을 통해 형성된 인류의 다양한 경험을 심층적으로 이해하는 과목
동아시아사	한국, 중국, 일본을 중심으로 하여 몽골, 베트남 등을 포함한 동아시아 각국의 관계와 교류의 역사를 이해함으로써 동아시아가 당면한 역사 인식의 문제를 해결하고 공동 발전과 평화를 추구하는 안목과 자세를 기르는 과목

경제	경제적 사고력과 경제 문제 해결력을 기르고, 체계적인 경제 지식과 사고력 및 가치관을 토대로 개인적, 사회적 차원에서 합리적이며 책임 있게 경제적 역할을 수행할 수 있는 민주 시민의 자질 함양을 추구하는 과목
정치와 법	현대 민주·법치 국가의 공동체 구성원에게 요구되는 시민 의식, 정치적·법적 사고력, 가치 판단 및 문제 해결 능력을 함양하고, 정치와 법 생활에 능동적으로 참여하는 민주 시민을 양성하는 과목
사회·문화	사회문제를 객관적이고 과학적으로 분석한 후 논리적 사고와 실천적 사고방식과 생활양식에 기반한 대안으로 해결하여 민주 시민으로서 적극적으로 참여하는 능력을 기르기 위한 과목
생활과 윤리	현대 생활의 제 영역에서 발생하는 다양한 윤리 문제들을 주도적으로 탐구하고 성찰함으로써 인간과 사회를 윤리적인 관점에서 올바르게 이해하고, 윤리적 민감성 및 판단 능력을 함양할 수 있는 과목
윤리와 사상	한국 및 동서양의 윤리 사상과 사회사상을 통해 도덕적인 삶과 이상사회에 대한 여러 윤리적 관점들을 비교·이해하고, 윤리적 관점에서 자신의 삶과 우리 사회를 성찰해 볼 수 있는 과목
여행 지리	세계화와 지역화 시대를 맞이하여 우리 주변과 세계 여러 지역에서 나타나는 다양한 주제를 여행을 매개로 살펴보고, 관련된 자료 분석함으로써 자연환경 및 인문 환경을 바탕으로 사람들의 삶과 변화를 이해하는 과목
사회문제 탐구	사회문제 및 탐구과정에 대한 이해를 기초로 하여 학생들의 실생활에서 찾아볼 수 있는 다양한 사회문제 사례들에 이를 적용하고 사회문제 해결을 위한 방안을 탐구하는 과목
고전과 윤리	동서양 고전의 원문을 직접 읽고 그 의미를 탐구하는 과정을 통하여 자신에 대한 성찰, 타인과의 관계가 인간의 삶에 주는 의미에 대한 깨달음을 얻을 수 있도록 하는 과목

[과학]

과목	배우는 내용 및 특성
물리학 I	물리학의 기본 개념들을 이해하고 적용할 수 있도록 구성되었으며, 첨단 과학기술과 실생활 관련 주제를 중심으로 21세기를 살아가는 데 필요한 과학적 핵심역량을 함양하기 위한 과목
화학 I	자연 현상 또는 일상의 경험과 관련 있는 상황을 통해 화학 개념과 탐구 방법을 학습하고 현대 지식 기반 사회의 민주 시민으로서 화학에 대한 기초 소양을 함양하기 위한 과목

생명과학 I	사람의 몸을 중심으로 나타나는 생명 현상에 대한 이해를 통해, 생활 속에서 나타나는 다양한 의문점들을 창의적으로 해결할 수 있도록 생명과학의 기초 소양을 기르는 과목
지구과학 I	지구와 우주에 대해 탐구하여 지구의 소중함과 아름다움을 인식하고, 지구과학의 기본 개념을 이해하여 과학적 사고력과 창의적 문제 해결력 등 과학과 핵심 역량을 함양하는 과목
물리학 II	'물리학 I'에서 학습한 개념을 기초로 심화된 물리 개념과 다양한 탐구 방법을 적용하여 물리 현상과 관련된 기본적인 문제를 해결하는 능력을 기르기 위한 과목
화학 II	'화학 I'에서 다루는 개념을 기초로 심화된 화학 개념과 다양한 탐구 방법을 학습하고 현대 지식 기반 사회의 민주 시민으로서 화학에 대한 기초 전문 지식을 배우는 과목
생명과학 II	생명 현상의 핵심개념의 이해를 바탕으로 학문적 호기심과 흥미를 제고하고, 진로 선택 과목으로서 관련 전공으로 진학하는 데 필요한 기초 소양을 함양하는 과목
지구과학 II	지구와 우주에 대한 통합적 이해를 바탕으로 '지구과학I'에서 다룬 개념을 심화하고 정량적으로 접근하여 탐구 능력 및 창의성을 함양하는 과목
과학사	동서양 과학의 발달과정을 배우며 과학의 본성 및 사회적 특성을 이해하고, 과학의 본질과 과학적 사고 능력을 함양하기 위한 과목
생활과 과학	생활 속에서 과학적 원리가 삶의 질 향상에 어떻게 기여하는지를 이해하며, 과학적 원리를 실생활에 적용하여 합리적으로 선택하는 능력을 함양하기 위한 과목
융합과학	우리 주위의 물질세계에서 출발하여 자연 전체를 포괄적이고 체계적으로 이해하는 것을 목표로 하며, 미래 과학기술 사회의 구성원으로서 반드시 갖추어야 할 과학적 소양과 더불어 창의성과 인성을 함양하기 위한 과목

고교학점제란 무엇인가?

- 고교학점제란 학생이 자신의 진로에 따라 과목을 선택·이수하고, 누적 학점이 기준에 도달하면 졸업을 인정받는 제도를 말한다.
- 산업수요맞춤형고(마이스터고)는 2020학년도 입학생부터, 특성화고는 2022학년도 입학생부터 시행 중이다.
- 일반고는 2023학년도(현 중3)부터 단계적으로 시행되며, 2025년(현 중1) 전면 적용된다.

- 2023, 2024학년도 입학생(현 중2, 3)은 3개년 간 총 이수학점이 192학점(교과 174학점, 창의적체험활동 18학점)이다.
- 1학점은 50분 17회(16+1회) 수업량이다. 2025학년도 입학생(현 중1)부터는 1학점이 50분 16회이다.

[고교학점제 전면 적용을 위한 단계적 이행계획(일반고 기준)]

구분	단계적 이행		전면 적용
적용 대상	'22이전 고등학교 입학생 (현 고1, 2, 3)	'23~'24고등학교 입학생 (현 중2, 3)	'25이후 고등학교 입학생 (현 중1)
수업량 기준	단위	학점	학점
1학점 수업량	50분 17(16+1)회	50분 17(16+1)회	50분 16회*
총 이수학점 (이수 시간)	204단위 (204×17시간)	192학점 (192×17시간)	192학점 (192×16시간)
교과 창의적 체험활동(창체)	교과 180 창체 24	교과 174 창체 18	교과 174 창체 18

* 교과 수업 횟수는 감축되나, 현행 수업일수(190일 이상, 초중등교육법시행령 제45조)는 유지하여 학교가 교과 융합 수업, 이수 보충지도 등 다양한 프로그램을 자율적으로 운영할 수 있다.

출처 : 2025년 고교학점제 전면 적용을 위한 단계적 이행 계획(안)(2021.8.23., 교육부)

[고교학점제 도입 및 고교 교육 혁신에 따른 변화]

구분	과거 경향	고교 학점제
학생상	• 타율적 관리의 대상 • 학교에서 제시하는 교육과정을 이수하는 수동적 존재	• 자율적 존재로서 본인의 진로 개척에 필요한 역량을 갖추어 가는 자기 주도적 학습자 • 자율(과목 선택)과 그에 따른 책임(이수)을 통해 민주시민으로 성장
교사상	• 교과 지식 전달자, 학생 관리자로서의 역할 중시 • 대학입시 및 진학 지도 전문가	• 모든 학생의 성장과 학습을 지원하는 조력자 • 교수학습 전문가로서의 역할 확대

<table>
<tr><td rowspan="2">교육과정</td><td>•(운영 단위) 학년 및 학급
※ 문·이과, 진로 집중과정에 근거한 학급 편성 및 학급을 기준으로 한 교육과정 운영</td><td>•(운영 단위) 과목을 선택한 학생 그룹
※ 적성, 흥미 등에 따른 개인별 과목 선택에 의한 교육과정 운영</td></tr>
<tr><td>•(편성 준거) 교원 수급 상황에 따라 교원이 가르칠 수 있는 과목 위주 편성(공급자 중심)</td><td>•(편성 준거) 학생의 진로와 적성, 흥미 중심 (수요자 중심)</td></tr>
</table>

출처 : 고교학점제 추진 방향 및 연구학교 운영 계획(안)(2017.11.27., 교육부)

고교학점제 평가 체제

현재 및 2023, 2024학년도 고등학교 입학생(현 중2, 3 대상)

- 모든 과목(단, 보통 교과 일반선택과목 중 교양 제외)은 성취도 평가를 하는데, 3단계(A-B-C) 과목과, 5단계(A-B-C-D-E) 과목이 있다
- 과목 중에는 석차등급 산출을 하는 과목이 있다. 석차등급은 상대평가로 1~9등급을 산출한다.

[석차등급 비율 및 누적 비율(%)]

등급	1	2	3	4	5	6	7	8	9
비율	4	7	12	17	20	17	12	7	4
누적 비율	4 이하	4 초과 ~11 이하	11 초과 ~23 이하	23 초과 ~40 이하	40 초과 ~60 이하	60 초과 ~77 이하	77 초과 ~89 이하	89 초과 ~96 이하	96 초과 ~100 이하

- 공통과목은 5단계 성취도와 석차등급을 산출한다. 단, 과학탐구실험은 3단계 평가이며 석차등급은 산출하지 않는다.
- 보통 교과 일반선택과목 중 기초, 탐구, 생활·교양 교과(군)(단, 교양은 제외)의 과목은 5단계 성취도와 석차등급을 산출한다.

- 일반선택과목 중 체육·예술 교과(군), 진로선택과목(전문교과I·II에서 진로선택과목으로 편성된 과목 포함)은 3단계 성취도 평가를 하며, 석차등급은 산출하지 않는다.
- 특목고 학생이 전문교과I의 과목을 배우면 5단계 성취도와 석차등급을 산출한다. 단, 과학 융합과학 탐구, 과제 연구, 물리학 실험, 화학 실험, 생명과학 실험, 지구과학 실험, 사회탐구 방법, 사회과제 연구는 3단계 성취도 평가를 하며 석차등급은 산출하지 않는다.
- 특성화고(산업수요맞춤형고 포함) 학생이 전문교과II 과목을 배우면 5단계 성취도를 산출하며, 석차등급은 산출하지 않는다.